ESTABILIZAÇÃO DA TUTELA PROVISÓRIA

Anwar Mohamad Ali

ESTABILIZAÇÃO DA TUTELA PROVISÓRIA

GZ
EDITORA
Rio de Janeiro
2020

1ª edição – 2020

Diagramação
Olga Martins

Presidente do Conselho Editorial
Nelson Nery Costa

CIP – Brasil. Catalogação-na-fonte.
Sindicato Nacional dos Editores de Livros, RJ.

A389e

Ali, Anwar Mohamad
Estabilização da tutela provisória / Anwar Mohamad Ali. - 1. ed. - Rio de Janeiro: GZ, 2020.
204 p.; 24 cm.

Inclui bibliografia e índice
ISBN 978-85-9524-079-7

1. Tutela antecipada - Brasil. 2. Tutela jurisdicional - Brasil. I. Título.

20-64549

CDU: 347.163(81)

contato@editoragz.com.br
www.editoragz.com.br

Av. Erasmo Braga, 299 – Sala 202 – 2º andar – Centro
CEP: 20020-000 – Rio de Janeiro – RJ
Tels.: (0XX21) 2240-1406 / 2240-1416 – Fax: (0XX21) 2240-1511

Impresso no Brasil
Printed in Brazil

AGRADECIMENTOS

Este livro é fruto da dissertação de mestrado defendida em maio de 2019 na Faculdade de Direito da Universidade de São Paulo (USP).

Após uma longa e difícil jornada, é hora de agradecer. Sem Deus nada disso teria sido possível. Agradeço a todos que, mesmo não mencionados expressamente nessas breves linhas, foram importantes nessa caminhada.

Ao meu orientador, Prof. José Carlos Baptista Puoli, agradeço pela oportunidade de abrir as portas do Largo São Francisco, por todas as reuniões e discussões. Os agradecimentos são agora renovados, por ter me aceitado também para cursar o Doutorado. Certamente os ensinamentos obtidos ao longo desses anos serão levados para toda a vida.

Aos professores que participaram da banca de qualificação, Marcelo José Magalhães Bonizzi e Heitor Vitor Mendonça Sica, que muito auxiliaram na correção dos rumos da pesquisa. Agradeço aos membros da banca examinadora, professores José Carlos Baptista Puoli, Heitor Sica, William Santos Ferreira e Rodrigo Barioni. As excelentes arguições me motivaram a repensar alguns dos tópicos do trabalho para a elaboração desta versão comercial.

Aos demais professores do Departamento de Direito Processual pelas aulas ministradas que muito contribuíram com meu crescimento acadêmico. Não posso deixar de lembrar dos Profs. Assistentes, em especial do Bruno Vasconcelos Carrilho Lopes, Fernando Fontoura da Silva Cais, Clarisse Frechiani Lara Leite e Daniel Penteado de Castro.

Aos amigos e funcionários da Faculdade de Direito da Universidade de São Paulo pela acolhida durante os anos que se passaram e os que ainda estão por vir.

Sou grato, também, aos amigos professores e alunos dos cursos de especialização em processo civil da Pontifícia Universidade Católica de São Paulo (PUC/SP), instituição que abriu os braços para o exercício da atividade que mais me orgulha: ser professor. Aqui, um especial agradecimento à Stella e a Cristiane Druve: amigas de sempre e para sempre.

Agradeço à professora Teresa Arruda Alvim por ser um exemplo na docência e como ser humano, sempre disposta a ensinar e abrir portas.

À minha família pelos esforços que me permitiram seguir meus sonhos.

À Natalia, pelo amor, paciência e dedicação nos períodos de felicidade e tristeza. Obrigado por estar sempre ao meu lado.

Agradeço à Editora GZ e ao Guilherme Zincone por acreditar nesse projeto.

E, por fim, um agradecimento especial ao meu pai. Não pude lhe dar o último abraço. Um dia nos reencontraremos.

APRESENTAÇÃO

É um prazer apresentar à comunidade jurídica o autor desta monografia, Anwar Mohamad Ali, com quem venho trabalhando, há algum tempo, nos cursos de pós-graduação *lato sensu* da PUC-SP. Tempo este não tão longo, mas suficiente para perceber que Anwar é um processualista dos novos tempos.

Isto porque Anwar vê os temas sempre sob o viés pragmático. Compreendeu, ainda que seja muito jovem, que o direito é uma ciência prática. Que de nada adiantam teorizações fascinantes sobre um tema jurídico, se estas não desembocam em sugestões para solução de problemas.

Anwar é professor por vocação, porque sabe extrair, da teoria, luz para soluções. Talvez o tempo em que vem trabalhando, com intensa dedicação e competência, no TJSP, tenha contribuído para moldar sua forma de ver o direito.

Apresento, agora, esta primorosa monografia. Abrangente e densa, passa pelo direito estrangeiro, principalmente o dos países que inspiram o legislador processual civil de 2015.

Depois de traçar um panorama geral da tutela provisória, enfrenta o tema central de seu estudo: a estabilização da tutela. Em seguida, aborda os meios que estão à disposição da parte prejudicada, em abordagem bastante aberta e liberal.

Discorre, com propriedade, sobre a natureza da sentença que extingue o processo pela estabilização, sobre ação de que dispõem as partes para rever o que foi decidido e sobre a ausência de coisa julgada.

Trata de várias hipóteses de estabilização, concluindo este ensaio com uma proposta, de *lege ferenda*.

Não se furta, o autor, a analisar fartíssima jurisprudência: dos Tribunais de 2º grau, e, principalmente do TJSP; mas também do STJ, que, apesar de ainda escassa, também foi estudada.

O autor demonstrou ousadia, a começar pela escolha do assunto, que foi tema central de sua tese de mestrado, defendida na Faculdade de Direito do Largo São Francisco (USP), em 21.05.2019. O instituto é novo e, de fato, são necessárias contribuições corajosas e inteligentes para dissipar dúvidas, sugerir saídas pragmaticamente elogiáveis e fazer com que, aos poucos, as opiniões passem a convergir, em atenção à necessidade de respeito à isonomia e criação de ambiente de tranquilidade para o jurisdicionado.

De parabéns o autor e também a Editora GZ, por abrir as portas para jovens e talentosos juristas!

Teresa Arruda Alvim

PREFÁCIO

Anwar Mohamad Ali se apresentou ao processo seletivo da Pós Graduação da Faculdade de Direito da Universidade de São Paulo com seu modo sereno e sério de ser. Ao escolhê-lo para uma das vagas do curso de mestrado, entendi que estas características poderiam render bons frutos. Hoje, tenho a honra de escrever estas linhas para prefaciar a obra que materializa o acerto da escolha anteriormente feita. Desde o ingresso, Anwar Mohamad Ali passou a se dedicar ao estudo do processo civil com a seriedade que lhe é peculiar, mas sem perder a serenidade necessária a todo pesquisador que se dedique a estudar instituto novo e precise apreender o espírito da regra para dela extrair a necessária utilidade para dar solução a problemas práticos. Isto foi exemplarmente realizado. Ao analisar o instituto da Estabilização da Tutela Provisória, Anwar Mohamad Ali o fez de forma ampla, dando a devida atenção ao importante relacionamento deste novo instituto com o que já se conhecia a respeito das tutelas provisórias, como também buscando fazer proposições relevantes e necessárias para a compreensão do que consta do artigo 304 do CPC. Nesta tarefa foram enfrentados temas importantes como, por exemplo, o dos meios hábeis a evitar a estabilização, o da análise da ação visando rever, reformar ou invalidar a tutela estabilizada, os dos honorários advocatícios (e demais verbas sucumbenciais) eventualmente cabíveis, como ainda o da possibilidade de aplicação do instituto a procedimentos especiais. Estes, dentre outros relevantes tópicos que compuseram sua dissertação de mestrado, garantiram que Anwar Mohamad Ali tivesse êxito quando da realização de sua banca examinadora, quando obteve o título de mestre em processo civil por nossa querida Faculdade de Direito do Largo de São Francisco (USP). Agora vem à luz o estudo de Anwar em formato editorial, permitindo que o grande público tenha acesso a trabalho que bem compatibiliza a profundidade de pesquisa com a apresentação de propostas importantes para solução de casos práticos. De realçar este aspecto eis que, nas palavras de Cândido Rangel Dinamarco, devemos nos esforçar para alcançar um "processo civil de resultados", de maneira que a pesquisa acadêmica colabore com a solução dos problemas que afligem os que buscam a tutela jurisdicional. Esta tarefa foi muito bem empreendida por Anwar Mohamad Ali, sendo que no livro, que agora tenho a honra de apresentar ao público, serão encontrados importantes subsídios não apenas para outros pesquisadores, como também para quem, na advocacia ou na magistratura, esteja a aplicar o novo instituto da estabilização da tutela.

São Paulo, maio de 2020.

José Carlos Baptista Puoli

Professor Doutor de Direito Processual Civil (USP) e Advogado.

PREFÁCIO

SOBRE O AUTOR

ANWAR MOHAMAD ALI

Doutorando e Mestre em Direito Processual Civil pela Faculdade de Direito da Universidade de São Paulo (USP).

Especialista em Direito Processual Civil pela PUC/SP.

Professor na Especialização em Direito Processual Civil da PUC/SP.

Membro do CEAPRO. Assistente Jurídico no TJSP.

ÍNDICE SISTEMÁTICO

INTRODUÇÃO

O instituto da estabilização da tutela provisória é um dos mais inovadores temas do Código de Processo Civil de 2015. Sendo de tal maneira recente, e deveras complexo, ainda não há uma sistematização sobre seus contornos. Os primeiros doutrinadores que, nestes primeiros anos de vigência do CPC/15 se arriscaram a tecer comentários sobre o tema já divergem em praticamente todos os pontos do instituto, sendo necessária uma abordagem mais aprofundada das suas características.

Não se trata, por óbvio, de mera discussão acadêmica, muito pelo contrário. A tutela provisória tem ganhado maior força no cotidiano forense a cada dia, de modo que, hodiernamente, tornou-se uma das maiores conquistas dos jurisdicionados que buscam a celeridade processual.

Portanto, diante da inovação temática e das controvérsias existentes, busca-se no presente trabalho analisar as principais discussões que influenciam direta ou indiretamente a estabilização da tutela provisória, seus contornos, características, hipóteses de incidência e consequências.

Nesse sentido, nos propomos a enfrentar diversas questões para as quais o Código de Processo Civil de 2015 não traz, ao menos expressamente, soluções. Partindo do requerimento da tutela antecipada em caráter antecedente e de seu processamento, até os requisitos para a estabilização e suas consequências, praticamente nenhum ponto possui relevante grau de convergência, seja em âmbito doutrinário, seja em âmbito jurisprudencial.

Para que possamos compreender efetivamente do que se trata esse novo fenômeno, é importante buscar a sua *ratio*, ou seja, a razão pela qual a técnica foi introduzida no ordenamento jurídico pátrio, evitando que o regramento traga maiores problemas do que soluções.

Desse modo, inicialmente será feita uma breve análise histórica sobre como se desenvolveu o tratamento dedicado às tutelas provisórias no direito brasileiro até hoje, passando pelos Códigos de Processo Civil de 1939 e 1973, além da importante alteração efetuada pela Lei nº 8.952/94.

Em seguida, cumpre investigar os países que utilizam técnicas semelhantes à da estabilização da tutela provisória e quais as características desse instituto naqueles ordenamentos jurídicos, especialmente França, Itália, Portugal e Argentina.

Não há a pretensão, contudo, de se fazer pormenorizada análise de direito comparado, o que demandaria estudo direcionado, e esse não é o escopo deste trabalho, mas é salutar avaliar os principais contornos de institutos assemelhados no direito estrangeiro, o que pode nos ajudar a compreender melhor seu surgimento e sua aplicação prática em nosso país.

Com isso, daremos início à análise das tutelas provisórias no Código de Processo Civil de 2015, divididas em duas espécies: tutela provisória de urgência e tutela provisória da evidência. Quanto às tutelas provisórias de urgência, estas são divididas em tutela provisória de urgência antecipada e tutela provisória de urgência cautelar, ambas podendo ser requeridas em caráter antecedente ou incidental.

Como a possibilidade de requerimento da tutela antecipada antecedente foi introduzida, ao menos expressamente, no Código de Processo Civil de 2015, salutar descrever algumas generalidades sobre esse novo tipo de técnica procedimental, além da interligação com o fenômeno da estabilização, sobre o qual também reservaremos linhas iniciais para tratar de suas características mais simples.

Com essas premissas, serão investigadas as raízes da estabilização no direito pátrio, inclusive os projetos de lei que, mesmo não tendo sido aprovados, previam seu cabimento e podem servir de norte para entender o texto legislativo vigente. Só então será analisada a razão pela qual o instituto foi introduzido em nosso ordenamento jurídico, talvez um dos pontos mais importantes do nosso estudo, o que poderá auxiliar na resolução de diversas controvérsias envolvendo sua aplicação.

A seguir, enfrenta-se, principalmente, a questão da aparente contradição entre a extinção do feito pela ausência de recurso do réu quanto à decisão que concede a tutela antecipada antecedente e a extinção do processo sem resolução do mérito pela ausência de aditamento da inicial, nessa mesma hipótese, para confirmação do pedido final. Trata-se de regras procedimentais que, se mal compreendidas, inviabilizam a própria aplicação da estabilização.

Ponto fulcral do trabalho é a análise das atitudes que o réu pode tomar para obstar o reconhecimento da estabilização, importante requisito que tem causado intenso debate doutrinário. Além de propormos uma linha interpretativa que nos pareça mais correta, também buscaremos avaliar os pensamentos divergentes e sua utilidade no plano prático.

Será examinado, ainda, o passo seguinte à própria ocorrência da estabilização, qual seja, a natureza da decisão que extingue o processo pelo seu reconhecimento, bem como a (in)existência de condenação do réu em honorários advocatícios e custas processuais e, em caso positivo, os parâmetros para sua fixação.

Traçados esses limites, encerrado o processo no qual se reconheceu a estabilização, será possível avaliar os contornos da medida processual prevista para revisão, reforma ou invalidação da tutela antecipada cujos efeitos permanecem estáveis, tratando inicialmente dos seus aspectos gerais, e em seguida das regras aplicáveis ao ônus da prova e da (im)possibilidade de requerer tutela antecipada, sem olvidar da questão relativa à natureza do prazo para sua propositura.

Não obstante, cumpre avaliar quais as consequências, processuais e factuais, caso essa ação não seja proposta no prazo legal, pois se de um lado a lei diz que essa tutela antecipada estabilizada não fará coisa julgada, de outro, prevê que seus efeitos só poderão ser revistos no prazo de dois anos. Sobre a questão, das mais tormentosas, propomo-nos a, sopesando toda a doutrina já produzida, atribuir o correto significado da norma.

Mas, sem prejuízo do acima deduzido, merece apreciação a controvérsia a respeito da (im)possibilidade de se impugnar a tutela antecipada estabilizada após o prazo legal, e, se positiva a resposta, por qual mecanismo processual e em que momento.

Nos subcapítulos seguintes busca-se avaliar a aplicabilidade da estabilização a diversas situações fático-jurídicas que escapam às regras gerais especificamente trazidas pelo CPC/2015, como a viabilidade ou não de estabilização nas tutelas cautelar, da evidência e incidental; também nos casos de tutela antecipada parcial e deferida em grau recursal.

Quanto ao polo passivo, se seria possível a estabilização em caso de réu preso, incapaz, citado por hora certa e edital, além da temática quando estão em jogo os interesses da Fazenda Pública, com o acréscimo, neste último caso, da discussão sobre a imprescindibilidade de remessa necessária, caso se entenda admissível a estabilização contra os entes públicos.

Quanto aos procedimentos, se a estabilização, prevista na Parte Geral do Código, também pode ser aplicada naqueles especiais, sejam os regulados pelo CPC/2015 ou por leis extravagantes, com a análise, não exauriente, de alguns exemplos, como nos juizados especiais, nas leis da ação civil pública, locações e mandado de segurança.

Por fim, tivemos a ideia de submeter à apreciação uma proposta de *lege ferenda*, no intuito de solucionar os problemas enfrentados ao longo do trabalho.

Para avaliação das hipóteses cabíveis e alcance do resultado pretendido com o trabalho, houve o estudo de toda obra doutrinária atual de relevo sobre o Código de Processo Civil de 2015, especialmente quanto ao tema propriamente dito, além dos projetos apresentados no Congresso Nacional e da doutrina estrangeira nos países já indicados.

Não obstante, para auxílio na resolução das questões incidentais e das que porventura se relacionaram ao objeto central da pesquisa, foram analisadas também as obras doutrinárias do Código de Processo Civil de 1973, especialmente no que tange aos temas que envolvem a tutela provisória.

Por fim, também foi realizado um trabalho de pesquisa jurisprudencial em todos os tribunais tribunais de justiça do Brasil[1]-[2], utilizando-se dos termos "estabilização" e "tutela" com a conjunção aditiva "e" no campo "Ementa". Obtidos os resultados, todos os acórdãos foram lidos. Excluídos aqueles que não possuem pertinência, os repetidos e os com fundamentação muito escassa, os demais foram citados em nota de rodapé nos respectivos capítulos.

Quanto aos tribunais superiores, parece-nos que, ao menos até o momento, há somente dois julgados de relevo sobre o tema proferidos no Superior Tribunal de Justiça, os quais também foram analisados e citados nos tópicos pertinentes.

1 A maior quantidade de acórdão foi encontrada nos três maiores tribunais de justiça do Brasil. A informação sobre quais seriam esses tribunais foi extraída do relatório Justiça em Números 2018, do Conselho Nacional de Justiça, considerando-se os fatores "despesas totais; casos novos; processos pendentes; número de magistrados; número de servidores (efetivos, requisitados, cedidos e comissionados sem vínculo efetivo); e número de trabalhadores auxiliares (terceirizados, estagiários, juízes leigos e conciliadores)." A respeito, vide: http://www.cnj.jus.br/files/conteudo/arquivo/2018/09/8d9faee7812d35a58cee3d92d2df2f25.pdf, pp. 26-28.

2 Com ampla pesquisa no âmbito do Tribunal de Justiça do Estado de São Paulo, em primeiro e segundo graus de jurisdição, vide: AUGUSTO DE ASSIS, Carlos. A estabilização da tutela antecipada e seus problemas revelados na prática. *In*: MARCATO, Ana Cândida Menezes; NETO, Elias Marques de Medeiros; DELLORE, Luiz; BARIONI, Rodrigo; MOLLICA, Rogerio; AMENDOEIRA JR., Sidnei; FERREIRA, William Santos (orgs.). *Reflexões sobre o Código de Processo Civil de 2015: uma contribuição dos membros do Centro de Estudos Avançados de Processo – CEAPRO*. São Paulo: Verbatim, 2018, pp. 145-157.

Capítulo 1

BREVE HISTÓRICO DAS TUTELAS PROVISÓRIAS NO DIREITO BRASILEIRO

De início, salutar uma análise, ainda que breve, sobre a evolução histórica das tutelas provisórias no direito brasileiro, começando pelo CPC/1939, passando pela redação original do CPC/1973, a importante modificação ocorrida pela Lei nº 8.952/94 até a aprovação do CPC/2015, traçando os principais contornos desses provimentos ao longo dos anos.

Pois bem. Sem olvidar a existência de determinadas providências cautelares desde o Regulamento 737, de 1850, conhecido como a primeira legislação brasileira aplicável ao processo civil[1], tampouco a época em que a competência para legislar sobre a matéria era dos Estados[2], o fato é que, mesmo no Código de Processo Civil de 1939, não havia uma sistematização sobre as tutelas cautelares *lato sensu*[3].

Havia, a bem da verdade, no Título I do Livro V, abarcado pelos "processos acessórios", o que se chamava de "medidas preventivas" (arts. 675-688), autorizando o juiz a *determinar providências para acautelar o interesse das partes* (art. 675, *caput*), nos casos em que: a) houvesse fundado receio de rixa ou violência entre os litigantes, b) antes da decisão, fosse provável a ocorrência de atos capazes de causar danos ao direito

---

1 MITIDIERO, Daniel. *Antecipação da tutela*. 3ª ed. São Paulo: Ed. Revista dos Tribunais, 2017, pp. 100-101.

2 A título exemplificativo, o Código de Processo Civil e Comercial do Estado de São Paulo, em seu art. 11, dizia que: "Art. 11 – Poderão ser determinadas em caracter provisorio: I – Pelo juiz do logar onde estiver o incapaz, as medidas urgentes de protecção; II – Pelo juiz da situação, as medidas conservatorias dos bens de ausentes e heranças jacentes e dos que não tiverem dono conhecido. §unico. – Realizada a diligencia, serão os autos desde logo remettidos ao juiz competente".

3 MITIDIERO, Daniel. *Antecipação da tutela*. 3ª ed. São Paulo: Ed. Revista dos Tribunais, 2017, pp. 100-101.

de uma das partes, c) fosse impossível a uma das partes produzir prova, por não estar na posse de determinada coisa.

O art. 676, por sua vez, indicava uma série de medidas que o juiz poderia tomar, justamente para resguardar os interesses mencionados no artigo precedente, tais como: arresto, sequestro, busca e apreensão, caução, exibição, alimentos provisionais, arrolamento, etc.

A opinião que prevalecia à época (e que perdurou durante razoável período de tempo), é que as medidas cautelares só poderiam ter índole conservativa, ou seja, sem caráter satisfativo. As discussões em torno desse tipo de provimento eram escassas, despertando pouco interesse na doutrina.

Ressalvados os comentários escritos à época, ao que parece apenas uma monografia sobre o tema foi publicada na vigência do Código de 1939, escrita por Alfredo Araújo Lopes da Costa[4].

O tratamento do tema, tanto no plano legislativo como doutrinário, mudou substancialmente com o advento do Código de Processo Civil de 1973, também conhecido por Código Buzaid, em referência ao então ministro da Justiça Alfredo Buzaid, um dos seus principais elaboradores, ao se incluir o Processo Cautelar em seu Livro III, ao lado do Livro I, relativo ao Processo de Conhecimento, e do Livro II, relativo ao Processo de Execução (além do Livro IV, concernente aos Procedimentos Especiais)[5].

Nota-se pela sua Exposição de Motivos[6] que a inspiração para incluir o "processo cautelar" ao lado dos processos de conhecimento e de execução teve grande influência italiana, notadamente da célebre obra de Piero Calamandrei, "Introduzione allo studio sistemático dei provvedimenti cautelari" de 1936[7]-[8].

---

4 *Medidas preventivas*. 3ª ed. São Paulo: Sugestões Literárias, 1966. Ao que parece, a primeira edição data de 1958.

5 "Art. 270. Este Código regula o processo de conhecimento (Livro I), de execução (Livro II), cautelar (Livro III) e os procedimentos especiais (Livro IV)."

6 Cita, além dessa obra, também os clássicos: CARNELUTTI, *Diritto e Processo*, e LIEBMAN, *Manuale*. *In*: http://www2.senado.leg.br/bdsf/bitstream/handle/id/177828/CodProcCivil%201974.pdf?sequence=4, pp. 14-15. Acesso em 16/5/2018, às 21h12.

7 André Luiz Bäuml Tesser salienta que a teoria de Calamandrei, assim como as ideias de Carnelutti, serviu de base teórica para a edição do Código de Processo Civil italiano de 1942. *In: Tutela cautelar e antecipação de tutela: perigo de dano e perigo de demora*. São Paulo: Ed. Revista dos Tribunais, 2014, pp. 37-39.

8 Aliás, é possível ver que Liebman também era expoente das ideias de Calamandrei, influenciando Buzaid na edição da codificação processual civil de 1973. A respeito: DINAMARCO, Cândido Rangel. Liebman e a cultura processual brasileira. *In*: YARSHELL, Flávio Luiz; MORAES, Maurício Zanoide (orgs.). *Estudos em homenagem à Professora Ada Pellegrini Grinover*. São Paulo: DPJ, 2005, pp. 487-512.

Piero Calamandrei trouxe a compreensão de que a instrumentalidade era o traço típico que diferenciava o processo cautelar dos processos de conhecimento e execução. Isso porque a tutela cautelar não seria um fim em si própria, meramente assegurando o proveito prático a ser definido em outro processo[9].

Liebman, por sua vez, já ressaltava a característica de *tertium genus* do processo cautelar:

> À cognição e à execução, com que a jurisdição realiza todo o ciclo de suas principais funções, acrescenta-se uma terceira atividade, que tem um objeto auxiliar e subsidiário, e que é a atividade *cautelar*. Ela se destina a assegurar, a garantir o curso eficaz e o resultado útil das outras duas, concorrendo assim, indiretamente, para a consecução dos objetivos gerais da jurisdição[10].

O CPC/73, portanto, deu autonomia ao processo cautelar, prevendo a existência de diversos procedimentos cautelares específicos, além de atribuir ao juiz, em seu art. 798, o poder de determinar quaisquer medidas provisórias necessárias quando houver receio de que uma parte possa causar dano grave ou de difícil reparação[11]. Ou seja, o que se convencionou chamar de poder geral de cautela.

Ainda assim, parte da doutrina rejeitava, à época, que o juiz concedesse, genericamente, medidas provisórias de cunho satisfativo[12], enquanto alguns entendiam que esse poder geral de cautela abarcava a antecipação da própria prestação jurisdicional que seria objeto da ação principal[13], de modo a ter, ao menos, algum grau de satisfatividade do direito material em si, tal como, há muito, já defendia Calamandrei[14].

---

9 *Introduzione allo studio sistematico dei provvedimenti cautelari.* Padova: CEDAM, 1936, especialmente pp. 21-22.

10 LIEBMAN, Enrico Tullio. *Manual de Direito Processual Civil*, v. I. 3ª ed. Tradução e notas de Cândido Rangel Dinamarco. São Paulo: Malheiros, 2005, p. 277.

11 "Art. 798. Além dos procedimentos cautelares específicos, que este Código regula no Capítulo II deste Livro, poderá o juiz determinar as medidas provisórias que julgar adequadas, quando houver fundado receio de que uma parte, antes do julgamento da lide, cause ao direito da outra lesão grave e de difícil reparação."

12 THEODORO JR., Humberto. *Processo cautelar.* São Paulo: Leud, 1976, p. 108.

13 LACERDA, Galeno. *Comentários ao Código de Processo Civil.* Vol. VIII, t. I. 3ª ed. Rio de Janeiro: Forense, 1987, pp. 15-16.

14 "Ma *non tutti i provvedimenti cautelari sono conservativi:* potendo in certi casi la cautela che com essi si costituisce consistere non nella conservazione, ma nella modificazione dello stato di fatto esistente. Anche sotto questo aspetto la funzione,

Contudo, de comum havia a possibilidade de conceder cautelares antes ou no curso do processo principal, mas sendo deste dependente[15].

Com essas premissas e discussões teóricas, além de fortemente influenciada pela doutrina de Ovídio Baptista da Silva, a reforma processual feita pela Lei nº 8.952/94 acabou por introduzir a antecipação dos efeitos da tutela expressamente nos arts. 273 e 461, §3º, autorizando-se, portanto, sua aplicação em qualquer processo, atendidos alguns requisitos.

Desde muito já se discutia a necessidade de evitar que a demora processual tornasse a providência requerida inútil se não deferida tempestivamente[16], podendo caracterizar-se, inclusive, como denegação do acesso à Justiça[17].

A demora sempre foi vista como "fator de danos e injustiças", não só porque o autor, ainda que se sagre vitorioso, terá ficado privado de seu bem por longo período, mas também porque o bem litigioso pode

conservativa o modificativa, della misura cautelare, si orienta sul provvedimento principale, e ad esso si coordina. Tutte le volte in cui ci si trova difronte a uno stato di fatto che, se il provvedimento principale potesse essere eseguito immediatamente, sarebbe tale da rendere praticamente fruttuosa la sua efficacia pratica, il provvedimento cautelare mira a *conservare quello stato di fatto,* in attesa ed allo scopo che su di esso possa il provvedimento principale esercitare i suoi effeti (per es. Il sequestro conservativo, che rende indsponibili per la futura esecuzione forzata i mobili oggi esistenti presso il debitore); ma altre volte, quando si attente che il futuro provvedimento principale costituisca nuovi rapporti giuridici ovvero ordini misure innovative del mondo esterno, il provvedimento cautelare, per eliminare il danno che potrebbe derivare dal ritardo col quale il provvedimento principale potrà giungere a costituire tali effetti, deve tendere non già a conservare lo stato di fatto esistente, ma ad operare, in via provvisoria e anticipata, quegli effetti costitutivi e innovativi, che potrebbero diventare, se differiti, inefficaci o inattuabili (...)". *In*: *Introduzione allo studio sistematico dei provvedimenti cautelari.* Padova: CEDAM, 1936, pp. 26-27.

15 "Art. 796. O procedimento cautelar pode ser instaurado antes ou no curso do processo principal e deste é sempre dependente."

16 THEODORO JR., Humberto. Tutela antecipada. *In*: WAMBIER, Teresa Arruda Alvim (coord.). *Aspectos polêmicos da antecipação de tutela.* São Paulo: Ed. Revista dos Tribunais, 1997, pp. 181-182.

17 "O princípio da inafastabilidade do controle jurisdicional, inscrito no inc. XXXV do art. 5º da Constituição Federal, não assegura apenas o acesso formal aos órgãos judiciários, mas sim o acesso à Justiça que propicie a efetiva e tempestiva proteção contra qualquer forma de denegação da justiça e também o acesso à ordem jurídica justa." WATANABE, Kazuo. Tutela antecipatória e tutela específica das obrigações de fazer e não fazer – arts. 273 e 461 do CPC. *In*: TEIXEIRA, Sálvio de Figueiredo (coord.). *Reforma do Código de Processo Civil.* São Paulo: Saraiva, 1996, p. 20.

sofrer lesões, por vezes irreparáveis[18]. Um dos principais pontos para a consgração da tutela antecipada é, portanto, a observância do princípio da efetividade processual, sendo um de seus objetivos trazer maior agilidade ao processo e reduzir os efeitos nefastos do tempo[19].

Daí por que a alteração foi salutar e necessária na medida em que parte da doutrina e da jurisprudência não admitia a concessão de tutelas sumárias satisfativas com base no poder geral de cautela do juiz, havendo certa confusão quanto ao deferimento de uma "tutela satisfativa" e a (des)necessidade de propositura de uma ação principal. Acreditava-se que a satisfatividade da tutela conduziria à dispensa do ajuizamento da ação principal, o que não poderia ser admitido[20].

A eventual dispensabilidade do processo principal estava ligada, mais corretamente, à ideia de irreversibilidade dos efeitos da medida concedida, e não à satisfatividade do direito postulado[21].

Daí por que andou bem, no aspecto, a reforma processual de 1994, ao reconhecer a possibilidade de antecipação dos efeitos da futura sentença de mérito, e não somente de providências acautelatórias, e ao traçar requisitos gerais que possibilitariam essa antecipação em quaisquer procedimentos[22].

A partir de então, a discussão sobre as distinções entre o que seria uma tutela cautelar e uma tutela antecipada se tornou mais acirrada, mas havia certo consenso de que a tutela antecipada tinha por objetivo entregar o bem da vida ao autor (conteúdo satisfativo), enquanto a cautelar visava apenas a assegurar o direito litigioso até sua futura declaração ou execução, por meio de outra ação (conteúdo conservativo); desse modo, os dois institutos atuariam em campos distintos[23], o que não escapou, todavia, das críticas de doutrina de relevo[24].

---

18 CARNEIRO, Athos Gusmão. *Da antecipação de tutela*. 7ª ed. Rio de Janeiro: Forense, 2010, pp. 2-3.

19 COSTA, Fábio Silva. *Tutela antecipada, hermenêutica, acesso à justiça e princípio da efetividade processual*. São Paulo: Juarez de Oliveira. 2000, pp. 34-35.

20 MARINONI, Luiz Guilherme. *Antecipação da tutela*. 12ª ed. São Paulo: Ed. Revista dos Tribunais, 2011, pp. 103 e 106.

21 MACHADO, Antônio Cláudio da Costa. *Tutela antecipada*. 3ª ed. São Paulo: Juarez de Oliveira, 1999, pp. 478-479.

22 MACHADO, Antônio Cláudio da Costa. *Tutela antecipada*. 3ª ed. São Paulo: Juarez de Oliveira, 1999, p. 30.

23 ASSIS, Araken de. Antecipação de tutela. *In*: WAMBIER, Teresa Arruda Alvim (coord.). *Aspectos polêmicos da antecipação de tutela*. São Paulo: Ed. Revista dos Tribunais, 1997, pp. 17-18.

24 BEDAQUE, José Roberto dos Santos. *Tutela cautelar e tutela antecipada: tutelas sumárias e de urgência (tentativa de sistematização)*. 2ª ed. São Paulo: Malheiros, 2001, pp. 298-299.

Fundando-se nessa distinção e na própria literalidade da lei, boa parte da doutrina sustentava que os pressupostos para a concessão dessas medidas eram diferentes. Alegava-se que para conceder a medida cautelar seria suficiente o *fumus boni iuris*, enquanto para a tutela antecipada se fazia necessário maior grau de probabilidade, representado pela prova inequívoca da verossimilhança da alegação[25], embora houvesse quem sustentasse que a distinção era artificial, não fazendo sentido[26].

Tanto era assim que a reforma operada pela Lei nº 10.444/2002 procurou, entre outras questões, solucionar o problema da suposta diferenciação entre os requisitos, ao instituir a fungibilidade[27] entre as medidas de urgência por meio da inclusão do §7º ao art. 273, que possuía a seguinte redação: "§7º Se o autor, a título de antecipação de tutela, requerer providência de natureza cautelar, poderá o juiz, quando presentes os respectivos pressupostos, deferir a medida cautelar em caráter incidental do processo ajuizado", o que também não restou imune a críticas, pois não se previu, expressamente, a possibilidade de conceder uma tutela antecipada quando o pedido fosse de tutela cautelar (chamada fungibilidade de mão dupla).

O CPC/2015, nesse aspecto, foi mais longe no tratamento da matéria, ao pretender igualar os requisitos para o deferimento de ambas as medidas, tema que será mais bem abordado a seguir.

---

25 BUENO, Cassio Scarpinella. *Tutela antecipada*. 2ª ed. São Paulo: Saraiva, 2007, pp. 39-41.

26 A respeito, vide: RIBEIRO, Leonardo Ferres da Silva. *Tutela jurisdicional de urgência: regime jurídico único das tutelas cautelar e antecipada*. Tese de Doutorado. Pontifícia Universidade Católica de São Paulo, 2010, 354 f.

27 A fungibilidade também possuía outros fundamentos, como o poder geral de cautela, a observância dos princípios da economia processual, instrumentalidade das formas, etc. *In*: LAMY, Eduardo de Avelar. *Flexibilização da tutela de urgência*. 2ª ed. Curitiba: Juruá, 2008, p. 109.

Capítulo 2

REFERÊNCIAS NO DIREITO ESTRANGEIRO

Tratando-se de instituto novo no ordenamento jurídico pátrio, cumpre investigar os países que utilizam técnicas semelhantes à da estabilização da tutela provisória e quais as características desse instituto naqueles ordenamentos jurídicos. Observou-se que os principais países com institutos semelhantes são: França, Itália, Portugal e Argentina.

Não há a pretensão, contudo, de se fazer pormenorizada análise de direito comparado, o que demandaria estudo direcionado, e esse não é o escopo deste trabalho. Mas é salutar avaliar os principais contornos e características de institutos assemelhados no direito estrangeiro, o que pode nos ajudar a compreender melhor seu surgimento e sua aplicação prática em nosso país.

2.1. Référé francês

A Exposição de Motivos do Código de Processo Civil de 2015 dispõe, expressamente, que a estabilização da tutela provisória se inspirou no sistema francês (além do sistema italiano, que trataremos em sequência)[1].

Daí por que se mostra imprescindível traçar algumas linhas sobre o *référé* francês em certas modalidades, o que poderá ajudar a compreender e resolver alguns questionamentos acerca do instituto da estabilização no direito pátrio.

Sabe-se que o *référé* surgiu no século 17, mais precisamente em 1685, no caso Châtelet de Paris, com a finalidade de auxiliar na lentidão

1 https://www2.senado.leg.br/bdsf/bitstream/handle/id/512422/001041135.pdf. Página 35. Acesso em 16/5/2018, às 20h46.

da justiça, *a priori*, parisiense. Somente no Código de Processo Civil de 1806 o instituto se estendeu para toda a França[2].

Entre as várias espécies de *référé*, vale investigarmos, principalmente, o *référé clássique*, baseado na urgência, e o *référé provision*, baseado na evidência (arts. 808 e 809, §2º, respectivamente, do CPC francês de 1975), sem descuidar que esse tipo de provimento é previsto para diversas outras situações, mas quase sempre com as mesmas características que serão aqui abordadas[3].

As características gerais das diversas espécies de *référé* estão disciplinadas entre os arts. 484 a 492 do *Code de Procédure Civile*. Segundo o art. 484[4], o *référé* é uma decisão provisória tomada a pedido da parte, sem necessidade da presença de advogado[5], com o comparecimento da outra parte ou sendo esta chamada, dada por um juízo que não será o principal, com o poder de determinar as medidas necessárias para sua consecução.

Conforme salienta Gustavo Bohrer Paim: "O *référé* recai a um órgão próprio, uma jurisdição específica, a jurisdição provisória, que não entra

---

2 *"Le référé aurait été institué par la procédure et la jurisprudence du Châtelet de Paris telles qu'entérinées par un Édit du 22 janvier 1685, répondant à des exigences de rapidité procedurále. Mas il a été véritablement consacré par le titre XVI de la première partie du Code de procédure civile de 1806, qui l'a étendu à tout ela France."* *In*: VUITTON, Xavier; VUITTON, Jacques. *Les référés. Procédure civile, contentieux administratif, procédure penale.* 3ª ed. Paris: LexisNexis, 2012, p. 1.

3 Além dos artigos mencionadas, o procedimento do *référé* também está previsto nos "arts. 872-873 para o tribunal de commerce; o art. 879 que remete às disposições do art. R. 1455-1 até o art. R. 1455-11 do code du travail; os arts. 893-896 para o tribunal paritaire de baux ruraux; os arts. 956 e 957 para a corte de apelação. Enquanto os outros tipos de référés são disciplinados em outros códigos ou em leis especiais, como: os artigos R. 142-21-1 do code de la sécurité sociale para o référé que se desenvolve perante o tribunal des affaires de la sécurité sociale. O référé probatorie é, ao invés, disciplinado no art. 145 do CPC (LGL\2015\1656). Salvo raríssimas exceções – como, por exemplo, o art. R. 142-21-1 do code de la sécurité sociale que é parcialmente diferente do art. 809 do CPC (LGL\2015\1656) – a formulação dos citados artigos é idêntica (...)". *In*: BONATO, Giovanni; GOMES DE QUEIROZ, Pedro. Os référés no ordenamento francês. *Revista de Processo*, vol. 255/2016, pp. 527-566. Revista dos Tribunais online, p. 4.

4 No original: *"L'ordonnance de référé est une décision provisoire rendue à la demande d'une partie, l'autre présente ou appelée, dans les cas où la loi confère à un juge qui n'est pas saisi du principal le pouvoir d'ordonner immédiatement les mesures nécessaires".*

5 CHAINAIS, Cécile. *La protection juridictionnelle provisoire dans le procès civil em droits français et italien.* Paris: Dalloz, 2007, p. 270.

no julgamento do principal, do mérito. O objeto do juízo provisório e o do principal de mérito são diversos"[6].

Mas isso não significa que a jurisdição do *référé* é acessória; ao contrário, trata-se de jurisdição autônoma, diversa daquela que eventualmente analisará o processo dito principal[7].

Tal característica significa, inclusive, que a parte sucumbente poderá manejar os meios impugnativos cabíveis, que não se confundem com aqueles do juízo de mérito; daí por que a instauração do juízo de mérito não prejudica, *a priori*, o juízo provisório, nem a impugnação no provisório prejudica o juízo de mérito[8].

Segundo o primeiro parágrafo do art. 488, do CPC francês, a decisão tomada no *référé* não faz coisa julgada *au principal*[9], o que significa que não é apta a resolver definitivamente o litígio de mérito em futuro processo que possa ser instaurado. Resolve-se o *référé* na decisão provisória, a qual não impede a propositura da demanda principal[10].

Ressaltam, aliás, Giovanni Bonato e Pedro Gomes de Queiroz que o Relatório Magendie, sobre a *Célérité et qualité de la justice*, de 15 de junho de 2004, sofreu duras críticas ao mencionar ser necessário que as decisões tomadas no *référé* fizessem coisa julgada *au principal* depois do decurso de determinado prazo[11].

Vale obsevar que, assim como no Brasil, na França também distingue-se a provisoriedade da temporaneidade. A decisão proferida no *référé* é provisória, e não temporária, pois seus efeitos não estão limitados no tempo, podendo ser revista, em regra, somente na ação eventualmen-

---

6 PAIM, Gustavo Bohrer. O référé francês. *Revista de Processo*, vol. 203/2012, pp. 99-118. Revista dos Tribunais online, p. 3.

7 VUITTON, Xavier; VUITTON, Jacques. *Les référés. Procédure civile, contentieux administratif, procédure penale.* 3ª ed. Paris: LexisNexis, 2012, p. 7.

8 PAIM, Gustavo Bohrer. *Estabilização da tutela antecipada.* Porto Alegre: Livraria do Advogado, 2012, p. 175.

9 No original: *"L'ordonnance de référé n'a pas, au principal, l'autorité de la chose jugée".*

10 *"L'ordonnance de référé est privée de l'autorité de la chose jugée au principal. Cette caractéristique, expressément affirmée par les dispositions de l'article 488 du Code de procédure civile qui a consacré la jurisprudence antérieure, est la conséquence nécessaire du caractere provisoire de cette décision".* *In*: VUITTON, Xavier; VUITTON, Jacques. *Les référés. Procédure civile, contentieux administratif, procédure penale.* 3ª ed. Paris: LexisNexis, 2012, p. 212.

11 BONATO, Giovanni; GOMES DE QUEIROZ, Pedro. Os référés no ordenamento francês. *Revista de Processo*, vol. 255/2016, pp. 527-566. Revista dos Tribunais online, p. 8.

te proposta para discutir a questão em seu mérito[12], a qual, todavia, não tem prazo predeterminado para ser proposta, submetendo-se, portanto, aos prazos fixados nas leis de direito material[13].

Todavia, conforme o parágrafo segundo do art. 488, a decisão tomada em *référé* não pode ser modificada em outro *référé*, a não ser em caso de circunstâncias novas que possam abalar aquela primeira decisão tomada[14].

Já o art. 808, disposto no Título das Disposições Particulares do *Tribunal de Grande Instance,* subtítulo dos poderes do *Président,* diz que, nos casos de urgência, pode ordenar, em *référé*, todas as medidas que não enfrentem uma contestação séria ou que justifique a existência da defesa[15].

A urgência é o requisito mais comumente associado ao *référé*, como explica Xavier Vuitton:

> L'urgence est la condition à laquelle le référé est le plus traditionnelement associé, même si as place tend pourtant à diminuer et si le juge des référés ne statue plus nécessairement dans l'urgence. Statuer dans um litige nécessitant l'intervention rapide d'um juge est, em effet, la première justification de l'institution du référé, qui permet de pallier la lenteur qu'impose le recours serein aux juges du fond.[16]

A competência do *Tribunal de Grande Instance*, segundo o art. 810, é residual, atuando sempre que a lei não prever competência específica para análise de determinado *référé*, o que leva a crer, inclusive, que toda e qualquer matéria está sujeita a esse procedimento[17].

---

12 VUITTON, Xavier; VUITTON, Jacques. *Les référés. Procédure civile, contentieux administratif, procédure penale.* 3ª ed. Paris: LexisNexis, 2012, p. 211.

13 ALVIM, Eduardo Arruda. *Tutela provisória.* 2ª ed. São Paulo: Saraiva, 2017, pp. 486-487.

14 No original: *"Elle ne peut être modifiée ou rapportée en référé qu'en cas de circonstances nouvelles".*

15 No original: *"Dans tous les cas d'urgence, le président du tribunal de grande instance peut ordonner en référé toutes les mesures qui ne se heurtent à aucune contestation sérieuse ou que justifie l'existence d'un différend".*

16 VUITTON, Xavier. *La juridiction du Président: première instance, appel, cassation: référés, requête, fond.* Paris: LexisNexis, 2010, p. 27.

17 No original: *"Les pouvoirs du président du tribunal de grande instance prévus aux deux articles précédents s'étendent à toutes les matières où il n'existe pas de procédure particulière de référé".*

Ou seja, pela regra geral prevista nesse dispositivo, são requisitos a presença da urgência e a ausência de uma contestação séria, valendo ressaltar que por contestação séria entende-se aquela com maior probabilidade de ser acolhida, ou mesmo aquela na qual os motivos invocados para se opor ao pedido do autor não são manifestamente incabíveis[18].

A primeira parte do art. 809 prevê que, mesmo diante de uma contestação séria, pode o juiz deferir medidas conservativas ou de reparação, para prevenir um dano iminente ou para fazer cessar um transtorno manifestamente ilícito[19]. Por óbvio que, nessa hipótese de contestação séria, não basta ao juiz verificar uma situação de dano atual ou iminente; é preciso que haja probabilidade no direito do autor.

Daí por que o juiz deve ter cautela ao decidir, já que, diante de uma contestação séria, há probabilidade de o réu estar correto, o que indica a necessidade do processo ulterior para análise meritória da questão posta[20].

Os *référés*, portanto, têm como característica comum a sumariedade e a provisoriedade (art. 484) do procedimento, garantido como regra o contraditório entre as partes e sem aptidão para fazer coisa julgada *au principal*[21].

Interessante notar a importância do exercício do contraditório, mesmo nos casos de urgência, prevendo o art. 485, segunda parte, que tal ato pode ser realizado inclusive nos feriados e dias não úteis[22]. Se preciso for, a audiência será realizada na casa do magistrado, sempre de portas abertas[23], a fim de preservar o princípio da publicidade.

---

18 VUITTON, Xavier; VUITTON, Jacques. *Les référés. Procédure civile, contentieux administratif, procédure penale.* 3ª ed. Paris: LexisNexis, 2012, p. 26.

19 No original: *"Le président peut toujours, même en présence d'une contestation sérieuse, prescrire en référé les mesures conservatoires ou de remise en état qui s'imposent, soit pour prévenir un dommage imminent, soit pour faire cesser un trouble manifestement illicite".*

20 CHAINAIS, Cécile. *La protection juridictionnelle provisoire dans le procès civil em droits français et italien.* Paris: Dalloz, 2007, pp. 79-80.

21 BONATO, Giovanni. A estabilização da tutela antecipada de urgência no Código de Processo Civil brasileiro de 2015 (uma comparação entre Brasil, França e Itália). *Revista de Processo*, vol. 273/2017, pp. 191-253. Revista dos Tribunais online, p. 4.

22 No original: *"La demande est portée par voie d'assignation à une audience tenue à cet effet aux jour et heure habituels des référés. Si, néanmoins, le cas requiert célérité, le juge des référés peut permettre d'assigner, à heure indiquée, même les jours fériés ou chômés".*

23 VUITTON, Xavier; VUITTON, Jacques. *Les référés. Procédure civile, contentieux administratif, procédure penale.* 3ª ed. Paris: LexisNexis, 2012, p. 169.

O decidido no *référé* tem eficácia temporal ilimitada, podendo, contudo, ser modificado ou revogado após a instauração de ação que vise a discutir o mérito propriamente dito, a qual não possui prazo previsto em lei. Obviamente, a decisão do *référé* pode ganhar contornos de definitividade em caso de não propositura da ação de mérito dentro dos prazos prescricionais ou decadenciais previstos no direito material, variando a depender da matéria discutida[24].

Já o segundo parágrafo do art. 809 traz o que a doutrina francesa chama de *référé provision*. Nessa espécie de *référé* admite-se que o credor de uma obrigação não seriamente contestada obtenha uma tutela provisória de pagamento ou ordene a execução de uma obrigação, ainda que se trate de obrigação de fazer[25].

Como se vê, o dispositivo não exige urgência, afastando-se do *référé* geral. Basta que não haja uma contestação séria, o que, como já se disse, é a ausência de uma contestação com probabilidade de ser acolhida, sempre na tentativa de evitar a discussão de matérias meramente dilatórias, da perspectiva da celeridade[26].

Ou seja, o instrumento do *référé* bem serve ao tratamento de questões que exijam proteção imediata e/ou daquelas que não enfrentam contestação séria, cuja solução, nesta última hipótese, não é complexa[27].

Não se prevê ser necessária a instauração do processo principal após a decisão proferida no *référé*. Trata-se de faculdade conferida às partes, que poderão instaurar o juízo de mérito, para o qual a lei não previu prazo expressamente.

---

24 BONATO, Giovanni. A estabilização da tutela antecipada de urgência no Código de Processo Civil brasileiro de 2015 (uma comparação entre Brasil, França e Itália). *Revista de Processo*, vol. 273/2017, pp. 191-253. Revista dos Tribunais online, p. 4.

25 No original: *"Dans les cas où l'existence de l'obligation n'est pas sérieusement contestable, il peut accorder une provision au créancier, ou ordonner l'exécution de l'obligation même s'il s'agit d'une obligation de faire".*

26 "Assegura-se a proteção imediata dos direitos não contestados e desencorajam-se os devedores retinentes a praticar o abuso do procedimento para se esquivar da própria obrigação. É, na ótica da economia processual e da prevenção contra o abuso do direito de defesa, que se enquadra o référé provision." *In*: PAIM, Gustavo Bohrer. *Estabilização da tutela antecipada*. Porto Alegre: Livraria do Advogado, 2012, p. 182.

27 PAULINO DOS REIS, Dagma. O *référé* francês e as decisões urgentes no Brasil. *In*: FIDÉLIS DOS SANTOS, Ernane; WAMBIER, Luiz Rodrigues; NERY JR., Nelson; WAMBIER, Teresa Arruda Alvim (coords.). *Execução civil: estudos em homenagem ao professor Humberto Theodoro Júnior*. São Paulo: Ed. Revista dos Tribunais, 2007, p. 399.

O sucesso do *référé* se deve, principalmente, aos fatores da rápida resposta a uma situação de crise, capacidade de resolução definitiva da lide (ainda que o *référé* seja provisório), e a representação do ideário de uma justiça célere, eficaz e desprovida de formalismo[28].

2.2. Tutela sumária no direito italiano

O sistema italiano conhece três tipos de procedimento sumário, como leciona Antonio Carrata:

> (...) possiamo distinguere ter diverse categorie di procedimenti sommari contenziosi: quelli sommari con funzione decisoria, ovvero, i provvedimenti/procedimenti sommari i quali, nonostante la loro struttura sommaria, sono comunque idonei a produrre il giudicato sostanziale (...); quelli sommari con funzione esclusivamente esecutiva, ovvero idonei solo a consentire la veloce formazione di um titolo giudiziale esecutivo, ma non anche a produrre il giudicato sostanziale (...); quelli sommari con funzione cautelare, idonei, cioè, a tutelare provvisoriamente il diritto controverso in via strumentale, ovvero in atesa di ottenere la tutela a cognizione piena ed esauriente.[29]

Também inspirado no *référé* francês[30], o direito italiano introduziu em seu sistema, inicialmente no processo societário, por meio da Lei nº 5 de 2003, um procedimento cautelar anterior à causa.

Antes de tudo, um parêntese: a tutela cautelar italiana foi concebida com o intuito de abarcar a proteção contra dois tipos de perigo: a) perigo de *infruttuosità*, que visa a assegurar a futura satisfação do direito material (índole meramente conservativa); e b) perigo de *tardività*, que visa a antecipar a satisfação do direito material em si (índole antecipatória).

---

28 PAULINO DOS REIS, Dagma. O *référé* francês e as decisões urgentes no Brasil. *In*: FIDÉLIS DOS SANTOS, Ernane; WAMBIER, Luiz Rodrigues; NERY JR., Nelson; WAMBIER, Teresa Arruda Alvim (coords.). *Execução civil: estudos em homenagem ao professor Humberto Theodoro Júnior*. São Paulo: Ed. Revista dos Tribunais, 2007, p. 396.

29 CARRATTA, Antonio. *La tutela sommaria in Europa – studi*. Napoli: Jovene, 2012, pp. 16-17.

30 Como admite Andrea Proto Pisani: *In*: Verso la residualità del processo a cognizione piena? *Revista de Processo*, vol. 131/2006, pp. 239-249. Revista dos Tribunais online, p. 7.

Pois bem. Dizia o art. 23, *comma* 1, da lei supracitada: *"Nelle controversie di cui al presente decreto, ai provvedimenti d'urgenza e agli altri provvedimenti cautelari idonei ad anticipare gli effetti dela decisione di mérito non si aplica l'articolo 669-octies del Codice di Procedura Civile, ed essi non perdono la loro eficácia se la causa non viene iniziata".*

Ou seja, pela norma supracitada, nos provimentos de urgência capazes de antecipar os efeitos da decisão de mérito, não se aplica o art. 669, *octies*, do *Codice di Procedura Civile*, de modo que a eficácia da decisão permanece ainda que o processo não for iniciado.

O art. 669, *octies*, era justamente aquele dispositivo que indicava a necessidade de iniciar o processo de mérito em até 60 dias a partir da concessão da tutela cautelar, enquanto o *novies* disciplinava que, se a determinação não fosse cumprida, o provimento cautelar perderia sua eficácia.

Após uma série de reformas legislativas (decreto legislativo nº 35/2005, modificado pela *legge* nº 80/2005, decreto legislativo nº 273/2005 e *legge* nº 51/2006), foi alterado o art. 669, *octies*, introduzindo o parágrafo 6º[31], que assim prevê: *"Le disposizioni di cui al presente articolo e al primo comma dell'articolo 669-novies non si applicano ai provvedimenti di urgenza emessi ai sensi dell'articolo 700 e agli altri provvedimenti cautelari idonei ad anticipare glo effetti della sentenza di merito, previsti dal códice civile o da leggi speciali (...)".*

Desse modo, após tais mudanças, alguns provimentos cautelares são desvinculados da instauração do procedimento de mérito, como os provimentos de urgência do art. 700. Buscou-se, com isso, dar ênfase à celeridade[32] para que as partes buscassem a solução do litígio, evitando a propositura do processo principal quando estivessem satisfeitas com a antecipação da tutela[33].

Neste sentido, salientam Giulia Iofrida e Antonio Scarpa:

> Sono facilmente ricavabili i motivi che hanno spinto dapprima il legislatore del processo societario, e poi quello del processo ordinario, a scardinare la fisionomia della instrumentalità della tutela cautelare: si presume che l'istante, il quale abbia ormai pienamente

31 RICCI, Edoardo F.. A evolução da tutela urgente na Itália. *In*: ARMELIN, Donaldo (coord.). *Tutelas de urgência e cautelar. Estudos em homenagem a Ovídio A. Baptista da Silva*. São Paulo: Saraiva, 2010, p. 383.

32 FIORUCCI, Fabio. *Tutela d'urgenza* ex *art. 700 c.p.c.* Milano: Giuffrè, 2014, p. 253.

33 BAUERMANN, Desirê. Estabilização da tutela antecipada. *Revista Eletrônica de Direito Processual*, vol. VI, 2010, p. 36.

> conseguito dalla misura cautelare il bene della vita cui ambiva com la sua domanda, non possa avere più interesse alcuno a che venga duplicato l'accertamento giudiziale del suo diritto in sede di cognizione piena (...)[34]

Por isso diz-se que a tutela sumária não possui necessário vínculo de instrumentalidade com o processo de cognição plena, tornando este meramente eventual, e não obrigatório[35], mas para as tutelas meramente conservativas fica mantida a relação de instrumentalidade[36].

Também é possível requerer a tutela sumária dentro do próprio processo de cognição plena, a qual será hábil a encerrá-lo caso as partes não requeiram seu prosseguimento, como acontece no processo provisório[37].

Assim como no *référé* francês, são provimentos não acobertados pelo manto da coisa julgada, mas sua eficácia é indefinida no tempo, podendo ser revogados ou modificados em posterior juízo definitivo de mérito[38], para o qual a lei processual não prevê prazo[39].

Tal qual abordaremos nos capítulos relativos às diferenças e semelhanças entre as tutelas antecipada e cautelar, bem como à impossibilidade de estabilizar a tutela cautelar, a doutrina italiana também se deparou com essa discussão.

Sobre a questão, é oportuna a lição de Edoardo F. Ricci:

> No entanto, no que diz respeito à eficácia das medidas urgentes, é preciso fazer uma distinção entre as medidas instrumentais (ou cautelares em sentido estrito) e as medidas antecipatórias, pois existem profundas diferenças entre a disciplina de tais medidas. Por um lado, aquelas, pela instrumentalidade que as caracteriza, nascem e continuam a existir em função do processo principal e de uma futura sentença de mérito, tornando-se ineficazes na falta de tal pro-

34 *I nuovi procedimenti cautelari: doppo la Legge nº 80 del 2005, il D.L. nº 271 del 2005 e la Legge nº 51 del 2006*. Milano: Giuffrè, 2006, p. 5.

35 ANDRADE, Érico. A técnica processual da tutela sumária no direito italiano. *Revista de Processo*, vol. 179/2010, pp. 175-216. Revista dos Tribunais online, p. 9.

36 PICARDI, Nicola. *Manuale del processo civile*. Milano: Giuffrè, 2006, p. 563.

37 ANDRADE, Érico. A técnica processual da tutela sumária no direito italiano. *Revista de Processo*, vol. 179/2010, pp. 175-216. Revista dos Tribunais online, p. 11.

38 PAIM, Gustavo Bohrer. *Estabilização da tutela antecipada*. Porto Alegre: Livraria do Advogado, 2012, p. 186.

39 FIORUCCI, Fabio. *Tutela d'urgenza* ex *art. 700 c.p.c.* Milano: Giuffrè, 2014, pp. 253-254.

> cesso, ou se o processo não se conclui com uma decisão de mérito. Estas, por outro lado, possuem função satisfatória e, portanto, tendem a se configurar como algo que não depende do processo principal; trata-se, em outras palavras, de uma tutela que não se qualifica mais como instrumental e acessória, mas, em certa medida, como alternativa, para quem – visando mais à satisfação do próprio direito do que a uma sentença passada em julgado – estiver disposto a se contentar com uma vantagem inferior àquela que se pode receber ao fim do processo ordinário de conhecimento[40].

Mas a questão não é tão simples. Há posição no sentido de que nos provimentos de natureza cautelar seria imprescindível a obtenção do juízo de mérito, enquanto nos provimentos antecipatórios a instauração deste juízo seria facultativa. Mas também há entendimentos de que a atenuação da instrumentalidade seria aplicável a todo e qualquer provimento de urgência, principalmente porque o interesse das partes é que deve reger a aplicação da técnica[41].

Essa tutela sumária com aptidão para encerrar o conflito, ainda que não definitivamente, tem por escopo satisfazer três aspectos do processo civil contemporâneo: i) promover economia processual; ii) propiciar efetividade processual; iii) impedir o abuso do direito de defesa[42].

E, mais importante, reservar a discussão sobre o mérito, em cognição aprofundada, aos casos em que uma das partes se sinta insatisfeita com o provimento cautelar[43].

2.3. Inversão do contencioso no processo civil português

Em Portugal, também é possível encontrar instrumento semelhante à estabilização da tutela antecipada. O Código de Processo Civil português permite a concessão de providências urgentes, de caráter conservativo ou antecipatório, desde que presentes os requisitos de fun-

40 RICCI, Edoardo F.. A evolução da tutela urgente na Itália. *In*: ARMELIN, Donaldo (coord.). *Tutelas de urgência e cautelar. Estudos em homenagem a Ovídio A. Baptista da Silva*. São Paulo: Saraiva, 2010, p. 384.

41 FIORUCCI, Fabio. *Tutela d'urgenza* ex *art. 700 C.P.C.* Milano: Giuffrè, 2014, pp. 259-261.

42 THEODORO JR., Humberto; ANDRADE, Érico. A autonomização e a estabilização da tutela de urgência no projeto de CPC. *Revista de Processo*, vol. 206/2012, pp. 13-59. Revista dos Tribunais online, pp. 6-7.

43 FIORUCCI, Fabio. *Tutela d'urgenza* ex *art. 700 C.P.C.* Milano: Giuffrè, 2014, pp. 259-261.

dado receio de lesão grave e de difícil reparação (art. 362, I[44]), oferecendo prova sumária do direito alegado e do receio de lesão (art. 365, I[45]).

O art. 364 regula a relação entre o procedimento cautelar e a ação principal, disciplinando que, como regra, o processo cautelar é dependente de outra causa, podendo ser requerida a providência antes ou na pendência da ação principal; não há influência da decisão proferida no processo cautelar na ação principal[46].

Desse modo, a providência cautelar perde seus efeitos nos casos previstos no art. 373, quais sejam: i) se o requerente não propuser a ação principal em 30 dias contados da ciência do trânsito em julgado da decisão cautelar; ii) o processo ficar parado por mais de 30 dias por negligência do requerente; iii) a ação vier a ser julgada improcedente; iv) o réu for absolvido; v) o direito acautelado tiver se extinguido[47].

Contudo, diz-se que há essa relação de dependência como regra[48], pois se prevê o que lá se chama *inversão do contraditório*, técnica contida

---

44 "1 - Sempre que alguém mostre fundado receio de que outrem cause lesão grave e dificilmente reparável ao seu direito, pode requerer a providência conservatória ou antecipatória concretamente adequada a assegurar a efetividade do direito ameaçado."

45 "1 - Com a petição, o requerente oferece prova sumária do direito ameaçado e justifica o receio da lesão."

46 "1 - Exceto se for decretada a inversão do contencioso, o procedimento cautelar é dependência de uma causa que tenha por fundamento o direito acautelado e pode ser instaurado como preliminar ou como incidente de ação declarativa ou executiva. 2 - Requerido antes de proposta a ação, é o procedimento apensado aos autos desta, logo que a ação seja instaurada e se a ação vier a correr noutro tribunal, para aí é remetido o apenso, ficando o juiz da ação com exclusiva competência para os termos subsequentes à remessa. 3 - Requerido no decurso da ação, deve o procedimento ser instaurado no tribunal onde esta corre e processado por apenso, a não ser que a ação esteja pendente de recurso; neste caso a apensação só se faz quando o procedimento estiver findo ou quando os autos da ação principal baixem à 1.ª instância. 4 - Nem o julgamento da matéria de facto, nem a decisão final proferida no procedimento cautelar, têm qualquer influência no julgamento da ação principal."

47 "1 - Sem prejuízo do disposto no artigo 369.º, o procedimento cautelar extingue -se e, quando decretada, a providência caduca: a) Se o requerente não propuser a ação da qual a providência depende dentro de 30 dias contados da data em que lhe tiver sido notificado o trânsito em julgado da decisão que a haja ordenado; b) Se, proposta a ação, o processo estiver parado mais de 30 dias, por negligência do requerente; c) Se a ação vier a ser julgada improcedente, por decisão transitada em julgado; d) Se o réu for absolvido da instância e o requerente não propuser nova ação em tempo de aproveitar os efeitos da proposição da anterior; e) Se o direito que o requerente pretende acautelar se tiver extinguido."

48 Observa-se da exposição de motivos da proposta de reforma do Código de Processo Civil português: "Quanto à disciplina dos procedimentos cautelares, que-

expressamente no art. 369. Trata-se da possibilidade de o juiz dispensar o autor do ajuizamento da ação principal, desde que: a) haja requerimento nesse sentido; b) a prova produzida permita convicção segura acerca da existência do direito; c) a providência tiver aptidão para compor definitivamente o litígio (art. 369, I[49]).

Ou seja, i) não pode a inversão do contencioso resultar de iniciativa de ofício do juiz, ainda que tenha formado convicção segura sobre a existência do direito acautelado; ii) não basta o *fumus boni iuris,* devendo o juiz conseguir alcançar grau semelhante de convicção que teria caso a discussão fosse travada em um processo principal; iii) só se admite a técnica caso haja possibilidade de composição definitiva do litígio, o que acontece nas chamadas tutelas cautelares (nominadas ou inominadas) de natureza antecipatória, mas não nas providências cautelares de natureza meramente conservativa.[50]

Assim, tratando do objetivo da inversão do contraditório em Portugal, salienta Marco Carvalho Gonçalves:

> Esse modelo permite, assim, assegurar não só a efetividade da tutela jurisdicional, como também economizar os meios judiciais, impedindo que o decretamento de uma determinada providência cautelar tenha sempre de ser seguido de uma ação principal, a qual, na generalidade dos casos, não é mais do que uma mera repetição do procedimento cautelar antecedente.[51]

---

bra-se o princípio segundo a qual estes são sempre dependência de uma causa principal, proposta pelo requerente para evitar a caducidade da providência cautelar decretada em seu benefício, evitando que tenha de se repetir inteiramente, no âmbito da acção principal, a mesma controvérsia que acabou de ser apreciada e decidida no âmbito do procedimento cautelar – obstando aos custos e demoras decorrentes desta *duplicação de procedimentos*, nos casos em que, apesar das menores garantias formais, a decisão cautelar haja, na prática, solucionado o litígio que efectivamente opunha as partes". *In: Revista de Processo*, vol. 204/2012, pp. 211-228.

49 "1 – Mediante requerimento, o juiz, na decisão que decrete a providência, pode dispensar o requerente do ónus de propositura da ação principal se a matéria adquirida no procedimento lhe permitir formar convicção segura acerca da existência do direito acautelado e se a natureza da providência decretada for adequada a realizar a composição definitiva do litígio."

50 GONÇALVES, Marco Carvalho. *Providências cautelares.* 4ª ed. Coimbra: Almedina, 2019, pp. 158-161.

51 *Providências cautelares.* 4ª ed. Coimbra: Almedina, 2019, p. 157.

Essa dispensa não precisa ser necessariamente requerida no pedido cautelar, admitindo-se o pedido até o encerramento da audiência final. Pode ainda o requerido se opor à técnica de inversão do contraditório, juntamente com a eventual impugnação em face da decisão cautelar (art. 369, II)[52].

Deferida a medida, pode o réu, alternativamente, recorrer ou deduzir oposição, neste último caso quando pretenda alegar fatos ou produzir provas não consideradas pelo juiz recorrido. Por ambos os meios, poderá se insurgir sobre a medida cautelar em si e a decisão que inverteu o contencioso (art. 372, I e II[53]).

Após o trânsito em julgado da decisão concessiva da medida cautelar, será o réu notificado para, em querendo, propor a ação principal em até 30 dias, "sob pena de a providência decretada se consolidar como composição definitiva do litígio" (art. 371, I)[54].

O ônus da prova dessa ação vai depender da matéria nela veiculada. Se se pretender propor uma "simples apreciação negativa", o ônus dos fatos constitutivos será do réu, antes autor da ação cautelar antecedente, e dos fatos impeditivos, modificativos ou extintivos será do autor, antes réu da ação cautelar antecedente. Todavia, se se pretender o ajuizamento de outro tipo de ação, cuja resultado favorável seja incompatível com

---

52 "2 – A dispensa prevista no número anterior pode ser requerida até ao encerramento da audiência final; tratando- -se de procedimento sem contraditório prévio, pode o requerido opor-se à inversão do contencioso conjuntamente com a impugnação da providência decretada."

53 "1 – Quando o requerido não tiver sido ouvido antes do decretamento da providência, é-lhe lícito, em alternativa, na sequência da notificação prevista no nº 6 do artigo 366.º: a) Recorrer, nos termos gerais, do despacho que a decretou, quando entenda que, face aos elementos apurados, ela não devia ter sido deferida; b) Deduzir oposição, quando pretenda alegar factos ou produzir meios de prova não tidos em conta pelo tribunal e que possam afastar os fundamentos da providência ou determinem a sua redução, aplicando-se, com as adaptações necessárias, o disposto nos artigos 367.º e 368.º. 2 – O requerido pode impugnar, por qualquer dos meios referidos no número anterior, a decisão que tenha invertido o contencioso."

54 "1 – Sem prejuízo das regras sobre a distribuição do ónus da prova, logo que transite em julgado a decisão que haja decretado a providência cautelar e invertido o contencioso, é o requerido notificado, com a advertência de que, querendo, deve intentar a ação destinada a impugnar a existência do direito acautelado nos 30 dias subsequentes à notificação, sob pena de a providência decretada se consolidar como composição definitiva do litígio."

a tutela cautelar deferida, caberá ao autor (réu na ação anterior) a prova do fato constitutivo do seu direito.[55]

Vale ressaltar que a inversão do contencioso é aplicável também aos processos cautelares de restituição provisória da posse, suspensão de deliberações sociais, alimentos provisórios, embargo de obra nova, além dos demais procedimentos previstos em legislação avulsa, cuja natureza permita realizar a composição definitiva do litígio (art. 376, IV[56]).

Sobre a inversão do contencioso no processo civil português, já comentou a doutrina pátria:

> Com esta nova figura, permite a lei portuguesa, mediante requerimento da parte, transformar um procedimento cautelar - até então caracterizado por um processo urgente destinado a decretar medidas provisórias - numa decisão definitiva sobre a composição do litígio. Este novo regime veio quebrar o princípio segundo o qual os procedimentos cautelares estão sempre dependentes de uma ação principal, relativizando, por assim dizer, sua provisoriedade e, bem assim, a sumariedade da cognição, pois pode gerar um juízo de certeza[57].

2.4. *Medidas autosatisfactivas* na Argentina

De início, vale destacar que no direito argentino estão incluídos no conceito de medidas cautelares não só aquelas tutelas provisórias de caráter conservativo, mas também as satisfativas[58].

Há, no direito argentino, principalmente por criação doutrinária (mas também legislativa de algumas províncias, por exemplo: Corrientes[59], La Pampa e Santa Fé), a chamada *medida autosatisfactiva*.

55 PINTO, Rui. *Notas ao Código de Processo Civil*, vol. I. 2ª ed. Coimbra Ed.: Coimbra, 2015, pp. 318-319.

56 "4 - O regime de inversão do contencioso é aplicável, com as devidas adaptações, à restituição provisória da posse, à suspensão de deliberações sociais, aos alimentos provisórios, ao embargo de obra nova, bem como às demais providências previstas em legislação avulsa cuja natureza permita realizar a composição definitiva do litígio."

57 RIBEIRO, Leonardo Ferres da Silva. *Tutela provisória: tutela de urgência e tutela de evidência*. 3ª ed. São Paulo: Ed. Revista dos Tribunais, 2018, p. 181.

58 ROJAS, Jroge A. Tutela anticipada: sistema cautelar o proceso urgente? *Revista Iberoamericana de Derecho Procesal*, vol. 2/2015, pp. 67-92. Revista dos Tribunais online, p. 5.

59 Prevista nos artigos 785 a 790 do Código Procesal Civil y Comercial de Corrientes, com a alteração dada pela Ley nº 5.745/2006.

Trata-se de um requerimento de caráter urgente que se esgota com o seu deferimento, sem necessidade de posterior ação para a confirmação do antes decidido.[60]

Na província de Corrientes, por exemplo, a *medida autosatisfactiva*, após sua concessão, poderá ser impugnada pela via da *apelación*, ou por um *proceso declarativo general sumario de oposición*[61].

Ademais, não se aplicam às tutelas *autosatisfactivas* os princípios da *instrumentalidad y caducidad* próprios do processo cautelar[62]. Nesse sentido, o artigo 207 dita que a parte tem 10 dias para propor a demanda, sob pena de caducidade da cautelar[63].

Também na Província de Chaco, há previsão expressa acerca da *medida autosatisfactiva* no art. 253, com praticamente as mesmas regras da Província de Corrientes.

Na Província de La Pampa, em seu art. 305[64], ainda que limitado às situações de amparo, mas também quanto a elas não se aplicando a

60 MARÍA CORDEIRO, Clara. Medidas autosatisfactivas. *In*: *Cuaderno del Departameto de Derecho Procesal y Prática Profesional*, nº 8. Universidad Nacional de Córdoba. Alveroni: Córdoba, 2005, p. 199.

61 No original: *"Artículo 789º. – Impugnación: El legitimado para contradecir la medida autosatisfactiva ordenada, podrá optar para impugnarla, entre la interposición directa del recurso de apelación que será concedido en su caso, con efecto devolutivo, o iniciar un proceso declarativo general sumario de oposición cuya promoción no impedirá el cumplimiento de la decisión judicial impugnada.- Elegida una vía de impugnación, se perderá la posibilidad de hacer valer la outra".*

62 No original: *"Artículo 790º. – Principios de instrumentalidad. Caducidad: No rigen en la materia los principios de instrumentalidad y caducidad propios del proceso cautelar".*

63 No original: *"Art. 207. Caducidad. Se producirá la caducidad de pleno derecho de las medidas cautelares que se hubieren ordenado y hecho efectivas antes del proceso, si tratándose de obligación exigible no se interpusiere la demanda dentro de los diez días siguientes al de su traba, aunque la otra parte hubiese deducido recurso. (...)".*

64 No original: *"Quien se encuentre en la situación prevista por los artículos 302 de este Código y 1° de la Ley 703, la que la modifique o sustituya, y sostenga que la protección de su interés jurídico no requerirá de la ulterior promoción de un proceso de conocimiento, podrá solicitar al juez que adopte las medidas autosatisfactivas que sean necesarias, en caso de que la protección judicial no pueda ser lograda por otra vía legal eficaz. Para ello deberá explicar con claridad en qué consisten su derecho y su urgencia y aportar todos los elementos probatorios que fundamenten la petición. El Juez se pronunciará con la urgencia que el caso requiera, concediendo o denegando la medida. Cuando sea posible, la sustanciará previa y brevemente con quien corresponda. Al decretar la medida, el juez podrá: 1°) Exigir al peticionante caución real o personal. En este caso, determinará cuál ha de ser su vigencia. 2°) limitar la vigencia temporal de la medida, sin perjuicio de su ulterior prórroga. Podrá también*

caducidad própria das cautelares deferidas antes do processo de mérito, é possível impugnar a medida concedida através dos recursos próprios ou do ajuizamento do *proceso de conocimiento*, que não terá aptidão, por si só, a afetar a vigência da *medida autosatisfactiva*.

Na Província de Santa Fé, a Ley 11.529, aplicável aos casos de violência familiar (art. 1º), também disciplina em seu art. 5º a existência das *medidas autosatisfactivas*.

De comum, Jorge W. Peyrano ressalta, referindo-se ao Congresso de Direito Processual de Corrientes de 1997, que a medida autossatisfativa é:

> *una solución urgente no cautelar, despachable in extremis que procura aportar uma respuesta jurisdicional adecuada, a uma situación que reclama uma pronta y expedita intervención de órgano judicial. Posee la característica de que su vigencia y mantenimiento no depende de la interposición coetânea o ulterior de uma pretensión principal*[65].

Após analisar as similitudes entre as diversas regras acima mencionadas, além de outros projetos de lei de outras províncias, concluiu-se que a *medida autosatisfactiva* não significa uma declaração da existência do direito:

> *Si bien el análisis de la titularidade del derecho resultado un elemento determinante para tramitar la cuestión por vía autosatisfactiva, no está incluido en la pretensión ni su declaración judicial conforma el objeto de la resolución autosatisfactiva.*

---

modificarla, sustituirla o dejarla sin efecto, cuando las circunstancias ulteriores lo justifiquen. A las medidas autosatisfactivas no les será aplicable el art. 201. El legitimado para oponerse a la medida, podrá: a) pedir su suspensión, en caso de que pueda sufrir un perjuicio de imposible o difícil reparación; para ello deberá ofrecer caución suficiente. b) interponer recurso de revocatoria. El mismo deberá ser acompañado de toda la prueba que lo fundamente. El Juez lo resolverá sin mas trámite o lo sustanciará en forma breve, cuando exista posibilidad de hacerlo. c) interponer recurso de apelación, directo o en subsidio al de revocatoria, que será concedido en efecto devolutivo. d) promover el proceso de conocimiento que corresponda, cuya iniciación no afectará por sí sola la vigencia de la medida. Interpuesto el recurso de apelación se pierde la posibilidad de iniciar este proceso".

65 *La batalla por la medida autosatisfactiva. In*: ARMELIN, Donaldo (coord.). *Tutelas de urgência e cautelar. Estudos em homenagem a Ovídio A. Baptista da Silva*. São Paulo: Saraiva, 2010, p. 759.

> *El objeto de la pretensión autosatisfactiva, según las normas aludidas, debe circunscribirse – de manera evidente – a la cesación inmediata de conductas o vías de hecho producidas o inminentes, contrarias a derecho según la legislación procesal o de fondo y se deja en claro que no constituye una pretensión declarativa de derechos. El interés del postulante debe limitarse a obtener la solución de urgencia no cautelar requerida, sin extenderse a la declaración judicial de derechos conexos o afines*[66]*.*

Considera-se, portanto, que a *medida autosatisfactiva* é uma espécie de tutela diferenciada de caráter urgente em que não há necessidade de se continuar a discussão por meio de um processo de conhecimento com ampla cognição.[67]

Nesses casos, a probabilidade da existência do direito deve ser mais robusta do que em outras medidas urgentes[68], ou seja, exige-se uma verdadeira "probabilidade qualificada", o que não se confunde com o estado de certeza.[69]

---

66 *La batalla por la medida autosatisfactiva. In*: ARMELIN, Donaldo (coord.). *Tutelas de urgência e cautelar. Estudos em homenagem a Ovídio A. Baptista da Silva.* São Paulo: Saraiva, 2010, pp. 777-778.

67 HEÑIN, Fernando Adrián. *Las medidas autosatisfactivas* como forma de tutela diferenciada: importancia para remover vías de hecho, constitucionalidad, excepcionalidad y límites. *Revista de Processo,* vol. 181/2010, pp. 259-272.

68 YOSHIKAWA, Eduardo Henrique de Oliveira. Tutela de urgência definitiva? Medidas autossatisfativas (Argentina), medidas provisionais (Brasil) e a proposta de estabilização da antecipação de tutela. *Revista de Processo*, vol. 231/2014, pp. 125-141. Revista dos Tribunais online, p. 2.

69 GONÇALVES, Marco Carvalho. *Providências cautelares.* 4ª ed. Coimbra: Almedina, 2019, p. 103.

Capítulo 3

TUTELAS PROVISÓRIAS NO CÓDIGO DE PROCESSO CIVIL/2015

O Código de Processo Civil de 2015 disciplina as tutelas provisórias em seu Livro V da Parte Geral, classificando-as, conforme seus requisitos, em de urgência e da evidência. As tutelas provisórias de urgência, por sua vez, se subdividem em cautelar e antecipada, cada qual podendo ser concedida em caráter antecedente ou incidental (art. 294[1]), enquanto a tutela da evidência, ao menos em uma leitura literal, só pode ser requerida incidentalmente.

De comum às tutelas provisórias são as previsões dos arts. 294 a 299, correspondente ao Título I – "Das disposições gerais". Entre elas destaca-se a desnecessidade de recolher custas na tutela provisória requerida em caráter incidental (art. 295[2]), justamente porque já devem ser recolhidas em razão do(s) pedido(s) principal(is) considerado(s).

Ademais, a tutela provisória, em contraposição à medida cautelar, conserva sua eficácia enquanto não revogada ou modificada, inclusive, via de regra, durante a suspensão do processo (art. 296[3]). Quanto à competência, será dirigida ao juízo da causa, quando incidental, ou ao juízo competente para conhecer do pedido principal, quando antecedente (art. 299, *caput*[4]), não se olvidando a possibilidade de requerimento nas

---

1 "Art. 294. A tutela provisória pode fundamentar-se em urgência ou evidência. Parágrafo único. A tutela provisória de urgência, cautelar ou antecipada, pode ser concedida em caráter antecedente ou incidental."

2 "Art. 295. A tutela provisória requerida em caráter incidental independe do pagamento de custas."

3 "Art. 296. A tutela provisória conserva sua eficácia na pendência do processo, mas pode, a qualquer tempo, ser revogada ou modificada. Parágrafo único. Salvo decisão judicial em contrário, a tutela provisória conservará a eficácia durante o período de suspensão do processo."

4 "Art. 299. A tutela provisória será requerida ao juízo da causa e, quando antecedente, ao juízo competente para conhecer do pedido principal."

ações de competência originária do tribunal e em grau recursal, cuja competência, na hipótese, será do órgão jurisdicional que apreciará o mérito (art. 299, parágrafo único[5]).

3.1. Tutela provisória de urgência

As tutelas provisórias de urgência estão situadas no Título II do Livro V da Parte Geral do CPC/2015, e suas disposições gerais estão previstas nos arts. 300 a 302.

Como já dito, as tutelas provisórias de urgência se dividem em cautelares e antecipadas e apresentam os mesmos requisitos para sua concessão[6], a saber: probabilidade do direito e perigo de dano ou risco ao resultado útil do processo (art. 300, *caput*[7]). Nesse sentido, o legislador da nova codificação processual civil optou por não mais distinguir os

---

5 "Parágrafo único. Ressalvada disposição especial, na ação de competência originária de tribunal e nos recursos a tutela provisória será requerida ao órgão jurisdicional competente para apreciar o mérito."

6 Pode-se argumentar que o art. 300, §3º, do CPC/2015 traz como único requisito negativo da tutela antecipada que esta não seja irreversível, *in verbis*: "§3º A tutela de urgência de natureza antecipada não será concedida quando houver perigo de irreversibilidade dos efeitos da decisão". Mas tal observação deve ser vista *cum grano salis*, já que a irreversibilidade sempre deve ser considerada pelo juiz, ainda que se trate de tutela cautelar, sem olvidar que a irreversibilidade também merece ser apreciada do ponto de vista do autor, pois o fator tempo pode inviabilizar a consecução do direito material por ele buscado. Tal situação é também conhecida por irreversibilidade recíproca, hipótese que o juiz utilizará o princípio da proporcionalidade. Sobre o tema: AUGUSTO DE ASSIS, Carlos. Reflexões sobre os novos rumos da tutela de urgência e da evidência no Brasil a partir da Lei 13.105/2015. *In*: DIDIER JR., Fredie (coord. geral). *Procedimentos especiais, tutela provisória e direito transitório*. Coleção Novo CPC – Doutrina Selecionada. Salvador: Juspodivm, 2016, p. 59; ALVIM, J.E. Carreira. *Tutela antecipada*. 5ª ed. Curitiba: Juruá, 2006, pp. 161-164. Ou também denominado como *periculum in mora* reverso, como em: LUCON, Paulo Henrique dos Santos. Tutela provisória na atualidade. *In*: BUENO, Cassio Scarpinella; NETO, Elias Marques de Medeiros; NETO, Olavo de Oliveira; CAZZOLINO DE OLIVEIRA, Patrícia Elias; LUCON, Paulo Henrique dos Santos (coords.). *Tutela provisória no CPC: dos 20 anos de vigência do art. 274 do CPC/1973 ao CPC/2015*. 2ª ed. São Paulo: Saraiva Educação, 2018, p. 253.

7 "Art. 300. A tutela de urgência será concedida quando houver elementos que evidenciem a probabilidade do direito e o perigo de dano ou o risco ao resultado útil do processo."

pressupostos para conceder as medidas urgentes[8]-[9], na esteira do que parte da doutrina argumentava como sendo o regime ideal, como se viu anteriormente, pois a distinção acabava sendo, pragmaticamente, sem sentido.

Apesar da clareza do dispositivo, de rigor anotar que há doutrina em sentido contrário, entendendo que a concessão da tutela antecipada, justamente por antecipar os efeitos da tutela final, exige maior grau de probabilidade do direito (*periculum in mora*), de modo que a alteração legislativa não teria abalado tais conclusões, que ainda permanecem corretas.

Isso porque a tutela antecipada, destinada a realizar o direito, levaria a consequências mais danosas que a tutela cautelar, meramente instrumental, de modo que, quanto à primeira, necessário maior rigor do juiz para sua concessão[10].

Ainda tratando das regras gerais das tutelas de urgência, pode o juiz concedê-las liminarmente (*inaudita altera parte*) ou após justificação prévia (art. 300, §2º[11]), além de determinar que seja prestada caução para reparar os danos eventualmente sofridos pela parte contrária, providência que será dispensada se a parte for hipossuficiente e não puder prestá-la (art. 300, §1º[12]).

Por fim, a parte responderá pelos prejuízos causados pela efetivação da tutela de urgência[13] nas hipóteses em que a sentença lhe for desfavorável, se não fornecer os meios necessários para a citação do réu,

---

8 GRECO, Leonardo. A tutela de urgência e a tutela da evidência no Código de Processo Civil de 2015. *In*: DIDIER JR., Fredie (coord. geral). *Procedimentos especiais, tutela provisória e direito transitório*. 2ª ed. Salvador: Juspodivm, 2016, p. 198.

9 Nesse sentido o Enunciado n. 143 do Fórum Permanente de Processualistas Civis: "A redação do art. 300, *caput*, superou a distinção entre os requisitos da concessão para a tutela cautelar e para a tutela satisfativa de urgência, erigindo a probabilidade e o perigo de demora a requisitos comuns para a prestação de ambas as tutelas de forma antecipada".

10 AUGUSTO DE ASSIS, Carlos; LOPES, João Batista. *Tutela provisória: tutela antecipada; tutela cautelar; tutela de evidência; tutela inibitória antecipada*. Brasília: Gazeta Jurídica, 2018, p. 162.

11 "§2º A tutela de urgência pode ser concedida liminarmente ou após justificação prévia."

12 "§1º Para a concessão da tutela de urgência, o juiz pode, conforme o caso, exigir caução real ou fidejussória idônea para ressarcir os danos que a outra parte possa vir a sofrer, podendo a caução ser dispensada se a parte economicamente hipossuficiente não puder oferecê-la."

13 Sobre o tema, vide: FAGUNDES, Cristiane Druve Tavares. *Responsabilidade objetiva por dano processual*. Rio de Janeiro: Lumen Juris, 2015, pp. 167 e ss.

nos casos de cessação da eficácia da medida e quando for acolhida a alegação de prescrição ou decadência, liquidando-se a indenização, sempre que possível, nos mesmos autos (art. 302[14]).

3.1.1. Possibilidade de requerimento em caráter antecedente

Como vimos, o CPC/1973 admitia o pedido cautelar no curso do processo principal, ou antes mesmo do seu ajuizamento, em caráter preparatório, mas sempre na dependência da futura ação que viria a discutir o mérito. Mas para a tutela antecipada, ao menos na literalidade da lei, não havia essa possibilidade de requerimento em caráter antecedente.

Isso não impediu diversas manifestações doutrinárias quanto à possibilidade de se requerer a tutela antecipada antes mesmo da propositura da demanda principal[15], pois há situações em que sua obtenção tardia, decorrente da necessidade de se preparar uma petição inicial completa a acabada, equivaleria a negar o próprio direito material pretendido[16].

---

14 "Art. 302. Independentemente da reparação por dano processual, a parte responde pelo prejuízo que a efetivação da tutela de urgência causar à parte adversa, se: I – a sentença lhe for desfavorável; II – obtida liminarmente a tutela em caráter antecedente, não fornecer os meios necessários para a citação do requerido no prazo de 5 (cinco) dias; III – ocorrer a cessação da eficácia da medida em qualquer hipótese legal; IV – o juiz acolher a alegação de decadência ou prescrição da pretensão do autor. Parágrafo único. A indenização será liquidada nos autos em que a medida tiver sido concedida, sempre que possível."

15 Contra, argumentando que, por expressa disposição legal, incabível pensar em uma tutela antecipada autônoma, ainda que preparatória de uma ação dita principal: ZAVASCKI, Teori Albino. *Antecipação da tutela*. 4ª ed. São Paulo: Saraiva, 2005, p. 45.

16 "Se o objetivo é impedir que o decurso do tempo corroa direitos, constitui imperativo da garantia constitucional do acesso à justiça (Const., art. 5º, inc. XXXV) a disposição dos juízes a conceder a antecipação antes ou depois da propositura da demanda principal, sempre que haja necessidade e estejam presentes os requisitos da lei (art. 273, 'caput' e inc. I). O cumprimento integral dessa garantia exige que, no plano infraconstitucional e na prática dos juízos, haja meios suficientes para obter a tutela jurisdicional efetiva e tempestiva; não é efetiva nem tempestiva, e às vezes sequer chega a ser tutela, aquela que vem depois de consumados os fatos temidos ou sem a capacidade de evitar o insuportável acúmulo de prejuízos ou de sofrimentos. Negar sistematicamente a tutela antecipada em caráter antecedente, ou preparatório, é ignorar o art. 8º, inc. I, do Pacto de San José da Costa Rica, portador da severa recomendação de uma tutela jurisdicional 'dentro do prazo razoável." *In*: DINAMARCO, Cândido Rangel. *Nova era do processo civil*. São Paulo: Malheiros, 2003, pp. 73-74.

Nesse sentido, José Roberto dos Santos Bedaque já defendia, sob a égide do código processual civil revogado, a possibilidade de requerer a tutela antecipada antecedente:

> (...) sempre entendi não estar excluída a dedução do pedido em caráter antecedente, mesmo porque muitas vezes a urgência é incompatível com o tempo necessário à preparação da demanda cognitiva. Pense-se, por exemplo, na sustação de protesto ou na separação de corpos. Nem sempre a parte já dispõe de todos os elementos necessários à propositura da demanda visando ao reconhecimento da nulidade do título ou à separação judicial. Mas, se não antecipados imediatamente os efeitos das respectivas tutelas finais, o dano a ser evitado pode consumar-se, muitas vezes em caráter irreversível[17].

Assim, a nosso ver, nada impedia que, mesmo sob a égide do CPC/1973, premida pela extrema urgência, a parte formulasse pedido exclusivo de antecipação dos efeitos da tutela final, evitando o perecimento do seu direito. Trata-se de mera decorrência do acesso à justiça consubstanciado na efetividade processual.

Na tentativa de equacionar o sistema processual civil posto às exigências do bem comum, parte da doutrina, com supedâneo na jurisprudência, não via maiores problemas no ajuizamento de ações cautelares que, após o deferimento do provimento urgente, esgotavam-se em si mesmas, tornando desnecessário o ajuizamento da dita ação principal, já que a situação de fato surgida bastava ao requerente, que não tinha interesse em continuar a discussão de mérito para que o provimento fosse acobertado pelo manto da coisa julgada[18].

Há casos que, inclusive, comportariam decisão meritória com extrema urgência e sob análise sumária. Athos Gusmão Carneiro cita os exemplos da autorização judicial para transfusão de sangue negada pelos pais baseada em argumento religioso, além da autorização judicial para sepultamento, negada pela administração do cemitério por alguma questão burocrática[19].

---

17 *Tutela cautelar e tutela antecipada: tutelas sumárias e de urgência (tentativa de sistematização).* 5ª ed. São Paulo: Malheiros, 2009, p. 336.

18 Para maiores detalhes doutrinários e com apoio jurisprudencial, vide: MARQUES DE CAMPOS, Gledson; DESTEFENNI, Marcos. Tutela de urgência satisfativa autônoma. *In:* ARMELIN, Donaldo (coord.). *Tutelas de urgência e cautelar. Estudos em homenagem a Ovídio A. Baptista da Silva.* São Paulo: Saraiva, 2010, pp. 613-625.

19 *Da Antecipação de Tutela.* 7ª ed. Rio de Janeiro: Forense, 2010, p. 103.

Daí por que andou bem o legislador ao prever, expressamente, a possibilidade de se requererem tutelas provisórias de urgência, seja antecipada ou cautelar, em caráter antecedente, empregando-lhes maior efetividade e celeridade na busca da resposta jurisdicional.

3.1.2. Tutela cautelar antecedente – generalidades

O CPC/2015 traz procedimento próprio para o requerimento de tutela cautelar em caráter antecedente, previsto nos arts. 305 a 310. Seguindo a linha do que se conhece por processo sincrético, em que as fases se desenvolvem no âmbito da mesma relação processual e, em geral, nos mesmos autos, com a tutela cautelar antecedente isso não é diferente, já que o pedido principal também deverá ser assim formulado, caso ele já não tenha sido deduzido juntamente com o pedido de tutela cautelar.

A petição inicial do pedido antecedente exporá sumariamente o direito que se pretende assegurar (confirmando o caráter conservativo da medida) e o perigo de dano ou risco ao resultado útil do processo, indicando a lide e seu fundamento (art. 305, *caput*[20]).

O réu, por sua vez, será citado para contestar o pedido cautelar em cinco dias (art. 306[21]), sob pena de, não o fazendo, presumir-se como verdadeiros os fatos alegados pelo autor; se o pedido for contestado, o processo seguirá o procedimento comum (art. 307[22]).

Analiticamente, contudo, mais correto dizer que não há presunção de veracidade dos fatos alegados, já que a tutela cautelar não tem por escopo desvendar a veracidade das alegações, contentando-se com a mera probabilidade de que eles tenham ocorrido ou venham a ocorrer. A falta de contestação, assim, somente teria influência sobre a discussão da própria tutela cautelar, não sobre o mérito propriamente dito do pedido principal[23].

---

20 "Art. 305. A petição inicial da ação que visa à prestação de tutela cautelar em caráter antecedente indicará a lide e seu fundamento, a exposição sumária do direito que se objetiva assegurar e o perigo de dano ou o risco ao resultado útil do processo."

21 "Art. 306. O réu será citado para, no prazo de 5 (cinco) dias, contestar o pedido e indicar as provas que pretende produzir."

22 "Art. 307. Não sendo contestado o pedido, os fatos alegados pelo autor presumir-se-ão aceitos pelo réu como ocorridos, caso em que o juiz decidirá dentro de 5 (cinco) dias. Parágrafo único. Contestado o pedido no prazo legal, observar-se-á o procedimento comum."

23 MARINONI, Luiz Guilherme; ARENHART, Sérgio Cruz. *Comentários ao Código de Processo Civil (arts. 294 ao 333)*. 2ª ed. São Paulo: Ed. Revista dos Tribunais, 2018, p. 213.

O autor tem prazo de 30 dias para formular o pedido principal, contados da efetivação da tutela cautelar (art. 308, *caput*[24]), sob pena de cessação da sua eficácia (art. 309, I[25]). Formulado o pedido principal, as partes serão intimadas para a audiência de conciliação ou mediação, ou, não sendo o caso, para que o réu apresente contestação no prazo legal (art. 308, §§3º e 4º[26]).

Outras hipóteses de cessação da eficácia da tutela cautelar são: a) não efetivação em 30 dias; b) improcedência do pedido principal ou extinção do processo sem resolução do mérito (art. 309, II e III[27]).

Vale ressaltar que o indeferimento da tutela cautelar não impede a formulação do pedido principal, tampouco influi em seu julgamento, salvo se for reconhecida a decadência ou prescrição (art. 310[28]), na linha do que já dispunha o CPC/1973 em seu art. 810.

3.1.3. Tutela antecipada antecedente e estabilização – generalidades

Cumpre traçar algumas linhas gerais sobre o procedimento da tutela antecipada antecedente, bem como a possibilidade de estabilização, sem adentrarmos nas inúmeras controvérsias aí existentes.

Pois bem. O *caput* do art. 303 admite que, nos casos de urgência contemporânea à propositura da ação, possa a parte formular uma petição inicial simplificada em que se requeira, tão somente, a tutela antecipada. Para tanto, deve-se indicar o pedido de tutela final (justamente porque a antecipação é dos efeitos do pronunciamento final), expondo a

---

24 "Art. 308. Efetivada a tutela cautelar, o pedido principal terá de ser formulado pelo autor no prazo de 30 (trinta) dias, caso em que será apresentado nos mesmos autos em que deduzido o pedido de tutela cautelar, não dependendo do adiantamento de novas custas processuais."

25 "Art. 309. Cessa a eficácia da tutela concedida em caráter antecedente, se: I – o autor não deduzir o pedido principal no prazo legal; (...)."

26 "§3º Apresentado o pedido principal, as partes serão intimadas para a audiência de conciliação ou de mediação, na forma do art. 334, por seus advogados ou pessoalmente, sem necessidade de nova citação do réu. §4º Não havendo autocomposição, o prazo para contestação será contado na forma do art. 335."

27 "II – não for efetivada dentro de 30 (trinta) dias; III – o juiz julgar improcedente o pedido principal formulado pelo autor ou extinguir o processo sem resolução de mérito."

28 "Art. 310. O indeferimento da tutela cautelar não obsta a que a parte formule o pedido principal, nem influi no julgamento desse, salvo se o motivo do indeferimento for o reconhecimento de decadência ou de prescrição."

lide, ainda que sumariamente, e fundamentando a presença dos requisitos autorizadores para seu deferimento[29].

Além disso, a petição inicial simplificada deverá indicar o valor da causa, considerando o(s) pedido(s) de tutela final (art. 303, 4º[30]). Isso porque, se o processo prosseguir, a princípio não haverá, como se viu, a incidência de novas custas processuais (art. 303, §3º[31]).

Diz-se a princípio[32], pois a regra há de ser vista com restrições. Não se pode exigir que a parte premida de extrema urgência formule a petição inicial simplificada com pleno conhecimento de todos os pedidos que porventura irá realizar, já que seu objetivo imediato é de meramente afastar o perigo de dano irreparável ou de difícil reparação; daí por que razoável admitir que a indicação do valor da causa e correspondente recolhimento das custas deverá considerar o que até ali foi possível ao autor vislumbrar, sem prejuízo de posterior retificação do valor e recolhimento complementar das custas[33], caso verifique que há pedido(s) não formulado(s) ou mesmo que o pedido final não foi exatamente aquele que havia sido indicado.

---

29 "Art. 303. Nos casos em que a urgência for contemporânea à propositura da ação, a petição inicial pode limitar-se ao requerimento da tutela antecipada e à indicação do pedido de tutela final, com a exposição da lide, do direito que se busca realizar e do perigo de dano ou do risco ao resultado útil do processo."

30 "§4º Na petição inicial a que se refere o caput deste artigo, o autor terá de indicar o valor da causa, que deve levar em consideração o pedido de tutela final."

31 "§3º O aditamento a que se refere o inciso I do §1º deste artigo dar-se-á nos mesmos autos, sem incidência de novas custas processuais."

32 "Assim, para que não fique qualquer dúvida a esse respeito é que o presente parágrafo foi construído para consolidar normativamente a verdade de que tudo se dá dentro de único processo, de uma única relação processual, de uma única documentação (autos eletrônicos ou físicos), de um único recolhimento de custas, de um único procedimento instaurado em duas etapas postulacionais: a primeira voltada à tutela antecipada; a segunda voltada a toda a discussão da tutela final." *In*: MACHADO, Antônio Claudio da Costa. *Tutela provisória*: *Interpretação artigo por artigo, parágrafo por parágrafo, do Livro V, da Parte Geral, e dos dispositivos esparsos do CPC em vigor que versam sobre Tutela Provisória*. São Paulo: Malheiros, 2017, p. 71.

33 Nesse sentido: VEIGA, Daniel Brajal; FONSECA, Geraldo; D'Orio, Rodrigo; FAGUNDES, Cristiane Druve Tavares; ARMELIN, Roberto. Tutela provisória: questões polêmicas. *In:* BUENO, Cassio Scarpinella; NETO, Elias Marques de Medeiros; NETO, Olavo de Oliveira; CAZZOLINO DE OLIVEIRA, Patrícia Elias; LUCON, Paulo Henrique dos Santos (coords.). *Tutela provisória no CPC: dos 20 anos de vigência do art. 274 do CPC/1973 ao CPC/2015*. 2ª ed. São Paulo: Saraiva Educação, 2018, pp. 500-501.

Nesse sentido salienta Cassio Scarpinella Bueno:

> A exigência é de rara infelicidade: como exigir do autor a indicação do valor da causa levando em conta a 'tutela final' se o caso é de tamanha urgência a ponto de o *caput* do próprio art. 303 sugerir, até mesmo, o afrouxamento das regras mínimas de elaboração da petição inicial? O mais correto, do ponto de vista sistemático, é permitir ao autor que, naquele momento, se limite a indicar o valor da causa condizente com o pedido da tutela *antecipada*. Se houver necessidade de aditamento da petição inicial (tema ao qual de voltam os nº 6.2 e 6.4, *infra*), ai sim caberá ao autor a indicação escorreita do valor da causa, levando em conta a totalidade de sua pretensão, vale dizer a 'tutela final'[34].

Outro requisito dessa petição simplificada é a indicação de que o autor está valendo-se dos "benefícios" de se ajuizar esse pedido meramente antecipatório (art. 303, §5º[35]).

Trata-se, portanto, de dever do autor relacionado à circunstância de que o juiz precisa saber se aquela é uma petição inicial plena e acabada, ou simplificada, justamente porque o procedimento de ambas é absolutamente diverso, como se verá. Neste último caso, a título exemplificativo, faculta-se ao autor aditá-la para complementar sua argumentação, juntar novos documentos e confirmar o pedido de tutela final[36], o que não é a hipótese da petição inicial em que se veicula pedido incidental de tutela antecipada (sem prejuízo da regra genérica, prevista no art. 329,

---

34 BUENO, Cassio Scarpinella. *Curso sistematizado de direito processual civil, vol. 1: teoria geral do direito processual civil: parte geral do Código de Processo Civil.* 9ª ed. São Paulo: Saraiva Educação, 2018, p. 703.

35 "§5º O autor indicará na petição inicial, ainda, que pretende valer-se do benefício previsto no caput deste artigo."

36 "Trata-se da necessidade que o autor explicite o desejo de utilizar a própria técnica antecipatória antecedente. O juízo precisa saber de forma clara se o autor está requerendo a antecipação dos efeitos da tutela ou simplesmente houve o mau manejo da melhor técnica e se trata de uma inicial defeituosa, merecedora de emenda e, se nada feito, de extinção. A forma que a legislação encontrou para fazer constar esta necessária informação é impondo ao próprio autor indicar explicitamente 'que pretende valer-se do benefício' (art. 303, §5º, do NCPC), qual seja, do requerimento da tutela antecipada de caráter antecedente." *In*: LAMY, Eduardo. *Tutela provisória.* São Paulo: Atlas, 2018, p. 91. No mesmo sentido: COSTA, Eduardo José da Fonseca. Art. 304. *In*: STRECK, Lenio Luiz; NUNES, Dierle; CARNEIRO DA CUNHA, Leonardo (orgs.). *Comentários ao Código de Processo Civil.* 2ª ed. São Paulo: Saraiva, 2017, p. 445.

I, sobre a possibilidade de aditamento ou alteração do pedido ou causa de pedir até a citação, independentemente de consentimento do réu[37]).

Daí por que a disposição constante do §5º do art. 303 não se refere à estabilização da tutela antecipada, mas tão somente ao próprio caráter antecedente da medida em si.

Superada a análise dos requisitos desse pedido em caráter antecedente, os quais não excluem, por óbvio, os requisitos gerais da petição inicial (art. 319[38]), tem-se que é possível ao juiz, em regra, deferir ou indeferir a medida antecipatória (havendo também a possibilidade de justificação prévia). Se esta for deferida, cumpre ao autor aditar a petição inicial, complementando sua argumentação, juntando novos documentos e confirmando o pedido de tutela final, em prazo não inferior a 15 dias (art. 303, §1º, I). O réu, por sua vez, será citado e intimado para a audiência de conciliação ou mediação (e também, por óbvio, para que cumpra a decisão), ou, não sendo o caso[39], para ofertar contestação no prazo legal (art. 303, §1º, II e III[40]).

Caso o aditamento não seja feito no prazo estabelecido, o processo será extinto sem resolução do mérito (art. 303, §2º[41]).

---

37 "Art. 329. O autor poderá: I – até a citação, aditar ou alterar o pedido ou a causa de pedir, independentemente de consentimento do réu; (...)."

38 "Art. 319. A petição inicial indicará: I – o juízo a que é dirigida; II – os nomes, os prenomes, o estado civil, a existência de união estável, a profissão, o número de inscrição no Cadastro de Pessoas Físicas ou no Cadastro Nacional da Pessoa Jurídica, o endereço eletrônico, o domicílio e a residência do autor e do réu; III – o fato e os fundamentos jurídicos do pedido; IV – o pedido com as suas especificações; V – o valor da causa; VI – as provas com que o autor pretende demonstrar a verdade dos fatos alegados; VII – a opção do autor pela realização ou não de audiência de conciliação ou de mediação."

39 Cabendo destacar que, em tese, esta só não será designada se ambas as partes manifestarem expressamente seu desinteresse: PUOLI, José Carlos Baptista. O advogado e as respostas do réu. *In*: DIDIER JR., Fredie (coord. geral). *Advocacia. Coleção Repercussões do Novo CPC.* Salvador: Juspodivm, 2015, pp. 66-67.

40 "§1º Concedida a tutela antecipada a que se refere o caput deste artigo: I – o autor deverá aditar a petição inicial, com a complementação de sua argumentação, a juntada de novos documentos e a confirmação do pedido de tutela final, em 15 (quinze) dias ou em outro prazo maior que o juiz fixar; II – o réu será citado e intimado para a audiência de conciliação ou de mediação na forma do art. 334; III – não havendo autocomposição, o prazo para contestação será contado na forma do art. 335."

41 §" 2º Não realizado o aditamento a que se refere o inciso I do §1º deste artigo, o processo será extinto sem resolução do mérito."

Todavia, caso o juiz entenda que não há elementos para a concessão da tutela antecipada antecedente, deverá determinar a emenda da petição inicial em cinco dias, sob pena de indeferimento e consequente extinção do processo sem resolução do mérito (art. 303, §6º[42]).

Quanto a este último ponto, a primeira observação que merece destaque é o prazo diferenciado com relação ao aditamento da petição inicial no caso de tutela antecipada antecedente concedida.

Nesta, como se viu, o prazo para que o autor adite a petição inicial, complementando sua argumentação e juntando novos documentos é de, no mínimo, 15 dias, sendo facultado ao juiz fixar prazo ainda maior[43].

Já no caso de indeferimento da tutela antecipada antecedente, a emenda serve para que o processo siga seu curso normal[44], com uma petição inicial completa e acabada, pois nessa hipótese não há mais que se falar, em um primeiro momento (sem prejuízo do que se analisará a respeito da estabilização caso a tutela antecipada seja concedida em grau recursal), na técnica procedimental que poderia vir a acarretar o fenômeno da estabilização, restrito às hipóteses de tutela antecipada deferida.

Daí por que referida emenda não tem por finalidade precípua convencer o juiz de que os pressupostos da tutela antecipada agora se fazem

---

42 "§6º Caso entenda que não há elementos para a concessão de tutela antecipada, o órgão jurisdicional determinará a emenda da petição inicial em até 5 (cinco) dias, sob pena de ser indeferida e de o processo ser extinto sem resolução de mérito."

43 Nada impedindo que o juiz também fixe prazo maior, baseando-se no disposto no próprio art. 303, §1º, I, como também no art. 139, VI, do CPC/2015, *in verbis*: "Art. 139. O juiz dirigirá o processo conforme as disposições deste Código, incumbindo-lhe: (...) VI – dilatar os prazos processuais e alterar a ordem de produção dos meios de prova, adequando-os às necessidades do conflito de modo a conferir maior efetividade à tutela do direito; (...)."

44 Nesse sentido: DIDIER JR., Fredie; BRAGA, Paula Sarno; ALEXANDRIA DE OLIVEIRA, Rafael. *Curso de direito processual civil: teoria geral da prova, direito probatório, decisão, precedente, coisa julgada e tutela provisória.* 13ª ed. Salvador: Juspodivm, 2018, p. 693; ALVIM, José Eduardo Carreira. Desvendando uma incógnita: a tutela antecipada antecedente e sua estabilização no novo Código de Processo Civil. *Revista de Processo*, vol. 259/2016, pp.177-207. Revista dos Tribunais online, p. 13; HILL, Flávia Pereira. Tutela provisória de urgência no novo Código de Processo Civil. *In:* JATAHY, Carlos Roberto; REZENDE DE ALMEIDA, Diogo Assumpção; AYOUB, Luiz Roberto (coords.). *Reflexões sobre o novo Código de Processo Civil.* Rio de Janeiro: FGV Editora, 2016, p. 176; CÉSAR DE SOUZA, Artur. *Tutela provisória: tutela de urgência e tutela de evidência.* São Paulo: Almedina, 2016, p. 195.

presentes[45]-[46], como uma segunda chance ao autor, mas sim criar condições para que o processo siga seu curso natural.

A afirmativa se compatibiliza, inclusive, com a consequência prevista para o não aditamento, qual seja, o indeferimento daquela petição inicial simplificada, com a consequente extinção do processo sem resolução do mérito. Se se entendesse que a emenda serviria para que o autor trouxesse maiores elementos probatórios ou argumentativos para a concessão da tutela antecipada, e ele ficasse inerte, seria caso de conceder novo prazo para que a petição inicial simplificada fosse complementada, permitindo o prosseguimento do processo em seu curso normal, e não como previu o legislador.

Nada impede, todavia, que o aditamento traga maiores elementos, de fato ou de direito, permitindo que o juiz, nesse momento, conceda a tutela antecipada pretendida, já que esta pode ser revogada, modificada ou concedida a qualquer tempo, mormente nesse caso em que é possível aprofundar a cognição[47].

Também sem adentrar em maiores discussões, cumpre dissertar brevemente sobre a estabilização da tutela provisória, prevista no art. 304 do CPC/2015.

Dizem o *caput* e §1º do art. 304 que a tutela antecipada concedida nos termos do art. 303, ou seja, em caráter antecedente, torna-se estável caso não seja interposto, contra ela, o respectivo recurso, hipótese em que o processo será extinto[48].

---

45 Em sentido contrário: "Observe-se, nesse particular, que a não concessão da tutela antecipada pleiteada nem sempre decorre da presença de algum vício na petição inicial. Bem pelo contrário, na maioria das vezes o indeferimento decorre do fato de o julgador não vislumbrar, desde logo, a probabilidade do direito ou o risco de dano. Nesse caso, temos para nós que a providência a ser adotada pela parte é o aditamento, trazendo aos autos outros elementos que possam convencer o juiz de que o caso é de concessão da medida pleiteada". *In*:. ALVIM, Eduardo Arruda. *Tutela provisória*. 2ª ed. São Paulo: Saraiva, 2017, p. 186.

46 Também em sentido contrário: ARRUDA ALVIM. *Manual de direito processual civil: teoria geral do processo e processo de conhecimento*. 17ª. São Paulo: Ed. Revista dos Tribunais, 2017, pp.713-714; THEODORO JR., Humberto. *Curso de direito processual civil: teoria geral do direito processual civil, processo de conhecimento e procedimento comum*. 56ª ed. Rio de Janeiro: Forense, 2015, p. 659; RIBEIRO, Leonardo Ferres da Silva. *Tutela provisória: tutela de urgência e tutela de evidência*. 3ª ed. São Paulo: Ed. Revista dos Tribunais, 2018, p. 224.

47 SICA, Heitor Vitor Mendonça. *Preclusão processual civil*. 2ª ed. São Paulo: Atlas, 2008, p. 257.

48 "Art. 304. A tutela antecipada, concedida nos termos do art. 303, torna-se estável se da decisão que a conceder não for interposto o respectivo recurso. §1º No caso previsto no caput, o processo será extinto."

A despeito dessa extinção, a tutela antecipada continua produzindo efeitos normalmente, mas ela poderá ser revista, reformada ou invalidada por meio de ação própria destinada a esse fim (art. 304, §§2º e 3º)[49].

Para a propositura dessa ação *revisional*, poderá a parte requerer o desarquivamento dos autos do processo em que a tutela antecipada foi concedida, instruindo-a com suas cópias, ação que deverá ser ajuizada no mesmo juízo em que deferida a medida (art. 304, §4º)[50].

Tal ação só poderá ser proposta no prazo de dois anos contados da ciência da decisão que extinguiu o processo anterior; caso não seja proposta, a estabilidade dos efeitos da tutela antecipada não poderá ser revista, reformada ou invalidada, sem que, contudo, haja formação de coisa julgada (art. 304, §§5º e 6º)[51].

As diversas questões divergentes sobre a estabilização serão abordadas mais adiante.

3.2. Tutela provisória da evidência

Não é de hoje que se discute a possibilidade de antecipação da tutela também nas hipóteses em que o direito da parte possui alto grau de probabilidade. A tutela da evidência, espécie de tutela provisória em que ausente o requisito da urgência ao menos na sua acepção clássica, apresenta sistematização no Código de Processo Civil de 2015, e vem tratada em um único artigo, o 311[52].

---

49 "§2º Qualquer das partes poderá demandar a outra com o intuito de rever, reformar ou invalidar a tutela antecipada estabilizada nos termos do caput. §3º A tutela antecipada conservará seus efeitos enquanto não revista, reformada ou invalidada por decisão de mérito proferida na ação de que trata o §2º."

50 "§4º Qualquer das partes poderá requerer o desarquivamento dos autos em que foi concedida a medida, para instruir a petição inicial da ação a que se refere o §2º, prevento o juízo em que a tutela antecipada foi concedida."

51 "§5º O direito de rever, reformar ou invalidar a tutela antecipada, previsto no §2º deste artigo, extingue-se após 2 (dois) anos, contados da ciência da decisão que extinguiu o processo, nos termos do §1º §6º A decisão que concede a tutela não fará coisa julgada, mas a estabilidade dos respectivos efeitos só será afastada por decisão que a revir, reformar ou invalidar, proferida em ação ajuizada por uma das partes, nos termos do §2º deste artigo."

52 "Art. 311. A tutela da evidência será concedida, independentemente da demonstração de perigo de dano ou de risco ao resultado útil do processo, quando: I – ficar caracterizado o abuso do direito de defesa ou o manifesto propósito protelatório da parte; II – as alegações de fato puderem ser comprovadas apenas documentalmente e houver tese firmada em julgamento de casos repetitivos ou em súmula vinculante; III – se tratar de pedido reipersecutório fundado em prova documental adequada do contrato de depósito, caso em que será decretada a ordem de entrega

Nessas hipóteses, não há verdadeiro risco ao resultado útil do processo ou perigo de dano ao bem jurídico tutelado, mas o objetivo é neutralizar o dano marginal do processo, decorrente da sua natural e inevitável demora[53].

O preceito constitucional de que nenhuma lesão estará a salvo da prestação jurisdicional inclui a tempestiva (entendida como célere) tutela do direito material, pois o decurso do tempo, por si só, já é causador de algum grau de lesão, mormente nos casos em que o direito da parte é evidente[54].

Ainda na vigência do Código de Processo Civil de 1973, era possível extrair algumas hipóteses em que se podiam antecipar os efeitos da decisão final, sem que houvesse urgência, como, por exemplo, no caso de abuso do direito de defesa ou manifesto propósito protelatório do réu (art. 273, II[55]), parte incontroversa do pedido[56], procedimento monitório, nas ações possessórias, despejo por falta de pagamento, etc.

No primeiro caso, relativo ao abuso do direito de defesa ou manifesto propósito protelatório do réu, assumia-se que a antecipação da tutela tivesse contornos sancionatórios ou punitivos, a ser analisada conforme a conduta do réu no processo[57], o que não permitia, portanto, sua concessão liminar, mesmo porque nesse caso não havia que se falar em *periculum in mora*[58]; o que se pretendia, em verdade, era redistribuir o

do objeto custodiado, sob cominação de multa; IV – a petição inicial for instruída com prova documental suficiente dos fatos constitutivos do direito do autor, a que o réu não oponha prova capaz de gerar dúvida razoável. Parágrafo único. Nas hipóteses dos incisos II e III, o juiz poderá decidir liminarmente."

53 YARSHELL. Flávio Luiz; ABDO, Helena. As questões não tão evidentes sobre a tutela da evidência. *In*: BUENO, Cassio Scarpinella; NETO, Elias Marques de Medeiros; NETO, Olavo de Oliveira; CAZZOLINO DE OLIVEIRA, Patrícia Elias; LUCON, Paulo Henrique dos Santos (coords.). *Tutela provisória no CPC: dos 20 anos de vigência do art. 274 do CPC/1973 ao CPC/2015*. 2ª ed. São Paulo: Saraiva Educação, 2018, pp. 471-472.

54 FUX, Luiz. *Tutela de segurança e tutela de evidência*. São Paulo: Saraiva, 1996, p. 309.

55 "Art. 273. O juiz poderá, a requerimento da parte, antecipar, total ou parcialmente, os efeitos da tutela pretendida no pedido inicial, desde que, existindo prova inequívoca, se convença da verossimilhança da alegação e: (...) II – fique caracterizado o abuso de direito de defesa ou o manifesto propósito protelatório do réu."

56 "§6º A tutela antecipada também poderá ser concedida quando um ou mais dos pedidos cumulados, ou parcela deles, mostrar-se incontroverso."

57 LOPES, Bruno Vasconcelos Carrilho. *Tutela antecipada sancionatória: art. 273, inc. II, do Código de Processo Civil*. São Paulo: Malheiros, 2006, p. 55.

58 MACHADO, Antônio Cláudio da Costa. *Tutela antecipada*. 3ª ed. São Paulo: Juarez de Oliveira, 1999, pp. 365-366.

ônus do tempo no processo, atribuindo o bem da vida àquele que tivesse maior probabilidade de consagrar-se vitorioso na demanda, ainda que sem urgência em usufruí-lo.

É razoável admitir que, em geral, por meio do processo, o autor pretende modificar a realidade empírica, enquanto o réu quer manter o *status quo* vigente, de modo que o ônus do tempo pesa mais sobre o autor, já que, ainda que obtenha decisão judicial favorável, terá ficado sem o uso e gozo de seu bem ou direito. Tal visão de conflito entre a cognição exauriente e a tempestividade da tutela jurisdicional é fundamental para se compreender a concessão de tutela provisória fundada em direitos evidentes[59].

Já na hipótese do §6º do art. 273, a antecipação tinha por escopo a desnecessidade de aprofundar a cognição e/ou ampliar a dilação probatória, justamente porque ausente controvérsia sobre um ou mais pedidos cumulados, ou sobre parcela deles, de modo que não havia motivo para se aguardar o encerramento do processo para deferir aquilo a que a parte faria jus.

Havia, de certo modo, uma presunção de veracidade das alegações do autor, o que levava parte da doutrina, inclusive, a não classificá-la como mais uma espécie de tutela antecipada, pois alguns entendiam não ser possível revogá-la posteriormente, tampouco seria necessária sua confirmação quando da prolação da sentença, enquadrando-a como hipótese de julgamento antecipado parcial da lide[60].

Podem-se citar os exemplos da ausência de contestação sobre algum pedido ou reconhecimento jurídico parcial. Como, à época, não havia o julgamento antecipado parcial de mérito, positivado no CPC/2015[61], nem fazia sentido esperar todo o trâmite processual, a solução dada pelo legislador foi enquadrar tal situação entre aquelas que dão ensejo à antecipação da tutela[62].

---

59 MARINONI, Luiz Guilherme. *Antecipação da tutela*. 12ª ed. São Paulo: Ed. Revista dos Tribunais, 2011, p. 272.

60 BUENO, Cassio Scarpinella. *Tutela antecipada*. 2ª ed. São Paulo: Saraiva, 2007, pp. 52-53.

61 "Art. 356. O juiz decidirá parcialmente o mérito quando um ou mais dos pedidos formulados ou parcela deles: I – mostrar-se incontroverso; (...)."

62 BONÍCIO, Marcelo José Magalhães. Notas sobre a tutela antecipada "parcial" na nova reforma do Código de Processo Civil. *Revista dos Tribunais*, vol. 808/2003, pp. 72-81. Revista dos Tribunais online, p. 7; DORIA, Rogéria Dotti. *A tutela antecipada em relação à parte incontroversa da demanda*. 2ª ed. São Paulo: Ed. Revista dos Tribunais, 2003, p. 82.

Com o advento do Código de Processo Civil de 2015, pretendeu-se sistematizar a tutela da evidência[63], que encontra previsão, ao menos expressa, em apenas um dispositivo, o art. 311. A *ratio* da tutela da evidência continua a mesma, que é minimizar o dano marginal ao processo decorrente da sua natural demora, como bem salienta Daniel Penteado de Castro na hipótese em exame:

> Portanto, o 'dano marginal stricto sensu' prescinde da comprovação de dano ou iminência de sua consumação e decorre da inevitável demora do processo, o tempo consumido do jurisdicionado para gozar do bem da vida pretendido, à espera do exaurimento de todo o *iter* procedimental, até imprimir efetividade à pretensão deduzida em juízo[64].

Segundo a redação do art. 311, pode-se requerer a tutela da evidência quando: a) ficar caracterizado o abuso do direito de defesa ou o manifesto propósito protelatório da parte; b) as alegações de fato puderem ser comprovadas apenas documentalmente e houver tese firmada em julgamento de casos repetitivos ou em súmula vinculante; c) se tratar de pedido reipersecutório fundado em prova documental adequada do contrato de depósito, caso em que será decretada a ordem de entrega do objeto custodiado, sob cominação de multa; d) a petição inicial for instruída com prova documental suficiente dos fatos constitutivos do direito do autor, a que o réu não oponha prova capaz de gerar dúvida razoável.

---

63 Luiz Fux sistematizava a tutela da evidência de modo diverso do disciplinado pelo CPC/2015, pois trazia diversas hipóteses em que se poderia admitir a tutela do direito evidente, por exemplo: a) direito demonstrado *prima facie* por prova documental; b) direito fundado em fatos incontroversos ou notórios; c) direito calcado em questão eminentemente jurídica; d) direito assentado em fatos confessados em outro processo ou obtidos por prova emprestada; e) direito assentado em prejudicial da questão a ser resolvida mas já decidida com força de coisa julgada em outro processo; f) fatos sobre os quais incide presunção *jure et de jure* de existência; g) direitos decorrentes da ocorrência da decadência ou prescrição. Vide: FUX, Luiz. *Tutela de segurança e tutela de evidência*. São Paulo: Saraiva, 1996, p. 313.

64 *In: Antecipação de tutela sem o requisito da urgência: panorama geral e perspectivas no novo Código de Processo Civil*. Salvador: Juspodivm, 2017, p. 149.

Somente nas hipóteses *b* e *c* admite-se sua concessão liminar[65] (art. 311, §único[66]). E não haveria como ser de outra forma, já que, nas demais hipóteses, deve o juiz considerar a atuação da parte contrária, seja por abuso do direito de defesa ou manifesto propósito protelatório, ou, ainda, a inexistência de prova contrária capaz de gerar dúvida razoável à prova documental produzida pelo autor.

De comum às hipóteses está a exigência de a parte demonstrar com elevado grau de probabilidade (direito evidente, portanto) que seu direito está presente, não devendo, portanto, suportar o ônus da demora necessária para obter a tutela jurisdicional final.

65 Havendo quem vislumbre inconstitucionalidade, por violação ao devido processo legal e contraditório, na concessão liminar da tutela da evidência, eis que ausente o perigo de dano ou risco ao resultado útil do processo: PEREIRA, Alexandre Ferrer Silva. *A efetividade da tutela antecipada de evidência no estado democrático de direito*. Rio de Janeiro: Lumen Juris, 2016, pp. 141-145.

66 "Parágrafo único. Nas hipóteses dos incisos II e III, o juiz poderá decidir liminarmente."

Capítulo 4

ESTABILIZAÇÃO DA TUTELA ANTECIPADA

4.1. Histórico

Há tempos discute-se a necessidade de mecanismos processuais diferenciados para a tutela de direitos materiais e/ou situações da vida também diferenciadas. Em outras palavras, argumenta-se que nem toda lide deveria ser tratada pelo Poder Judiciário com o mesmo procedimento, por vezes rígido, sendo necessário introduzir mecanismos mais céleres ou com alguma especificidade, facilitando a obtenção de uma resposta jurisdicional adequada e compatível com a situação concreta.

De comum sobre a criação desses mecanismos diferenciados, busca-se atribuir maior efetividade ao processo, adaptando o instrumento ao seu fim, que é a realização do direito material[1].

Para algumas situações específicas, o sistema criou procedimentos diferenciados, a exemplo dos juizados especiais e dos procedimentos sumários, e especiais, como a ação monitória e as possessórias, mandado de segurança, etc., além do alargamento das técnicas antecipatórias *lato sensu*[2], sempre com vistas a conceder a prestação jurisdicional com maior celeridade, dispensando, atenuando ou tornando facultativa alguma peculiaridade processual.

Diz-se tutela jurisdicional diferenciada, em uma análise literal ou gramatical, toda aquela que se contrapõe ao sentido de tutela "comum" ou "ordinária". Conceituando-a, por outro lado, de maneira analítica, pode-se afirmar que se entende por tutela diferenciada "tanto as tute-

---

1 LEONEL, Ricardo de Barros. *Tutela jurisdicional diferenciada*. São Paulo: Ed. Revista dos Tribunais, 2010, p. 12.

2 Importante a ressalva feita por Cândido Rangel Dinamarco para quem, nesses casos, diferenciado é o processo, e não a tutela em si, já que o resultado em si é o mesmo, mas há maior celeridade na sua obtenção. *In: Instituições de direito processual civil*, vol. 3. 6ª ed. São Paulo: Malheiros, 2009, pp. 769-770.

las que podem ser realizadas mediante cognição sumária, porque aptas desde logo a realizar o direito afirmado pelo litigante (referimo-nos às tutelas executiva e mandamental), quanto qualquer possibilidade de especialização ou sumariedade que proporcione diferenciação em relação ao processo comum"[3].

Em outras palavras, anota Ricardo de Barros Leonel que tutela diferenciada significa a utilização de procedimentos especiais "em que a celeridade e a efetividade da prestação jurisdicional decorram da limitação da cognição"[4].

Já Donaldo Armelin ressaltava que o termo tutela diferenciada pode ter dois significados: o primeiro, tomando-se por referencial a própria tutela jurisdicional em si, segundo a necessidade do postulante, e o segundo, tendo por base a cronologia da tutela a ser prestada, como a antecipação de seus efeitos[5].

Pois bem. Seguindo essas linhas de pensamento, uma proposta capitaneada por Ada Pelegrini Grinover buscou introduzir no sistema pátrio, à época do Código de Processo Civil de 1973, uma espécie de tutela sumária que tivesse aptidão para tornar-se definitiva, caso preenchidos determinados requisitos.

Vale ressaltar que a mencionada autora espelhou-se[6] em ensaio denominado "A tutela antecipatória brasileira vista por um italiano", escrito pelo processualista italiano Edoardo Ricci [7].

Segundo a precitada autora:

> Mais recentemente, todavia, observou-se que o modelo tradicional de procedimento ordinário é inadequado para assegurar a tutela jurisdicional efetiva a todas as situações de vantagem. O procedimen-

---

3 SOARES, Rogério Aguiar Munhoz. *Tutela jurisdicional diferenciada: tutelas de urgência e medidas liminares em geral.* São Paulo: Malheiros, 2000, p. 141.

4 LEONEL, Ricardo de Barros. *Tutela jurisdicional diferenciada.* São Paulo: Ed. Revista dos Tribunais, 2010, p. 25.

5 ARMELIN, Donaldo. Tutela jurisdicional diferenciada. *Revista de Processo*, vol. 65/1992, pp. 45-55. Revista dos Tribunais online, p. 2.

6 Conforme ela própria escreveu em: O difícil caminho da estabilização da tutela antecipatória. *In*: MENDES, Aluisio Gonçalves de Castro; WAMBIER, Teresa Arruda Alvim (orgs.). *O processo em perspectiva: Jornadas Brasileiras de Direito Processual.* São Paulo: Ed. Revista dos Tribunais, 2013, pp. 33-34.

7 RICCI, Edoardo Flavio. A tutela antecipatória brasileira vista por um italiano. Gênesis – *Revista de Direito Processual Civil.* Tradução de José Rogério Cruz e Tucci. v. 2, nº 6, pp. 691-720, set./dez. 1997.

> to ordinário de cognição não pode mais ser considerado técnica universal de solução de controvérsia, sendo necessário substituí-lo, na medida do possível e observados determinados pressupostos, por outras estruturas procedimentais, mais adequadas à espécie de direito material a ser tutelado e capazes de fazer face a situações de urgência[8].

Diante desse quadro, a primeira proposta de alteração legislativa[9] partiu de comissão constituída pelo Instituto Brasileiro de Direito Processual (IBDP), cujos integrantes eram Ada Pellegrini Grinover, José Roberto dos Santos Bedaque, Kazuo Watanabe e Luiz Guilherme Marinoni[10], modificando os §§4º e 5º do art. 273, do CPC/1973, e acrescentando os arts. 273-A, 273-B, 273-C e 273-D, que permitiam a estabilização da tutela antecipada.

Pela importância do tema, importante traçar as linhas mestras dessa reforma.

Passava-se a admitir que a antecipação de tutela fosse requerida em caráter antecedente ou na pendência de um processo em curso[11], podendo ser deferida sem a oitiva da parte contrária nos casos de extrema urgência ou quando houvesse risco de frustração pelo réu previamente conhecedor do pedido[12].

---

8 GRINOVER, Ada Pellegrini. Tutela jurisdicional diferenciada: a antecipação e sua estabilização. *Revista de Processo*, vol. 121/2005, pp. 11-37. Revista dos Tribunais online, p. 18.

9 Segundo Ada Pellegrini Grinover, ainda em 1997 apresentou-se proposta de alteração legislativa ao IBDP, que também versava sobre a execução provisória; contudo, à época, preferiu-se concentrar esforços em aprovar a alteração relativa à execução provisória, deixando a questão da estabilização para um momento mais oportuno. A respeito, vide: Tutela jurisdicional diferenciada: a antecipação e sua estabilização. *Revista de Processo*, vol. 121/2005, pp. 11-37. Revista dos Tribunais online, p. 22.

10 Na ocasião, o senador Antero Paes de Barros, sabedor dos estudos do IBDP, apresentou o projeto ao Senado Federal. A respeito: GRINOVER, Ada Pellegrini. O difícil caminho da estabilização da tutela antecipatória. *In*: MENDES, Aluisio Gonçalves de Castro; WAMBIER, Teresa Arruda Alvim (orgs.). *O processo em perspectiva: Jornadas Brasileiras de Direito Processual*. São Paulo: Ed. Revista dos Tribunais, 2013, p. 34.

11 "Art. 273-A. A antecipação de tutela poderá ser requerida em procedimento antecedente ou na pendência do processo."

12 Art. 273, "§5º Na hipótese do inciso I deste artigo, o juiz só concederá a tutela antecipada sem ouvir a parte contrária em caso de extrema urgência ou quando verificar que o réu, citado, poderá torná-la ineficaz".

A decisão concessiva de tutela antecipada poderia ser revogada ou modificada enquanto não se operasse sua "preclusão"[13]. A partir de então, ela só poderia ser reapreciada em outra ação, a ser ajuizada no prazo de 60 dias[14], nos casos em que a tutela antecipada fosse requerida em caráter antecedente, ou então se a parte requeresse o prosseguimento do processo em 30 dias, caso fosse concedida no curso do processo, ou seja, incidentalmente[15].

Em ambas as hipóteses, se a parte permanecesse inerte, a medida antecipatória adquiria força de coisa julgada[16]-[17], o que acarretaria como consequência a possibilidade de impugnação pela via da ação rescisória[18].

Por fim, havia previsão de que, proposta a ação de conhecimento ou requerido o prosseguimento do processo, sua extinção sem resolução do mérito não implicaria imediata ineficácia da medida antecipatória, exceto o reconhecimento da carência de ação[19].

Como salientava, ainda no Código de Processo Civil de 1973, José Roberto dos Santos Bedaque: "A proposta apresentada pela comissão é radical: tutelas urgentes, precedidas de cognição sumária, passam a ser aptas a tornar-se definitivas e a adquirir a qualidade da coisa julgada material"[20].

---

13 Art. 273, "§4º A tutela antecipada poderá ser revogada ou modificada, fundamentadamente, enquanto não se produza a preclusão da decisão que a concedeu".

14 Art. 273-B, "§1º Preclusa a decisão que apreciou o pedido de tutela antecipada, é facultado à parte interessada propor ação de conhecimento, no prazo de 60 (sessenta) dias".

15 Art. 273-C, *caput*: "Art. 273-C. Preclusa a decisão que apreciou o pedido de tutela antecipada no curso do processo, é facultado à parte interessada requerer seu prosseguimento, no prazo de 30 (trinta) dias, objetivando o julgamento de mérito".

16 Art. 273-B, §2º: "§2º Não intentada a ação, a medida antecipatória adquirirá força de coisa julgada nos limites da decisão proferida".

17 Art. 273-C, §único: "Parágrafo único. Não pleiteado o prosseguimento do processo, a medida antecipatória adquirirá força de coisa julgada nos limites da decisão proferida".

18 BEDAQUE, José Roberto dos Santos. Estabilização das tutelas de urgência. *In:* YARSHELL, Flávio Luiz; ZANOIDE DE MORAES, Maurício (orgs.). *Estudos em homenagem a Ada Pellegrini Grinover*. São Paulo: DPJ, 2005, p. 667.

19 "Art. 273-D. Proposta a ação de conhecimento, ou retomado seu curso, eventual extinção do processo, sem julgamento do mérito, não determinará a ineficácia da medida antecipatória, ressalvada a carência da ação, se incompatíveis as decisões."

20 *Tutela cautelar e tutela antecipada: tutelas sumárias e de urgência (tentativa de sistematização)*. 5ª ed. São Paulo: Malheiros, 2009, p. 333.

Na Exposição de Motivos do Anteprojeto, pode-se observar que a ideia do instituto da estabilização era deixar que as próprias partes decidissem quando seria conveniente prosseguir com a demanda (com atividade probatória, cognição plena e exauriente, sopesando seus prós e contras), de modo que somente com a atitude omissa delas seria possível que o comando decisório adquirisse estabilidade e, por conseguinte, ficasse acobertado pela coisa julgada[21].

Em ideia semelhante, o Ministro Athos Gusmão Carneiro havia apresentado Esboço de Reformulação Legislativa em que também se admitia o requerimento de tutela antecipada em caráter antecedente, inserindo o art. 881-D ao CPC/1973 para prever que a ausência de impugnação ao pedido de antecipação de tutela formulado em processo antecedente possibilitaria que as partes propusessem a ação principal em 60 dias. Caso não fosse ajuizada, a decisão faria coisa julgada, exceto no caso de citação ficta[22].

Como bem se sabe, a ideia não vingou, mas suas balizas serviram de norte para que a estabilização da tutela provisória fosse inserida em nosso sistema processual civil; poderão também servir como mais uma ferramenta para auxiliar na compreensão do fenômeno e de suas implicações teóricas e práticas.

4.2. *Ratio*

Revela-se imprescindível, antes de adentrarmos nas discussões mais profundas acerca da estabilização, investigar quais motivos levaram o legislador a implantar a estabilização da tutela antecipada no sistema processual civil brasileiro, de modo a descobrir como interpretá-la e aplicá-la, o que poderá auxiliar, inclusive, na solução dos diversos impasses práticos e teóricos dessa nova técnica.

Como já visto, a possibilidade de requerer a tutela antecipada em caráter antecedente tem intrínseca relação com a necessidade de adotar procedimentos diferenciados, especificamente, *in casu*, mais céleres e de caráter sumário.

Mas não é só isso. A possibilidade de estabilização, decorrente ou não desse requerimento em caráter antecedente, tem por escopo princi-

21 GRINOVER, Ada Pellegrini. Tutela antecipatória em processo sumário. *In*: ARMELIN, Donaldo (coord.). *Tutelas de urgência e cautelar. Estudos em homenagem a Ovídio A. Baptista da Silva*. São Paulo: Saraiva, 2010, p. 21.

22 A respeito, vide: ALVIM, Eduardo Arruda. *Antecipação da tutela*. Curitiba: Juruá, 2009, pp. 103-105, notas de rodapé 196 e 197.

pal solucionar o conflito, ainda que não definitivamente, sem a necessidade de alongar a discussão sobre o pedido principal[23].

Tem razão de ser, portanto, quando a tutela provisória está apta a solucionar a crise de direito material no plano prático, tornando eventualmente desnecessário discutir a questão de fundo[24].

Assim, para que esse objetivo seja atingido e concretizado de maneira eficaz, é necessário que as partes, ao menos em um primeiro momento, se contentem com o deferimento da tutela provisória, apta a, ao menos naquele instante, regular a crise de direito material as envolve. Isso porque se uma delas pretende que a ação prossiga para análise do mérito propriamente dito, em cognição exauriente, a extinção do processo não produzirá os efeitos pretendidos, frustrando o objetivo de solução imediata e provisória do conflito sem a necessidade de prolongar a discussão ulterior mais aprofundada.

Sobre o tema, Humberto Theodoro Jr. já se manifestou:

> A principal justificação para o procedimento detalhado pelos arts. 303 e 304 para a tutela antecipada requerida em caráter antecedente é a preparação para uma possível estabilização da medida provisória, capaz de abreviar a solução da controvérsia, evitando, assim, a continuidade do processo até a composição definitiva de mérito (art. 304). O procedimento sumário, *in casu*, é franqueado ao autor, na esperança de que o demandado, diante do quadro em que a liminar foi requerida e executada, não se animará a resisti-la. Daí a previsão de estabilização da medida, sem instauração do processo principal e sem formação de coisa julgada[25].

Por sua vez, José Roberto dos Santos Bedaque também teve a oportunidade de aduzir que: "A técnica da estabilização destina-se a evitar o prosseguimento do processo, na hipótese em que o comportamento de

---

23 "A razão de ser do instituto prende-se à ideia de que se a parte prejudicada pela medida não se insurge é porque o direito alegado, cuja satisfação imediata foi pedida e atendida, muito provavelmente existe, o que justifica, então, a sumarização do processamento e da solução do conflito mediante a estabilização dos efeitos produzidos." *In*: MACHADO, Antônio Claudio da Costa. *Tutela provisória*: *Interpretação artigo por artigo, parágrafo por parágrafo, do Livro V, da Parte Geral, e dos dispositivos esparsos do CPC em vigor que versam sobre Tutela Provisória*. São Paulo: Malheiros, 2017, p. 75.

24 ALVIM, Eduardo Arruda. *Tutela provisória*. 2ª ed. São Paulo: Saraiva, 2017, p. 200.

25 THEODORO JR., Humberto. *Curso de direito processual civil*, vol. I. 57ª ed. Rio de Janeiro: Forense, 2016, pp. 662-663.

ambas as partes revelar concordância com o resultado até então provisório. Nesse caso, ele transforma-se em definitivo, ao menos em relação àquele processo"[26].

Daí se entende que a razão pela qual a técnica foi criada é justamente estabelecer um procedimento ajustável ao caso concreto, permitindo que as partes, satisfeitas com um provimento sumário, que não produz coisa julgada material, não precisem prolongar a discussão[27].

Analisando-se a questão pragmaticamente, não são raros os casos, ainda que abstratos, em que a utilidade da estabilização se mostra presente.

A título exemplificativo, pode-se citar algumas hipóteses de fácil percepção: estudante que ainda não concluiu o ensino médio mas pretende ingressar na faculdade, foi aprovado no vestibular, mas teve a matrícula negada pela universidade por determinação do Ministério da Educação. Ele decide ingressar em juízo e obtém a tutela antecipada para que a universidade realize sua matrícula. O autor obteve o que pretendia e a universidade pode não ter interesse em impugnar a medida, já que a negativa de matrícula não se deu por sua vontade[28].

Ou mesmo nos casos de tutela antecipada para realização de cirurgia negada pelo plano de saúde. Obtida a liminar e realizado o procedimento, o autor se vê satisfeito; a administradora do plano de saúde, já tendo arcado com os custos da cirurgia e com remotas chances de, mesmo sagrando-se vencedora, conseguir a devolução da quantia, também não vê motivos para insurgência, o que só lhe traria maiores gastos[29]. Também em algumas causas de família que envolvam a busca e apreen-

---

26 BEDAQUE, José Roberto dos Santos. *Comentários ao Código de Processo Civil*. *In*: BUENO, Cássio Scarpinella (coord.), vol. 1. São Paulo: Saraiva, 2017, p. 944.

27 O Superior Tribunal de Justiça, em recente julgado, também externou seu entendimento nesse sentido ao decidir que: "A ideia central do instituto, portanto, é que, após a concessão da tutela antecipada em caráter antecedente, nem o autor e nem o réu tenham interesse no prosseguimento do feito, isto é, não queiram uma decisão com cognição exauriente do Poder Judiciário, apta a produzir coisa julgada material" (REsp. nº 1.760.966/SP, rel. Min. Marco Aurélio Bellizze, j. 04.12.2018).

28 Exemplo extraído de: DIDIER JR., Fredie; BRAGA, Paula Sarno; ALEXANDRIA DE OLIVEIRA, Rafael. *Curso de direito processual civil: teoria geral da prova, direito probatório, decisão, precedente, coisa julgada e tutela provisória*. 13ª ed. Salvador: Juspodivm, 2018, p. 696.

29 Exemplo extraído de: ALVIM, Eduardo Arruda. *Tutela provisória*. 2ª ed. São Paulo: Saraiva, 2017, pp. 200-201.

são de uma criança cuja guarda já havia sido atribuída a um dos genitores, fixação de alimentos provisórios, etc[30].

Ou seja, pragmaticamente há maiores chances de ocorrer a estabilização sem posterior reabertura da discussão meritória quando, além de o autor conseguir, no plano fático, aquilo que pretendia (1), também o réu vislumbrar pequena chance de, ao final do processo, sagrar-se vitorioso (2), ou quando não possuir interesse (faticamente) em se insurgir contra a situação posta (3), ou mesmo quando a tutela provisória possuir efeitos irreversíveis (4).

Portanto, com o deferimento da tutela provisória, pela *ratio* do instituto é facultado às partes prosseguirem ou não com a demanda, sempre que assim quiserem ou entenderem necessário, seja porque não se contentam com um pronunciamento judicial sem força de coisa julgada material, seja porque têm outros pedidos que não foram resolvidos em sede antecipatória, considerando os custos (de tempo e financeiros) decorrentes de sua escolha.

Ada Pellegrini Grinover, ao justificar a antiga proposta de estabilização da tutela antecipada, assim já advertia:

> O que se pretende, por razões eminentemente pragmáticas – mas não destituídas de embasamento teórico – é deixar que as próprias partes decidam sobre a conveniência, ou não, da instauração ou do prosseguimento da demanda e sua definição em termos tradicionais, com atividades instrutórias das partes e cognição plena e exauriente do juiz, com a correspondente sentença de mérito[31].

Também não há como deixar de mencionar que a estabilização é interessante não só para as partes que com ela se contentem, mas também para o Poder Judiciário, em termos de potencial redução da litigiosidade, resolvendo os conflitos com base em cognição sumária.

Assim, um dos fundamentos para a estabilização também é a possível redução do número de processos, assim como do seu tempo de duração. Daí por que razoável concluir que a estabilização cumpre dupla finalidade: atende, ao mesmo tempo, aos interesses das partes e do Judiciário.

30 RANGEL, Rafael Calmon. A estabilização da tutela antecipada antecedente nas ações de família. *Revista IBDFAM*, n. 16, jul/ago.2016, p. 104.

31 Tutela jurisdicional diferenciada: a antecipação e sua estabilização. *Revista de Processo*, vol. 121/2005, pp. 11-37. Revista dos Tribunais online, p. 24.

4.3. Prazos de aditamento para confirmação do pedido de tutela final e recurso

Com o deferimento da tutela antecipada em caráter antecedente, o art. 303, §1º, inciso I, determina que "o autor deverá aditar a petição inicial, com a complementação de sua argumentação, a juntada de novos documentos e a confirmação do pedido de tutela final, em 15 (quinze) dias ou em outro prazo maior que o juiz fixar".

Pela mera leitura do dispositivo acima transcrito, podemos observar que, como consequência dessa concessão, surge para o autor o dever de aditar a inicial no prazo de 15 dias, como regra; o §2º desse mesmo artigo indica a possível consequência da sua inércia, qual seja, a extinção do processo sem resolução do mérito[32].

Vale ressaltar que, apesar de o texto legal se referir à confirmação do pedido de tutela final, não há necessária e indispensável equivalência entre o pedido liminar e aqueles feitos no aditamento.

Em outras palavras, somente é necessário confirmar o pedido de tutela final correspondente ao pedido de tutela antecipada formulado, justamente porque o juiz analisará, em cognição exauriente, a procedência ou não do pedido cujos efeitos já foram antecipados. Os demais pedidos, sem relação direta com a liminar deferida, podem ser alterados por ocasião do aditamento. Ou seja: "Os pedidos acidentais, que não guardam relação de dependência direta, de confirmação, com a tutela provisória, podem ser alterados livremente por ocasião do aditamento da petição inicial: pedido não indicado pode ser acrescentado; pedido indicado pode não ser formulado ou modificado"[33]-[34].

32 "§2º Não realizado o aditamento a que se refere o inciso I do §1º deste artigo, o processo será extinto sem resolução do mérito."

33 VEIGA, Daniel Brajal; FONSECA, Geraldo; D'Orio, Rodrigo; FAGUNDES, Cristiane Druve Tavares; ARMELIN, Roberto. Tutela provisória: questões polêmicas. *In:* BUENO, Cassio Scarpinella; NETO, Elias Marques de Medeiros; NETO, Olavo de Oliveira; CAZZOLINO DE OLIVEIRA, Patrícia Elias; LUCON, Paulo Henrique dos Santos (coords.). *Tutela provisória no CPC: dos 20 anos de vigência do art. 273 do CPC/1973 ao CPC/2015.* 2ª ed. São Paulo: Saraiva Educação, 2018, p. 502. No mesmo sentido já se decidiu: TJRJ, Agravo de Instrumento nº 0021379-65.2018.8.19.0000, Segunda Câmara Cível, rel. Des. Luiz Roldão de Freitas Gomes Filho, j. 13.06.2018.

34 Em sentido diverso, para quem é vedado ao autor ampliar ou reduzir o pedido indicado na petição simplificada: REDONDO, Bruno Garcia. Estabilização, modificação e negociabilidade da tutela de urgência antecipada antecedente: principais controvérsias. *In*: DIDIER JR., Fredie. (coord. geral). *Tutela provisória.* Coleção Grandes Temas do Novo CPC. Salvador: Juspodivm, 2016, p. 284.

Pois bem. Com base na mesma decisão concessiva da tutela antecipada antecedente, será o réu citado e intimado para a audiência de conciliação ou mediação (art. 303, §1º, inciso II), caso esta seja efetivamente designada, ou para a apresentação de contestação, cujo prazo será contado na forma legal (art. 303, §1º, inciso III). Por consequência lógica, apesar da omissão legal, a intimação também será para cumprimento da ordem advinda da tutela antecipatória deferida, como já se viu.

Já o art. 304, *caput* e §1º trazem as consequências da não interposição do recurso cabível contra a decisão concessiva da tutela antecipada antecedente: essa tutela torna-se estável e o processo é extinto[35]. Vale observar que, nesse caso, a disposição legal não diz se o processo é extinto com ou sem resolução do mérito, ou ainda se se trata de uma extinção *sui generis*, tema que será enfrentando com a devida profundidade em tópico separado.

Confrontando-se essas duas situações acima narradas, surge a questão sobre a possível existência simultânea de dois prazos: a) de um lado, o prazo de 15 dias (como regra) para que o autor adite a petição inicial simplificada, nos termos acima expostos, contados da intimação de seu advogado pelos meios eletrônicos, sob pena de extinção do processo sem resolução do mérito; b) de 15 dias, em geral (prazo para a interposição do agravo de instrumento e agravo interno, mas que também será objeto de análise em tópico próprio), contados de sua intimação, para que o réu impugne a decisão que concedeu a tutela antecipada, sob pena de reconhecimento da estabilização e consequente extinção do processo.

Do exposto, se tomarmos por verdadeira a interpretação de que ambos os prazos têm o mesmo fato gerador, que é a intimação da decisão concessiva da tutela antecipada, fatalmente o prazo para que o autor adite a inicial vencerá antes daquele atribuído ao réu para a apresentação da respectiva impugnação, já que, enquanto aquele é intimado na pessoa do seu advogado, este será citado e intimado, em regra, por meio de carta ou mandado, meio reconhecidamente mais demorado do que o primeiro.

Tal fator obrigaria o autor, por medida de segurança, a sempre aditar a inicial, sob pena de extinção do processo[36], ainda que desejasse a

35 "Art. 304. A tutela antecipada, concedida nos termos do art. 303, torna-se estável se da decisão que a conceder não for interposto o respectivo recurso. §1º No caso previsto no *caput*, o processo será extinto."

36 Nesse sentido: CAVALCANTI NETO, Antonio de Moura. Estabilização da tutela antecipada antecedente: tentativa de sistematização. *In*: DIDIER JR., Fredie (coord. geral). *Coleção Grandes Temas do Novo CPC, vol. 6: Tutela provisória*. Salvador: Juspodivm, 2016, p. 206.

estabilização, pois não teria ciência prévia acerca da existência ou não de impugnação por parte do réu.

Todavia, pela finalidade da estabilização[37], a interpretação teleológica e sistemática leva a concluir que a opção pela continuidade do processo com o aditamento da inicial só tem razão de ser quando se tem notícia sobre a ocorrência ou não de impugnação à decisão concessiva da tutela antecipatória[38]-[39].

Nesse sentido, assevera Humberto Theodoro Jr.:

> Diante desse aparente impasse procedimental, a regra do inciso I, do §1º do art. 303, deve ser interpretada como medida a ser tomada após o prazo reservado ao requerido para recorrer, prazo esse que no sistema da tutela antecipatória deve funcionar como uma oportunidade legal para ser apurada a sua aquiescência ou não ao pedido do autor. Assim, os dois prazos em análise (o de aditamento e o de recurso) só podem ser aplicados sucessivamente e nunca simultaneamente. Foi justamente por isso que o art. 303, §1º, I, estipulou o prazo de 15 dias para o autor aditar a inicial, mas não disse, expressamente, de quando a respectiva contagem se iniciaria[40].

Por essa razão deve-se entender que, em verdade, os prazos para impugnação e aditamento são sucessivos e não concomitantes, devendo o segundo ter início somente após o exaurimento do prazo do primeiro[41].

---

37 Que, como vimos do aspecto do interesse das partes, é a extinção do processo, porque ambas se contentam com a tutela antecipada deferida.

38 Nesse sentido é o Enunciado 19 da Escola Judicial do Tribunal de Justiça de Minas Gerais: "O autor do requerimento de tutela antecipada antecedente concedida só estará obrigado a aditar a petição inicial se houver a interposição de recurso".

39 Entendendo que, se o réu não interpõe o recurso cabível, desnecessária a intimação do autor, pois haverá a estabilização: LEMOS, Vinicius Silva. A necessidade de separação da tutela provisória antecipada antecedente em duas espécies diferentes. *Revista de Processo*, vol. 266/2017, pp. 278-279.

40 THEODORO JR., Humberto. *Curso de direito processual civil*, vol. I. 57ª ed. Rio de Janeiro: Forense, 2016, p. 674.

41 ASSIS, Araken de. *Processo civil brasileiro. Parte Geral: institutos fundamentais.* Vol. II - Tomo II. São Paulo: Ed. Revista dos Tribunais, 2015, p. 585. Nesse sentido: "APELAÇÃO CÍVEL. PROCESSUAL CIVIL. CONCESSÃO TUTELA ANTECIPADA EM CARÁTER ANTECEDENTE. PROCEDIMENTO APLICÁVEL. ARTIGOS 303 A 305, CPC/2015. NULIDADE DE SENTENÇA CERCEAMENTO DE DEFESA. AUSÊNCIA DE CITAÇÃO APÓS ADITAMENTO DA EXORDIAL. ACOLHIMENTO. RECURSO PROVIDO. - Há a possibilidade de concessão da tutela antecipada em caráter antecedente, cujo procedimento encontra previsão nos artigos 303 a 305, do CPC/2015. - "Tra-

Tal intepretação, como já se disse, pode se dar pelo método teleológico. Mas observa-se que há também uma possibilidade atribuída ao juiz, na parte final do inciso I do §1º do art. 303, de fixar prazo maior ao usual de 15 dias para aditamento da inicial[42], bem como determinar que o prazo para aditamento só tenha início após a ciência da não impugnação da decisão pelo réu[43]-[44].

Essa abertura dada ao juiz deriva não só do dispositivo acima indicado, mas também do disposto no art. 139, VI, do Código de Processo Civil/2015[45], regra geral que permite ao juiz dilatar os prazos processuais, compatibilizando a norma aos interesses em conflito, de modo a

---

tando-se de procedimento de tutela antecipada requerida em caráter antecedente, caso dos autos, deve ser observado o disposto no art. 303 do CPC/2015: apresentado o pedido de tutela antecipada e sendo ela deferida, o autor deverá aditar a inicial (art. 303, §1°, I, CPC/2015) quando, então, o réu deverá ser citado e intimado para a audiência de conciliação ou mediação (art. 303, §1°, II, CPC/2015), fluindo o prazo da contestação, de regra, da data da audiência de conciliação ou mediação (art. 303, §1°, III, c/c art. 335, I, CPC/2015)".(TJRS. AI 70074156571. Décima Primeira Câmara Cível; Relator: Des. Luiz Roberto Imperatore de Assis Brasil; Julgado em: 26/07/2017) – Não é de se aceitar a intimação da decisão de deferimento da tutela de urgência, contra a qual a edilidade interpôs agravo de instrumento, como meio apto a suprir a ausência do ato citatório no momento adequado." (TJPB, Apelação nº 0821326-30.2016.8.15.0001, 2ª Câmara Cível, rel. Des. José Aurélio da Cruz, juntado em 13/12/2018).

---

42 COSTA, Eduardo José da Fonseca. Art. 304. *In*: STRECK, Lenio Luiz; NUNES, Dierle; CARNEIRO DA CUNHA, Leonardo (orgs.). *Comentários ao Código de Processo Civil.* 2ª ed. São Paulo: Saraiva, 2017, p. 443.

43 BEDAQUE, José Roberto dos Santos. In: BUENO, Cassio Scarpinella (coord.). *Comentários ao Código de Processo Civil*, vol. 1. São Paulo: Saraiva, 2017, p. 942; GAJARDONI, Fernando da Fonseca; DELLORE, Luiz; ROQUE, Andre Vasconcelos; DUARTE DE OLIVEIRA JR., Zulmar. *Teoria geral do processo: comentários ao CPC de 2015: parte geral.* 2ª ed. São Paulo: Método, 2018, p. 994.

44 ARRUDA ALVIM. *Manual de direito processual civil: teoria geral do processo e processo de conhecimento.* 17ª. São Paulo: Ed. Revista dos Tribunais, 2017, p. 722, aduzindo que é possível que o juiz fixe o *dies a quo* posterior àquele previsto legalmente, p. ex., contado da data da intimação do autor sobre a interposição de eventual recurso pelo réu.

45 "Art. 139. O juiz dirigirá o processo conforme as disposições deste Código, incumbindo-lhe: (...) VI – dilatar os prazos processuais e alterar a ordem de produção dos meios de prova, adequando-os às necessidades do conflito de modo a conferir maior efetividade à tutela do direito; (...)."

facultar ao autor, após ter ciência da não oposição de impugnação, optar pela medida que melhor lhe interessar[46].

Do mesmo modo, apesar de o inciso II do art. 303 parecer indicar que a citação e a intimação do réu para comparecer à audiência de conciliação ou mediação (ou para apresentar contestação, quando a audiência não for designada) se darão logo após o deferimento da tutela antecipada antecedente, tais atos somente ocorrerão após o réu apresentar o recurso e o autor aditar a inicial, sucessivamente[47].

Se ainda não houve a interposição do recurso cabível, também não há motivo para designar futura audiência de conciliação ou mediação, já que nada garante que o processo prosseguirá. A medida só servirá para atravancar a demorada pauta de audiências, sem razão de ser, já que a tutela concedida pode estabilizar e o processo ser extinto sem a realização daquele ato.

Da mesma forma deverá ocorrer se o recurso foi efetivamente interposto mas ainda não houve o aditamento da petição inicial simplificada, já que, se tal providência não for tomada, a tutela antecipada perderá seus efeitos e o processo será extinto, tornando, repise-se, desnecessária a realização da audiência.

Daí por que a designação da audiência de conciliação ou mediação só faz sentido quando o processo, inequivocamente, está apto a prosseguir[48].

Quanto à apresentação da contestação, a resposta é a mesma, mas com alguns agravantes. Somente com a petição inicial completa e acabada tem o requerido conhecimento da causa com todos os fatos, fundamentos jurídicos e pedidos que a compõem, já que, como visto, é possível que o autor complemente sua argumentação e junte novos documentos.

Não há como o réu, desde já, se contrapor eficazmente aos pedidos do autor se ele sequer tem conhecimento pleno da causa. Portanto, é de

46 No mesmo sentido é o Enunciado nº 581, do Fórum Permanente de Processualistas Civis: "O poder de dilação do prazo, previsto no inciso VI do art. 139 e no inciso I do §1º do art. 303, abrange a fixação do termo final para aditar o pedido inicial posteriormente ao prazo para recorrer da tutela antecipada antecedente." E também o Enunciado nº 13, da I Jornada de Direito Processual Civil do Conselho da Justiça Federal: "O art. 139, VI, do CPC autoriza o deslocamento para o futuro do termo inicial do prazo".

47 RANGEL, Rafael Calmon. Os arts. 303 e 304 do CPC: da interpretação à aplicação. *Revista de Processo*, vol. 261/2016, pp. 199-228. Revista dos Tribunais online, p. 8.

48 THEODORO JR., Humberto. *Curso de direito processual civil*, vol. I. 57ª ed. Rio de Janeiro: Forense, 2016, p. 675.

rigor reconhecer que, unicamente após esse momento, poderá o réu se contrapor aos pedidos do autor de maneira eficaz, sob pena de violação aos princípios do contraditório e da ampla defesa[49].

Nessa oportunidade, ou seja, após a concessão da tutela antecipada antecedente e a ausência de recurso pelo réu, surgem duas alternativas ao autor; i) contentar-se com a estabilização, sendo desnecessário, portanto, o aditamento da inicial, o que acarretará a extinção do processo, preservando os efeitos da tutela antecipada deferida[50]; ii) ou entender que é necessária a continuidade da demanda, oportunidade na qual deverá aditar a inicial conforme os requisitos já mencionados, o que demonstrará seu desinteresse na estabilização[51].

Uma leitura constitucional do processo, segundo o direito de ação, nos leva a crer que o autor carrega consigo a possibilidade de buscar a

---

49 CIANCI, Mirna. A estabilização da tutela antecipada como forma de desaceleração do processo (uma análise crítica). *Revista de Processo*, vol. 247/2015, pp. 249-261. Revista dos Tribunais online, p. 3.

50 "Imagine-se que o termo final para o autor ocorra antes do término do prazo para o recurso contra a decisão. Ele terá de aditar a inicial, sob pena de o juiz proferir sentença sem resolução do mérito (§2º), que certamente implicará cassação da medida de urgência. Essa consequência somente não se verificará se a preclusão temporal em relação ao recurso for anterior à prevista para o aditamento e o réu não o interpuser. Nesse caso, se o autor também ficar inerte e não providenciar a complementação da inicial exigida pela lei, haverá estabilização e o processo será extinto (art. 304 e §1º). Assim, parece conveniente, pois condizente com o escopo da estabilização, que o prazo para o aditamento inicie-se após a decisão tornar-se irrecorrível para o réu. Assim, se o autor estiver satisfeito com o efeito antecipado, não pleiteará a tutela definitiva, com a consequente estabilização da tutela provisória e a extinção do processo (art. 304 e §1º)." BEDAQUE, José Roberto dos Santos. *In*: BUENO, Cassio Scarpinella (coord.). *Comentários ao Código de Processo Civil*, vol. 1. São Paulo: Saraiva, 2017, p. 942.

51 "Parece-nos que o aditamento da inicial só deveria ser exigido após a constatação da não apresentação de recurso contra a decisão antecipatória de tutela, quando se estabilizariam os seus efeitos. O autor, então, teria a oportunidade de decidir entre (a) ficar com os efeitos da estabilização da tutela antecipada deferida, o que é bom para o Sistema, pois impede o processamento da ação com pedido principal, ao menos até que as partes formulem em outra via (artigo 304, §2º, CPC/2015); ou (b) aditar a inicial para que a questão seja definitivamente decidida na forma do artigo 304, §2º, CPC/2015, caso em que se revelaria o desinteresse do autor na estabilização da tutela." *In*: GAJARDONI, Fernando da Fonseca; DELLORE, Luiz; ROQUE, Andre Vasconcelos; DUARTE DE OLIVEIRA JR., Zulmar. *Teoria geral do processo: comentários ao CPC de 2015: parte geral*. 2ª ed. São Paulo: Método, 2018, p. 994.

análise meritória dos pedidos submetidos ao Judiciário[52], com aptidão para formar coisa julgada material, resolvendo definitivamente, portanto, a lide[53].

Não pode a lei subtrair tal possibilidade, obrigando o autor a ingressar com nova ação tão somente com o intuito de confirmar a concessão daquela tutela, antes provisória, mas agora com aptidão para se tornar definitiva, ainda mais considerando a necessidade de se observarem os princípios da economia e da celeridade processuais.

Pois bem. Nada impede que o autor, e pragmaticamente é recomendável que assim o faça, expresse sua vontade – já na petição inicial simplificada em que pleiteia tão somente a tutela antecipada –, de não pretender a estabilização da tutela antecipada, independentemente de recurso da parte contrária, eis que deseja pronunciamento fundado em cognição exauriente[54].

Tal situação é facilmente verificável nas hipóteses em que o autor formulou o pedido de tutela antecipada antecedente premido de extrema urgência, o que lhe impediu de formular uma petição inicial completa, mas sem que isso significasse seu desejo de vê-la estabilizada.

Vale repisar, no ponto, que o requerimento da tutela antecipada em caráter antecedente não se confunde com a estabilização da tutela antecipada. Ou seja, não é porque o autor ingressou com o pedido antecipatório por meio desta petição inicial simplificada que necessariamente

---

52 "APELAÇÃO CÍVEL. AÇÃO INDENIZATÓRIA. PEDIDO DE TUTELA CAUTELAR EM CARÁTER ANTECEDENTE. DEFERIMENTO DA LIMINAR. ADITAMENTO DA INICIAL. PEDIDO PRINCIPAL.
ESTABILIZAÇÃO DA TUTELA. EXTINÇÃO DO FEITO. IMPOSSIBILIDADE. OMISSÃO. SENTENÇA CITRA PETITA. CASSAR A SENTENÇA. Apesar de o Magistrado *a quo* ter determinado a estabilização da tutela cautelar diante da ausência de interposição de Agravo de Instrumento pela parte contrária, observa-se que a parte Autora manifestou seu interesse em dar prosseguimento ao processo após a obtenção da liminar, razão pela qual o feito não poderá ser extinto sem que seja analisado o pedido principal.
Assim, diante da omissão quanto aos pedidos principais, haja vista que a Autora apresentou aditamento à inicial, o julgamento primevo se revela *citra petita*, devendo ser considerado nulo." (TJMG, Apelação nº 1.0000.19.062442-9/001, 17ª Câmara Cível, rel. Des. Amauri Pinto Ferreira, j. 01.08.2019).

53 LAMY, Eduardo de Avelar; LUIZ, Fernando Vieira. Estabilização da tutela antecipada no novo Código de Processo Civil. *Revista de Processo*, vol. 260/2016, pp. 105-129. Revista dos Tribunais online, p. 6.

54 LEMOS, Vinicius Silva. A necessidade de separação da tutela provisória antecipada antecedente em duas espécies diferentes. *Revista de Processo*, vol. 266/2017, pp. 280-281.

busca a estabilização. Por vezes, a simplificação da inicial decorre tão somente da necessidade urgente de obter a medida provisória. São, portanto, coisas distintas, apesar de possuírem algum grau de interligação.

Nada impede, contudo, que a expressão de vontade do autor a fim de que o processo prossiga se dê após o prazo de recurso do réu.

Apesar de importante parte da doutrina entender de modo diverso[55], argumentando que o réu deve saber antecipadamente se sua conduta gerará ou não o efeito previsto em lei, pois pode ele ter confiado que a estabilização ocorreria e, portanto, deixando de recorrer, sua inércia não ocasionou a consequência esperada, trazendo-lhe prejuízos[56], não nos parece que tal olhar sobre o fenômeno seja o mais correto.

Isso porque, como vimos, optando o autor pelo aditamento da inicial, o réu será citado para comparecer à audiência de conciliação ou mediação, ou ainda para apresentar sua defesa no prazo legal, tal qual ocorreria em qualquer outra demanda sem essa peculiaridade[57], de modo que nenhum prejuízo haverá, pois poderá ele apresentar toda sua tese defensiva (inclusive para eventualmente revogar a tutela antecipada), bem como, se o caso, produzir as provas cabíveis.

Ao contrário, pode-se dizer que é até benéfica ao réu essa opção do autor pela continuidade do processo após a não apresentação de recurso, pois, ao contrário da tutela antecipada estabilizada que conserva seus efeitos até que seja revista em ação própria, tendo o processo con-

---

55 "Nesse caso, o réu poderia ter que atuar sem ter condições de avaliar as consequências da não interposição do recurso, o que, muitas vezes, conduziria à interposição de recurso apenas por precaução, sem interesse, propriamente, na reforma ou invalidação da decisão. Nesse passo, devemos salientar que o intento do legislador parece ter sido o oposto, a saber: erigir a conduta (ou a inércia) do réu a fator determinante da estabilização da medida." *In*: ARRUDA ALVIM. *Manual de direito processual civil: teoria geral do processo e processo de conhecimento.* 17ª. São Paulo: Ed. Revista dos Tribunais, 2017, p. 722.

56 DIDIER JR., Fredie; BRAGA, Paula Sarno; ALEXANDRIA DE OLIVEIRA, Rafael. *Curso de direito processual civil: teoria geral da prova, direito probatório, decisão, precedente, coisa julgada e tutela provisória.* 13ª ed. Salvador: Juspodivm, 2018, p. 698; ALVIM, Eduardo Arruda. *Tutela provisória.* 2ª ed. São Paulo: Saraiva, 2017, pp. 218-219.

57 GAJARDONI, Fernando da Fonseca; DELLORE, Luiz; ROQUE, Andre Vasconcelos; DUARTE DE OLIVEIRA JR., Zulmar. *Teoria geral do processo: comentários ao CPC de 2015: parte geral.* 2ª ed. São Paulo: Método, 2018, p. 995; HILL, Flávia Pereira. Tutela provisória de urgência no novo Código de Processo Civil. *In*: JATAHY, Carlos Roberto; REZENDE DE ALMEIDA, Diogo Assumpção; AYOUB, Luiz Roberto (coords.). *Reflexões sobre o novo Código de Processo Civil.* Rio de Janeiro: FGV Editora, 2016, p. 185.

tinuidade, a tutela antecipada poderá ser revogada a qualquer tempo e nos mesmos autos[58].

Assim como é direito do réu ver seu pedido analisado em cognição exauriente, apta a fazer coisa julgada material, também o autor poderá exercer tal direito dentro do mesmo processo, sem a necessidade de ajuizar nova demanda. Mas, assim o fazendo, perde o direito à estabilização, já que não lhe é permitido obter ambas as vantagens: ou decide pelo prosseguimento do processo ou se contenta com sua extinção e reconhecimento da estabilização. Pensar o contrário iria contra a própria finalidade do fenômeno, que é permitir a prematura e provisória solução da crise de direito material.

Todavia, o entendimento sobre a sucessividade dos prazos não é unânime, havendo corrente doutrinária em sentido contrário que considera serem os prazos para aditamento e recurso, em verdade, concomitantes. Em razão do escopo deste trabalho, salutar investigar as consequências práticas desse entendimento (com o qual, reforça-se, não concordamos), notadamente sobre as posturas que autor e réu podem assumir com a concessão de uma tutela antecipada requerida em caráter antecedente.

A situação mais simples e que não comporta maiores discussões se dá no caso de dupla atitude positiva: interposição de recurso pelo réu e aditamento da petição inicial simplificada pelo autor. Nesse caso, o processo prosseguirá, já que o réu não foi inerte, obstando, portanto, a estabilização e consequente extinção do processo ao se manifestar inequivocamente contrário à concessão da tutela antecipada, assim como o autor que cumpriu o ônus que lhe incumbia, sem o qual o processo também seria extinto, mas sem a estabilização.

Outra situação que também não traz complexidade se dá na hipótese de interposição do recurso e ausência de aditamento: nesta, o processo será extinto sem resolução do mérito, cessando os efeitos da tutela antecipada e, portanto, sem a estabilização de seus efeitos[59]. Por

---

58 NEVES, Daniel Amorim Assumpção. *Manual de direito processual civil*. 10ª ed. Salvador: Juspodivm, 2018, p. 527.

59 CAVALCANTI NETO, Antonio de Moura. Estabilização da tutela antecipada antecedente: tentativa de sistematização. *In*: DIDIER JR., Fredie (coord. geral). *Coleção Grandes Temas do Novo CPC, vol. 6: Tutela provisória*. Salvador: Juspodivm, 2016, p. 217; PEDRON, Flávio Quinaud; MILAGRES, Allan; ARAÚJO, Jéssica. A estabilização da tutela provisória de urgência antecipada antecedente e a busca para uma compreensão sistêmica: entre a monitorização e a negociação processual. *Revista de Processo*, vol. 268/2017, pp. 345-375. Revista dos Tribunais online, p. 15; CÂMARA, Alexandre Freitas; PEDRON, Flávio Quinaud; TOLENTINO, Fernando Lage. Tutelas provisórias no CPC 1973 e no CPC 2015: o quanto o novo tem de inovador? *Revista de Processo*, vol. 262/2016, pp. 155-184. Revista dos Tribunais online, p. 16.

consequência, o tribunal (ou relator), comunicado dessa omissão, não conhecerá do recurso interposto, já que desnecessária sua análise ante a extinção do processo.

Mas e se o réu não interpuser o recurso cabível e o autor não proceder ao aditamento? O processo deverá ser extinto com ou sem a estabilização dos efeitos da tutela antecipada antes deferida? Aqui, como em diversos outros temas, estamos diante de mais um campo nebuloso que envolve a estabilização, sendo muitas as opiniões doutrinárias a esse respeito, cada qual merecendo consideração.

Uma corrente entende que, nessa hipótese, prevalece a extinção do processo sem resolução do mérito por falta de aditamento. Consequentemente, a tutela antecipada não se estabilizará, uma vez que o aditamento é um ônus para o autor, mormente nos casos em que há coincidência dos prazos entre esse ato e o recurso pelo réu[60].

Há opinião concordando com o entendimento acima exposto, mas esclarecendo que, independentemente da interposição do recurso, caso o autor não adite a petição inicial simplificada, o processo deve ser extinto sem resolução do mérito, pois presume-se que ele perdeu interesse no seu prosseguimento, pouco importando qual prazo escoou primeiro[61].

Carlos Augusto de Assis e João Batista Lopes[62], por outro lado, argumentam que o evento que ocorrer primeiro gerará o efeito previsto em lei.

Outro ponto que certo segmento da doutrina levanta é que, apesar de o aditamento ser um ônus para o autor, que deverá sempre fazê-lo, pois seu prazo termina antes do prazo recursal do réu, não significa

---

60 RIBEIRO, Leonardo Ferres da Silva. *Tutela provisória: tutela de urgência e tutela de evidência: do CPC/1973 AO CPC/2015*. 3ª ed. São Paulo: Ed. Revista dos Tribunais, 2018, p. 228; CÉSAR DE SOUZA, Artur. *Tutela provisória: tutela de urgência e tutela de evidência*. São Paulo: Almedina, 2016, p. 202.

61 ALVIM, José Eduardo Carreira. Desvendando uma incógnita: a tutela antecipada antecedente e sua estabilização no novo Código de Processo Civil. *Revista de Processo*, vol. 259/2016, pp.177-207. Revista dos Tribunais online, pp. 17-18; DONIZETTI, Elpídio. *Curso didático de direito processual civil*. 21ª ed. São Paulo: Atlas, 2018, pp.488-489. Assim também já decidiu o TJMG: Apelação nº 1.0000.17.071727-6/001, 18ª Câmara Cível, rel. Des. Vasconcelos Lins, j. 10.04.2018.

62 AUGUSTO DE ASSIS, Carlos; LOPES, João Batista. *Tutela provisória: tutela antecipada; tutela cautelar; tutela de evidência; tutela inibitória antecipada*. Brasília: Gazeta Jurídica, 2018, p. 162. Adotando referida posição: TJGO, Apelação nº 0005339-81.2017.8.09.0174, 6ª Câmara Cível, rel. Des. Doraci Lamar Rosa da Silva Andrade, DJ 06.08.2019; TJSC, Apelação Cível nº 0305128-56.2017.8.24.0011, 6ª Câmara de Direito Civil, rel. Des. Denise Volpato, j. 27.03.2018.

que ele está abrindo mão da estabilização. Deve o juiz intimá-lo, após certificar-se da ausência de recurso pelo réu, para se manifestar sobre o prosseguimento ou não do processo, em respeito ao dever de consulta às partes previsto no art. 10 do Código de Processo Civil/2015[63].

Nesse sentido argumenta Antônio de Moura Cavalcanti Neto:

> Se houver aditamento do autor e o réu não recorrer, o juiz deve sempre intimar o primeiro para dizer se quer ou não prosseguir com o processo, em atenção ao dever de consulta das partes, previsto no art. 10 do CPC. Aditar o pedido é ônus imposto pela lei ao autor, não sendo possível extrair dessa conduta a renúncia à estabilização da tutela antecipada. Quando o autor adita o pedido, está desincumbindo-se de um ônus, não está dizendo que não quer a estabilização. É por isso que o juiz deve consultá-lo para saber se, mesmo com a estabilização, deseja prosseguir com o processo principal[64].

Haveria, inclusive, a possibilidade de fazer o aditamento condicional, ou seja, condicionando a eficácia do aditamento à interposição de recurso pela parte contrária, de modo a reconhecer que, caso este não seja interposto, o autor contentar-se-á com a estabilização, mas o aditamento fica desde logo feito[65].

Essa interpretação tem a benesse prática de, ao mesmo tempo, sendo mais conservadora, não dar margem às diversas interpretações que podem surgir a respeito dos prazos para aditamento e recurso, além de compatibilizar o desejo do autor de ver a tutela antecipada estabilizada.

Contudo, parece-nos que, mesmo que se entenda pela concomitância dos prazos para aditamento e recurso, no caso de dupla inércia prevalece a estabilização, mormente em virtude da possibilidade conferida às partes para rever, invalidar ou reformar a tutela antecipada estabili-

---

63 CÂMARA, Alexandre Freitas; PEDRON, Flávio Quinaud; TOLENTINO, Fernando Lage. Tutelas provisórias no CPC 1973 e no CPC 2015: o quanto o novo tem de inovador? *Revista de Processo*, vol. 262/2016, pp. 155-184. Revista dos Tribunais online, p. 17; GAJARDONI, Fernando da Fonseca; DELLORE, Luiz; ROQUE, Andre Vasconcelos; DUARTE DE OLIVEIRA JR., Zulmar. *Teoria geral do processo: comentários ao CPC de 2015: parte geral.* 2ª ed. São Paulo: Método, 2018, pp. 1.004-1.005.

64 CAVALCANTI NETO, Antonio de Moura. Estabilização da tutela antecipada antecedente: tentativa de sistematização. *In*: DIDIER JR., Fredie (coord. geral). *Coleção Grandes Temas do Novo CPC, vol. 6: Tutela provisória.* Salvador: Juspodivm, 2016, p. 206.

65 COSTA, Eduardo José da Fonseca. Art. 304. *In*: STRECK, Lenio Luiz; NUNES, Dierle; CARNEIRO DA CUNHA, Leonardo (orgs.). *Comentários ao Código de Processo Civil.* 2ª ed. São Paulo: Saraiva, 2017, p. 443.

zada conforme §2º do art. 304, do Código de Processo Civil/2015[66], posição que conta com apoio jurisprudencial[67].

66 DIDIER JR., Fredie; BRAGA, Paula Sarno; ALEXANDRIA DE OLIVEIRA, Rafael. *Curso de direito processual civil: teoria geral da prova, direito probatório, decisão, precedente, coisa julgada e tutela provisória*. 13ª ed. Salvador: Juspodivm, 2018, p. 702; CAVALCANTI NETO, Antonio de Moura. Estabilização da tutela antecipada antecedente: tentativa de sistematização. *In*: DIDIER JR., Fredie (coord. geral). *Coleção Grandes Temas do Novo CPC, vol. 6: Tutela provisória*. Salvador: Juspodivm, 2016, p. 215; CÂMARA, Alexandre Freitas; PEDRON, Flávio Quinaud; TOLENTINO, Fernando Lage. Tutelas provisórias no CPC 1973 e no CPC 2015: o quanto o novo tem de inovador? *Revista de Processo*, vol. 262/2016, p. 155-184. Revista dos Tribunais online, p. 16; HILL, Flávia Pereira. Tutela provisória de urgência no novo Código de Processo Civil. *In:* JATAHY, Carlos Roberto; REZENDE DE ALMEIDA, Diogo Assumpção; AYOUB, Luiz Roberto (coords.). *Reflexões sobre o novo Código de Processo Civil*. Rio de Janeiro: FGV Editora, 2016, p. 182; CRAMER, nota 3 ao art. 303.

67 "TUTELA ANTECIPADA EM CARÁTER ANTECEDENTE-ADITAMENTO DA INICIAL ART 303, §1°, I, CPC AUSÊNCIA – EXTINÇÃO SEM RESOLUÇÃO DO MÉRITO REVOGAÇÃO DA TUTELA CONCEDIDA LIMINARMENTE HIPÓTESE DOS AUTOS EM QUE O RÉU NÃO SE INSURGE CONTRA DETERMINAÇÃO PARA RESTABELECIMENTO DO SERVIÇO DE TELEFONIA E PRESERVAÇÃO DO RESPECTIVO NÚMERO ESTABILIZAÇÃO DA TUTELA CONCEDIDA INTELIGÊNCIA DOS ARTS. 303, §1°, I E 304, CPC RECURSO PROVIDO EM PARTE." (TJSP, Apelação nº 1020408-93.2016.8.26.0564, 23ª Câmara de Direito Privado, rel. Des. Paulo Roberto de Santana, j. 27.03.2017); "Prestação de serviços. Busca e apreensão de documentos. Tutela antecipada concedida em caráter antecedente. Recurso não interposto pela ré e não aditada a inicial. Tutela estabilizada. Art. 304, do CPC. Caráter definitivo da tutela mandamental. Desinteresse bilateral. Honorários adequados ao §8º, do art. 85 do CPC. Recurso parcialmente provido" (TJSP, Apelação nº 1007839-30.2016.8.26.0477, 32ª Câmara de Direito Privado, rel. Des. Kioitsi Chicuta, j. 1º.06.2017). Ainda nesse sentido: TJSP, Apelação nº 1003094-14.2016.8.26.0022, rel. Des. Kioitsi Chicuta, j. 06.03.2019, 32ª Câmara de Direito Privado No mesmo diapasão há decisões no TJMG: 1.0338.17.009618-8/001, 14ª Câmara Cível, rel. Des. Marco Aurelio Ferenzini, j. 27.09.2018; Apelação nº 1.0000.17.039557-8/001, 14ª Câmara Cível, rel. Des. Cláudia Maia, j. 14.09.2017; no TJGO: Apelação nº 5419755-79.2017.8.09.0051, 6ª Câmara Cível, rel. Des. Fausto Moreira Diniz, DJ 14.03.2019; no TJPB: Remessa Necessária nº 0817023-70.2016.8.15.0001, 1ª Câmara Cível, rel. Des. José Ricardo Porto, j. 13.11.2018.

Capítulo 5

MEIOS PARA OBSTAR A ESTABILIZAÇÃO DA TUTELA PROVISÓRIA

O art. 304, *caput*, condiciona a estabilização à ausência do "respectivo recurso"[1]. Não se desconhece que o termo recurso é, no sistema processual civil brasileiro, modalidade de impugnação que ostenta rol taxativo[2], e, portanto, de tecnicidade inarredável.

Todavia, a questão aqui posta é a forma como o termo respectivo recurso deve ser interpretado. Será que o legislador realmente quis se referir apenas ao agravo de instrumento, único recurso, *a priori*, apto a reformar a decisão que defere a tutela provisória (ao menos da decisão de primeira instância)? Ou quis se referir à impugnação, no sentido lato?

E mais: a intepretação constitucional das normas processuais, aliada à própria razão de ser da estabilização, nos leva a qual conclusão?

1 "Art. 304. A tutela antecipada, concedida nos termos do art. 303, torna-se estável se da decisão que a conceder não for interposto o respectivo recurso."

2 No CPC/2015, o rol dos recursos está previsto no art. 994.

Aqueles que defendem a primeira opção têm, a seu favor, e como argumento principal, a própria literalidade do dispositivo legal, que não deixaria maiores margens para dúvidas subjetivas[3]-[4].

---

3 Nesse sentido: THEODORO JR., Humberto. *Curso de direito processual civil*, vol. I. 57ª ed. Rio de Janeiro: Forense, 2016, p. 676; ALVIM, José Eduardo Carreira. Desvendando uma incógnita: a tutela antecipada antecedente e sua estabilização no novo Código de Processo Civil. *Revista de Processo*, vol. 259/2016, pp. 177-207. Revista dos Tribunais online, p. 16; WAMBIER, Luiz Rodrigues; TALAMINI, Eduardo. *Curso avançado de processo civil: cognição jurisdicional (processo comum de conhecimento e tutela provisória)*, vol. 2. São Paulo: Ed. Revista dos Tribunais, 2018, pp. 918-919; ARRUDA ALVIM. *Manual de direito processual civil: teoria geral do processo e processo de conhecimento*. 17ª. São Paulo: Ed. Revista dos Tribunais, 2017, p. 725; NUNES, Dierle; ANDRADE, Érico. Os contornos da estabilização da tutela provisória de urgência antecipatória no Novo CPC e o mistério da ausência de formação da coisa julgada. *In:* DIDIER JR., Fredie (coord. geral). *Procedimentos especiais, tutela provisória e direito transitório*. Salvador: Juspodivm, 2015, pp. 75-76; AMARAL, Guilherme Rizzo. *Comentários às alterações do Novo CPC*. São Paulo: Ed. Revista dos Tribunais, 2015, p. 407; CÂMARA, Alexandre Freitas. *O novo processo civil brasileiro*. São Paulo: Atlas, 2015, p. 165; CAVALCANTI NETO, Antônio de Moura. Estabilização da tutela antecipada antecedente: uma tentativa de sistematização. *In*: DIDIER JR., Fredie (coord.). *Grandes temas do novo CPC: tutela provisória*, vol. 6. Salvador: Juspodivm, 2016, pp. 209-210; MACEDO, Elaine Harzheim. Prestação jurisdicional em sede de tutela antecedente: procedimento, estabilização da decisão e decurso do prazo de 2 (dois) anos: um novo caso de perempção? *Revista de Processo*, vol. 250/2015, pp. 189-215. Revista dos Tribunais online, p. 14.

4 Em abono dessa corrente: "Processual – Estabilização da tutela antecipada em caráter antecedente – Ausência de interposição de agravo de instrumento – Aditamento da inicial – Reconhecimento da estabilização da medida e consequente extinção do processo, nos termos do art. 304, caput e §1º, NCPC – Inequívoco conhecimento da tutela concedida – Inteligência do artigo 297, parágrafo único do NCPC – Desnecessária citação, já que não manifestado o interesse no prosseguimento no tempo devido – Prosseguimento rumo à cognição exauriente que depende do interesse do autor – Sentença de extinção com estabilização da tutela mantida – Recurso desprovido" (TJSP, Apelação nº 1007161-80.2018.8.26.0562, 21ª Câmara de Direito Privado, rel. Des. Maia da Rocha, j. 05.10.2018 – Analisando-se este acórdão, viu-se que o réu, apesar de não ter interposto recurso, ofertou contestação, o que não impediu a estabilização da tutela antecipada). "Por sua vez, conquanto o apelante afirme que não ficou demonstrada a inércia estatal, uma vez que apresentou contestação, entendo que, para evitar a estabilização da tutela antecipada e, assim, a extinção da demanda, caberia ao recorrente ter apresentado o recurso cabível contra a decisão antecipatória, qual seja, o recurso de agravo de instrumento, nos termos do inciso I do artigo 1.015 do CPC/2015" (TJMG, Apelação nº 1.0372.16.004575-6/001, 6ª Câmara Cível, rel. Des. Edilson Olímpio Fernandes, j. 28.11.2017).

Em acréscimo, tem-se que o histórico legislativo relacionado ao quadro analisado apresenta curiosa peculiaridade que, segundo alguns argumentam, vai ao encontro do defendido por essa parte da doutrina. É que na primeira versão do PLS 166/2010 haveria expressa previsão de que não ocorreria estabilização pela oposição de qualquer meio de impugnação, ou seja, a norma tinha nítido caráter generalista[5].

No transcorrer do processo legislativo, prevaleceu o que hoje está positivado no Código de Processo Civil/2015 acerca da interposição do "respectivo recurso" como meio para obstar a estabilização da tutela antecipada, daí por que há sólido entendimento de que a intenção do legislador foi justamente limitar os meios que impediriam a estabilização, justamente com o intuito de estimulá-la[6].

Todavia, uma análise mais acurada do processo legislativo nos leva a conclusão diversa, uma vez que, apesar de o art. 281, §2º, do CPC versão Senado Federal fazer menção ao termo "impugnação", enquanto as demais versões se utilizaram do termo "recurso", a versão do Senado Federal não tratava da tutela antecipada requerida em caráter antecedente.

O dispositivo estava inserido na seção com o título "Das medidas cautelares requeridas em caráter antecedente". Os artigos ali constantes faziam menção somente às medidas cautelares[7], já que o procedimento da tutela antecipada antecedente só foi inserido na Câmara dos Deputados[8]. Ou seja, a interpretação de que o legislador expressou sua inequívoca vontade ao modificar o meio para obstar a estabilização não corresponde à realidade.

Pois bem. Apesar dos argumentos expostos, caminhamos a favor da segunda opção, interpretando o dispositivo de maneira ampliativa em razão de dois fundamentos distintos, mas complementares.

---

5 Art. 288, §2º: "Concedida a medida em caráter liminar e não havendo impugnação, após sua efetivação integral, o juiz extinguirá o processo, conservando a sua eficácia."

6 GAJARDONI, Fernando da Fonseca; DELLORE, Luiz; ROQUE, Andre Vasconcelos; DUARTE DE OLIVEIRA JR., Zulmar. *Teoria geral do processo: comentários ao CPC de 2015: parte geral.* 2ª ed. São Paulo: Método, 2018, p. 1.003.

7 "Art. 279. A petição inicial da medida cautelar requerida em caráter antecedente indicará a lide, seu fundamento e a exposição sumária do direito ameaçado e do receio de lesão."

8 PEIXOTO, Ravi. Por uma análise dos remédios jurídicos processuais aptos a impedir a estabilização da tutela antecipada antecedente. *In*: DIDIER JR., Fredie (coord. geral). *Tutela provisória. Grandes temas do novo CPC.* Salvador: Juspodivm, 2016, p. 251.

Em primeiro lugar, abordaremos a possibilidade de interpretação extensiva ou ampliativa. Parece-nos que o legislador quis se referir, em verdade, à impugnação, utilizando-se atecnicamente do termo recurso. Se sua intenção fosse realmente restringir a obstaculização da estabilização apenas no caso de recurso, poderia, sem qualquer problema, referir-se expressamente ao agravo de instrumento e ao agravo interno (caso se entenda que há possibilidade de estabilização também em caso de concessão de tutela provisória nos tribunais, seja em ação originária, seja em grau recursal).

A duas, por que, mais uma vez fiel à *ratio* da estabilização, esta só foi pensada e criada, e só faz sentido, quando ambas as partes estão satisfeitas e suportam bem a tutela provisória deferida. Se uma delas, por qualquer meio, não se conforma com sua concessão, desejando ver o processo julgado no seu mérito, assim deverá ser[9], mesmo porque, em caso contrário, a parte poderá se valer, no dia seguinte, da ação prevista no §2º do art. 304, o que contrariaria os princípios da celeridade e economia processuais, estimulando o ingresso de mais uma ação, enquanto a discussão poderia ser travada nos mesmos autos.

Nesse sentido, o Superior Tribunal de Justiça decidiu que:

> A ideia central do instituto, portanto, é que, após a concessão da tutela antecipada em caráter antecedente, nem o autor e nem o réu tenham interesse no prosseguimento do feito, isto é, não queiram uma decisão com cognição exauriente do Poder Judiciário, apta a produzir coisa julgada material.
>
> Por essa razão, é que, conquanto o caput do art. 304 do CPC/2015 determine que 'a tutela antecipada, concedida nos termos do art. 303, torna-se estável se da decisão que a conceder não for interposto o respectivo recurso', a leitura que deve ser feita do dispositivo le-

9 Nesse exato sentido: "É possível que a parte não sinta necessidade de recorrer para obter imediata modificação da medida antecipada, mas sem que isso signifique concordância com ela. O seu inconformismo poderia ser manifestado no curso normal do processo em que ela foi proferida, sem provocar recurso. Entendemos que a simples manifestação de discordância seria suficiente para justificar a continuidade do processo. Afinal, a ideia de extinguir o processo e estabilizar a tutela vem do fato de que, em diversas situações, concedida a antecipação de tutela, ambas as partes se desinteressam da discussão." *In*: AUGUSTO DE ASSIS, Carlos. A antecipação de tutela e a sua estabilização. Novas perspectivas. *In:* BUENO, Cassio Scarpinella; NETO, Elias Marques de Medeiros; NETO, Olavo de Oliveira; CAZZOLINO DE OLIVEIRA, Patrícia Elias; LUCON, Paulo Henrique dos Santos (coords.). *Tutela provisória no CPC: dos 20 anos de vigência do art. 273 do CPC/1973 ao CPC/2015.* 2ª ed. São Paulo: Saraiva Educação, 2018, p. 43.

> gal, tomando como base uma interpretação sistemática e teleológica do instituto, é que a estabilização somente ocorrerá se não houver qualquer tipo de impugnação pela parte contrária[10].

Em uma análise pragmática, também se vislumbra a possibilidade de aumentar a interposição dos agravos de instrumentos[11], ainda que o réu não tenha a intenção de impugnar a tutela provisória em si, mas também não queira que o processo seja extinto pela estabilização, pois pretende que a ação seja analisada em cognição exauriente.

Em pesquisa realizada no âmbito jurisprudencial, observou-se que já há casos em que a parte interpõe o agravo de instrumento com o único propósito de não permitir a estabilização e consequente extinção do processo[12].

---

10 REsp. nº 1.760.966/SP, Terceira Turma, rel. Min. Marco Aurélio Bellizze, j. 04.12.2018 - destaques constam do original.

11 WAMBIER, Teresa Arruda Alvim; CONCEIÇÃO, Maria Lúcia Lins; RIBEIRO, Leonardo Ferres da Silva; TORRES DE MELLO, Rogerio Licastro. *Primeiros comentários ao novo Código de Processo Civil: artigo por artigo.* São Paulo: Revista dos Tribunais, 2015, p. 512. Aliás, relevante mencionar que o legislador nitidamente buscou limitar as hipóteses em que é possível a interposição do agravo de instrumento (art. 1.015, do CPC/2015). Daí por que o CPC/2015 aproximou-se da ideia de irrecorribilidade em separado das decisões interlocutórias já observável em certa medida no processo do trabalho e nos Juizados Especiais. A respeito, vide: GONZALEZ, Gabriel Araújo. *A recorribilidade das decisões interlocutórias no Código de Processo Civil de 2015.* Salvador: Juspodivm, 2016, pp. 198-199.

12 A título exemplificativo: "Estabilização da tutela antecipada. Interposição de agravo de instrumento contra decisão que concedeu a tutela antecipada é hábil a evitar a estabilização. Inteligência do artigo 304 do CPC de 2015. Recurso provido" (TJSP, Agravo de Instrumento nº 2213071-95.2016.8.26.0000, 10ª Câmara de Direito Privado, rel. Des. Arnaldo Telles, j. 30.05.2017); "Bem móvel - Veículo envolvido em acidente guardado por terceiro - Seguradora que se sub-rogou no direito de propriedade após o pagamento de indenização por perda total - Divergência das partes a respeito do valor da diária de estadia - Tutela cautelar antecedente concedida - Recurso interposto apenas para evitar a estabilização da decisão, no que diz respeito ao valor a ser pago - Agravo provido" (TJSP, Agravo de Instrumento nº 2170959-14.2016.8.26.0000, 26ª Câmara de Direito Privado, rel. Des. Vianna Cotrim, j. 09.03.2017). No mesmo sentido: TJPR, Agravo de Instrumento nº 0007166-38.2018.8.16.0000, 17ª Câmara Cível, rel. Des. Fernando Paulino da Silva Wolff Filho, j. 18.05.2018. No TJDF: Agravo de Instrumento nº 0014057-95.2016.8.07.0000, 3ª Turma Cível, rel. Des. Ana Catarino, j. 08.09.2016. Há julgados que não conhecem o recurso nessa hipótese, pois não impugnada a própria tutela antecipada: TJRJ, Agravo de Instrumento nº 0033666-60.2018.8.19.0000, Quinta Câmara Cível, rel. Des. Maria da Gloria Oliveira Bandeira de Mello, j. 17.08.2018.; Agravo de Instrumento nº 0016100-98.2018.8.19.0000, Quinta Câmara Cível, rel. Des. Henrique Carlos de Andrade Figueira, j. 24.07.2018.

Portanto, o argumento a respeito da literalidade da lei não convence[13].

A interpretação é a atribuição de determinado sentido a certa norma jurídica. Ou, como aduz Miguel Reale, "interpretar uma lei importa, previamente, em compreendê-la na plenitude de seus fins sociais, a fim de poder-se, desse modo, determinar o sentido de cada um de seus dispositivos"[14]. Como já é lição antiga, a interpretação literal cede espaço a outras formas de interpretação, como a teleológica, a sistemática, etc., sempre na tentativa de buscar o real sentido da lei, compreendendo o objetivo que levou o legislador a editá-la[15].

Nesse aspecto, a Lei de Introdução às Normas do Direito Brasileiro (LINDB) dispõe, em seu art. 5º, que "Art. 5º. Na aplicação da lei, o juiz atenderá aos fins sociais a que ela se dirige e às exigências do bem comum.". Tal diretriz também é acompanhada pelo CPC/2015 em seu art. 8º[16]: "Art. 8º. Ao aplicar o ordenamento jurídico, o juiz atenderá aos fins sociais e às exigências do bem comum, resguardando e promovendo a dignidade da pessoa humana e observando a proporcionalidade, a razoabilidade, a legalidade, a publicidade e a eficiência."

Pois bem. O CPC/2015 apresenta diversas normas sobre as quais a doutrina faz uma interpretação teleológico-sistemática em detrimento da literalidade, não havendo motivo para se tratar de maneira diversa

---

13 Maria Helena Diniz, citando os dizeres de Degni, ensina: "A clareza de um texto legal é coisa relativa. Uma mesma disposição pode ser clara em sua aplicação aos casos mais imediatos e pode ser duvidosa quando se aplica a outras relações que nela possam se enquadrar e às quais não se refere diretamente, e a outras questões que, na prática, em sua atuação, podem sempre surgir. Uma disposição poderá parecer clara a quem examinar superficialmente, ao passo que se revelará tal a quem a considerar nos seus fins, nos seus precedentes históricos, nas suas conexões com todos os elementos sociais que agem sobre a vida do direito na sua aplicação a relações que, como produto de novas exigência e condições, não poderiam ser consideradas, ao tempo da formação da lei, na sua conexão com o sistema geral do direito positivo vigente". *In*: *Compêndio de Introdução à ciência do Direito*. 14ª ed. São Paulo: Saraiva, 2001, p. 415.

14 *Lições preliminares de Direito*. 26ª ed. São Paulo: Saraiva, 2002, p. 291.

15 THEODORO JR., Humberto. Interpretação e aplicação das normas jurídicas. *Revista de Processo*, vol. 150/2007, pp.11-23. Revista dos Tribunais online, p. 7.

16 "Esta diretriz se endereça ao campo da interpretação das normas jurídicas, deixando claro que o juiz, ao empreender a atividade intelectual de busca pelo sentido efetivo dos textos legais, deve ater-se não apenas à exata expressão gramatical, posto que deverá ter em mente, também, a finalidade social da norma." *In*: PUOLI, José Carlos Baptista. O juiz, a aplicação do Direito e o Novo CPC. *Revista do Advogado*, ano XXXV, nº 126, p. 132.

o instituto da estabilização. A título exemplificativo, podemos citar que, apesar de o art. 82, §2º, indicar que a sentença condenará o vencido a pagar as despesas feitas pelo vencedor, e o *caput* do art. 85 trazer a mesma regra para os honorários advocatícios, a doutrina afirma que essa disposição também se aplica às decisões de julgamento antecipado parcial do mérito, que não são propriamente sentenças, considerando-se o critério adotado pelo CPC em seu art. 203, §1º.

Do mesmo modo, grande parte da doutrina interpreta que cabe sustentação oral em agravo de instrumento contra decisão de julgamento antecipado parcial do mérito, apesar de o art. 937, VIII, indicar que só cabe sustentação oral em agravo nos casos de tutela provisória de urgência ou evidência[17].

Inúmeros outros exemplos podem ser citados: possibilidade de o *amicus curiae* recorrer de recursos especiais ou extraordinários repetitivos, bem como do incidente de assunção de competência, embora o art. 138, §3º[18], determine que somente poderia recorrer do incidente de resolução de demandas repetitivas, etc.

Daí por que, também na hipótese de estabilização, deve prevalecer a interpretação ampliativa quanto aos meios que impediriam seu reconhecimento[19], considerando-se a *ratio* do instituto, além de evitar a interposição de recursos e o ajuizamento de novas ações sempre que o réu não se conforme com a extinção do processo.

17 "Art. 937. Na sessão de julgamento, depois da exposição da causa pelo relator, o presidente dará a palavra, sucessivamente, ao recorrente, ao recorrido e, nos casos de sua intervenção, ao membro do Ministério Público, pelo prazo improrrogável de 15 (quinze) minutos para cada um, a fim de sustentarem suas razões, nas seguintes hipóteses, nos termos da parte final do caput do art. 1.021:" (...) "VIII – no agravo de instrumento interposto contra decisões interlocutórias que versem sobre tutelas provisórias de urgência ou da evidência; (...)."

18 "§3º O amicus curiae pode recorrer da decisão que julgar o incidente de resolução de demandas repetitivas."

19 BUENO, Cassio Scarpinella. *Curso sistematizado de direito processual civil, vol. 1: teoria geral do direito processual civil: parte geral do Código de Processo Civil.* 9ª ed. São Paulo: Saraiva Educação, 2018, p. 708; NEVES, Daniel Amorim Assumpção. *Manual de direito processual civil.* 10ª ed. Salvador: Juspodivm, 2018, pp. 524-525; DIDIER JR., Fredie; BRAGA, Paula Sarno; ALEXANDRIA DE OLIVEIRA, Rafael. *Curso de direito processual civil: teoria geral da prova, direito probatório, decisão, precedente, coisa julgada e tutela provisória.* 13ª ed. Salvador: Juspodivm, 2018, p. 700; LAMY, Eduardo de Avelar; LUIZ, Fernando Vieira. Estabilização da tutela antecipada no novo Código de Processo Civil. *Revista de Processo*, vol. 260/2016, pp. 105-129. Revista dos Tribunais online, pp. 8-9.

Desse modo, o réu pode obstaculizar a estabilização por meio de contestação, reconvenção, reclamação, suspensão de segurança, embargos de declaração com pretenso efeito infringente, pedido de reconsideração, etc., além, por óbvio, do agravo de instrumento[20]. A única exigência é que tais impugnações sejam ofertadas dentro do prazo do agravo de instrumento.

Ainda que ultrapassado o argumento sobre a interpretação extensiva do termo recurso com base na própria *ratio* da estabilização e na questão pragmática, há outros fundamentos, de ordem constitucional, que autorizam essa mesma interpretação.

O direito ao contraditório, em sua acepção moderna, inclui ampla possibilidade de poder influenciar a decisão judicial, além do direito de se insurgir contra decisão que lhe for desfavorável.

Mas o contraditório só pode ser exercido eficazmente e de maneira ampla se a possibilidade de manifestação se der sem a necessidade de dispêndio de recursos financeiros[21]. Nem mesmo na ação monitória,

---

20 Há decisões nesse sentido em diversos tribunais. A título exemplificativo: TJSP: "(...) 1. Preliminar exigindo reconhecimento de estabilização de efeitos de tutela provisória antecipada requerida em caráter antecedente e não sujeita à impugnação recursal específica pelos réus. Descabimento. Qualquer oposição útil manifestada pelos réus é capaz de evitar a estabilização dos efeitos da tutela antecipada, desnecessária que essa manifestação seja viabilizada por meio de recurso, bastando meio idôneo defensivo. Interpretação alargada abalizada por melhor doutrina. (...)" (Apelação nº 1011424-29.2016.8.26.0562, 9ª Câmara de Direito Privado, rel. Des. Piva Rodrigues, j. 10.04.2018). No mesmo sentido: Cível nº 1000998-73.2018.8.26.0695, 18ª Câmara de Direito Público, rel. Des. Beatriz Braga, j. 10.10.2019; Agravo de Instrumento nº 2166660-86.2019.8.26.0000, 3ª Câmara de Direito Privado, rel. Des. Beretta da Silveira, j. 29.08.2019. TJRJ: "Agravo de instrumento. Tutela cautelar antecedente. Tutela antecipada deferida. Ré que apresentou contestação e reconvenção com documentos. Tutela antecipada revogada. Autora/agravante que alega descumprimento do art. 304 do CPC, a ensejar a estabilização da tutela. Art. 304 que se aplica às hipóteses em que ambas as partes se conformam com a tutela deferida. Estabilização que só ocorre quando não há qualquer tipo de impugnação da parte contrária. Contestação apresentada pela ré que contém pedido de revogação da tutela concedida. Acerto da decisão. Recurso conhecido e desprovido." (Agravo de Instrumento nº 0016916-46.2019.8.19.0000, 17ª Câmara Cível, rel. Des. Wagner Cinelli de Paula Freitas, j. 15.05.2019). Ainda nesse sentido: Agravo de Instrumento nº 0068132-80.2018.8.19.0000, 27ª Câmara Cível, rel. Des. Maria Luiza de Freitas Carvalho, j. 08.05.2019. TJMS: Apelação Cível nº 0824530-66.2016.8.12.0001, 1ª Câmara Cível, rel. Des. Marcelo Câmara Rasslan, j. 25.09.2019. TJSC: Agravo de Instrumento nº 4014361-47.2019.8.24.0000, 7ª Câmara Cível, rel. Des. Carlos Roberto da Silva, j. 01.08.2019.

21 "Mas, impor-lhe a interposição de recurso financeiramente oneroso como único meio de evitar a estabilização, sem lhe proporcionar outro meio capaz de obter

onde também se utiliza a técnica de inversão do contraditório, é necessário que o réu dispense recursos financeiros para evitar a formação do título executivo judicial. Basta que ele oponha, tempestivamente, os embargos monitórios.

A necessidade de interpor um recurso para o exercício do direito de defesa apresenta óbice, inclusive, no acesso à justiça e ao devido processo legal[22]. Torna o recurso uma obrigação processual, necessária e indispensável ao pleno exercício do direito de defesa[23].

Não há dúvidas de que o réu também é titular do direito a obter a tutela jurisdicional adequada, e no momento em que ele dirige ao Poder Judiciário uma postulação, surge o direito a que seu pedido seja efetivamente apreciado, não sendo possível a mera extinção do processo[24].

Admitindo-se, como fez o CPC/2015, a possibilidade de requerer a tutela antecipada em caráter antecedente com a consequente estabilização, estamos diante, como já visto, de mais uma espécie de tutela diferenciada, as quais, em regra, já tendem a beneficiar o polo ativo da relação processual, pois sempre adotadas com a finalidade de acelerar a prestação jurisdicional. E assim o sendo, de longa data já lecionava Donaldo Armelin que é necessário ter cautela na adoção dessas técnicas, sob pena de violar a isonomia e a paridade de armas entre os litigantes[25].

O limite para conceber essas formas diferenciadas se encontra justamente na inafastabilidade da tutela jurisdicional e nos princípios que

semelhante resultado de forma gratuita não parece ser o ideal." *In*: RANGEL, Rafael Calmon. Os arts. 303 e 304 do CPC: da interpretação à aplicação. *Revista de Processo*, vol. 261/2016, pp. 199-228. Revista dos Tribunais online, p. 12.

22 Nos dizeres de José Carlos Baptista Puoli: "O postulado do devido processo legal é verdadeiro 'princípio-síntese' de todos os demais postulados constitucionais do processo. Isto quer dizer que dessa fórmula genérica seria possível deduzir todas as demais garantias, como, por exemplo, os direitos ao contraditório, à ampla defesa, a exigibilidade da motivação das decisões etc." *In*: *Os poderes do juiz e as reformas do processo civil*. São Paulo: Juarez de Oliveira, 2001, p. 64.

23 LAMY, Eduardo. *Tutela provisória*. São Paulo: Atlas, 2018, pp. 94-95.

24 SILVA DE LIMA, Bernardo; EXPÓSITO, Gabriela. "Porque tudo que é vivo, morre". Comentários sobre o regime da estabilização dos efeitos da tutela provisória de urgência no novo CPC. *Revista de Processo*, vol. 250/2015, pp. 167-187. Revista dos Tribunais online, pp. 13-14.

25 ARMELIN, Donaldo. Tutela jurisdicional diferenciada. *Revista de Processo*, vol. 65/1992, pp. 45-55. Revista dos Tribunais online, p. 2.

compõem a regra do devido processo legal[26], como o direito ao contraditório e à cognição adequada[27].

Aliás, razoável dizer que o entendimento sobre a necessidade de se interpor recurso viola, inclusive, a isonomia processual, pois enquanto basta ao autor que adite a petição inicial requerendo o prosseguimento do processo, o réu deverá se valer da interposição de um recurso; não haveria tratamento paritário entre as partes, direito que é garantido expressamente pelo art. 7º do CPC/2015[28], além de ser função de o juiz assegurar a igualdade de tratamento (art. 139, I, do CPC/2015[29]).

Deve o juiz, ao interpretar a lei, compatibiliza-la com os princípios, especialmente os constitucionais, como adverte José Carlos Baptista Puoli:

> E, por assim ser, os princípios constitucionais passam a fornecer para o sistema jurídico parâmetros interpretativos que poderão importar na adaptação da "leitura" da norma infraconstitucional visando adequá-la ao psotulado maior contido no princípio. De outro lado, se tal adequação for impossível, os princípios, por seu posicionamento mais elevado na ordem hierárquica das normas, poderão impor, até mesmo, a necessidade de afastamento da regra legal, por conta da incompatibilidade com o mandamento superior.[30]

Todavia, ainda que se faça a intepretação mais restritiva do dispositivo, necessário avaliar se realmente só o agravo de instrumento teria aptidão para obstar a estabilização, ou se outros meios impugnativos,

26 WATANABE, Kazuo. *Da cognição no processo civil.* 2ª ed. São Paulo: Centro Brasileiro de Estudos e Pesquisas Jurídicas, 1999, p. 124.

27 AUGUSTO DE ASSIS, Carlos. Técnicas aceleratórias e devido processo legal. *Revista Brasileira de Direito Processual*, ano 24, nº 95, pp. 77-93. Revista Fórum online, pp. 3-5.

28 "Art. 7º É assegurada às partes paridade de tratamento em relação ao exercício de direitos e faculdades processuais, aos meios de defesa, aos ônus, aos deveres e à aplicação de sanções processuais, competindo ao juiz zelar pelo efetivo contraditório."

29 "Art. 139. O juiz dirigirá o processo conforme as disposições deste Código, incumbindo-lhe: I – assegurar às partes igualdade de tratamento; (...)."

30 Processo e constituição: alcance amplo, mas não ilimitado, dos princípios constitucionais do processo. *In*: PUOLI, José Carlos Baptista; BONÍCIO, Marcelo José Magalhães; LEONEL, Ricardo de Barros (coords.). *Direito processual constitucional.* Brasília: Gazeta Jurídica, 2016, p. 117.

ainda que não se enquadrem no conceito de recursos, impediriam a extinção do processo.

5.1. Embargos de declaração

Pela regra da taxatividade recursal, pela qual são recursos os meios de impugnação que a lei assim prevê, os embargos de declaração são considerados recurso, diante do disposto no art. 994, IV, do CPC/2015[31]. Além disso, obstam a formação da coisa julgada e possuem efeito devolutivo[32].

Pode-se avaliar essa espécie recursal, no que nos importa, de dois aspectos. Em primeiro lugar, caso sejam opostos, a lide continua pendente ao menos até sua efetiva apreciação. Não há como extinguir o processo, ainda que a parte não tenha interposto o agravo de instrumento, mesmo porque ela poderá fazê-lo após a decisão dos embargos de declaração, em virtude da interrupção do prazo para o recurso subsequente[33].

Vale lembrar que aos embargos de declaração podem ser conferidos modificativos (nos casos legais) e também efeitos infringentes caso haja na decisão erros evidentes e que levariam à sua anulação pela instância superior[34].

De todo modo, caso sejam os embargos acolhidos com efeitos infringentes, ocasionando a reforma da decisão concessiva da tutela provisória, consequentemente não haverá o que se estabilizar[35].

De um segundo aspecto, como o art. 304, *caput*, não condiciona o impedimento da estabilização ao conhecimento do recurso, tampouco

---

31 "Art. 994. São cabíveis os seguintes recursos: (...) IV – embargos de declaração; (...)."

32 BARIONI, Rodrigo. Efeito infringente dos embargos de declaração. *Revista de Processo*, vol. 105/2002, pp. 322-335. Revista dos Tribunais online, p. 5.

33 "Art. 1.026. Os embargos de declaração não possuem efeito suspensivo e interrompem o prazo para a interposição de recurso."

34 BARIONI, Rodrigo. Efeito infringente dos embargos de declaração. *Revista de Processo*, vol. 105/2002, pp. 322-335. Revista dos Tribunais online, pp. 8-10.

35 PEIXOTO, Ravi. Por uma análise dos remédios jurídicos processuais aptos a impedir a estabilização da tutela antecipada antecedente. *In*: DIDIER JR., Fredie (coord. geral). *Tutela provisória. Grandes temas do novo CPC*. Salvador: Juspodivm, 2016, p. 252.

ao seu provimento, a mera oposição dos embargos de declaração com efeitos infringentes já obsta o reconhecimento da estabilização[36]-[37].

Tal solução concilia a suposta exigência, ao menos literal, de interpor recurso aos princípios da celeridade e da economia processuais, evitando a extinção do processo na hipótese em que o réu pretende sua continuidade[38].

Todavia, caso os embargos estejam fundados tão somente em mera omissão, obscuridade, contradição ou erro material, mas sem efeitos infringentes, sua oposição não impediria a estabilização (da ótica de quem interpreta o termo recurso de maneira literal). Isso porque, nesse caso, o réu não estaria demonstrando sua insatisfação com o provimento concedido; a oposição dos embargos, nessas hipóteses, pode até mesmo ter por finalidade o escorreito cumprimento da decisão.

Portanto, para que os embargos de declaração consigam impedir a estabilização, deverão ter, ao menos, pretensão infringente.

5.2. Reclamação

Apesar da rica discussão sobre a natureza jurídica da reclamação, no que pertine a este trabalho, cabe apenas mencionar que não se trata de recurso.

Em síntese, segundo o princípio da taxatividade, só é recurso aquilo que a lei assim classifica; não há prazo prefixado para seu exercício; não há necessidade de sucumbência (como, por exemplo, no caso de reclamação ajuizada para preservar competência[39]); não se busca a reforma da decisão, mas sua cassação, o que demonstra a inaplicabilidade do efeito substitutivo próprio dos recursos[40], etc.

---

36 Nesse sentido: GAJARDONI, Fernando da Fonseca; DELLORE, Luiz; ROQUE, Andre Vasconcelos; DUARTE DE OLIVEIRA JR., Zulmar. *Teoria geral do processo: comentários ao CPC de 2015: parte geral.* 2ª ed. São Paulo: Método, 2018, p. 1.003.

37 Em sentido contrário: ALVIM, Eduardo Arruda. *Tutela provisória.* 2ª ed. São Paulo: Saraiva, 2017, p. 221.

38 HILL, Flávia Pereira. Tutela provisória de urgência no novo Código de Processo Civil. *In:* JATAHY, Carlos Roberto; REZENDE DE ALMEIDA, Diogo Assumpção; AYOUB, Luiz Roberto (coords.). *Reflexões sobre o novo Código de Processo Civil.* Rio de Janeiro: FGV Editora, 2016, pp. 179-180.

39 CARNEIRO DA CUNHA, Leonardo José. Natureza jurídica da reclamação constitucional. *In: Aspectos polêmicos e atuais dos recursos cíveis e de outros meios de impugnação às decisões judiciais.* São Paulo: Ed. Revista dos Tribunais, 2005, pp.331-332.

40 LEONEL, Ricardo de Barros. *Reclamação constitucional.* São Paulo: Ed. Revista dos Tribunais, 2011, pp. 254-255.

Todavia, apesar de não se tratar de recurso, a reclamação prolonga a litispendência, e mesmo o julgamento superveniente do recurso pelo órgão reclamado não prejudica sua análise (art. 988, §6º[41]). Sua procedência poderá levar à cassação da decisão reclamada ou a determinar que medida adequada à solução da controvérsia seja tomada (art. 992[42]). Nesse caso, cassada a decisão reclamada, não há o que se estabilizar.

De todo modo, como a reclamação tem aptidão para impedir a formação da coisa julgada, isso inclui obstar o reconhecimento da estabilização, sendo, portanto, meio hábil para esse fim[43]-[44].

Mas uma ressalva merece ser feita: deve a reclamação ser proposta no prazo do agravo de instrumento ou antes da extinção do processo, já que inviável seu ajuizamento após o trânsito em julgado da decisão reclamada (art. 988, §5º, I[45]).

5.3. Suspensão de liminar

A Lei nº 8.437/1992 admite que, nos casos de liminar contra o Poder Público ou seus agentes, possa a pessoa jurídica de direito público interessada, ou o Ministério Público, requerer ao presidente do tribunal ao qual couber o conhecimento do respectivo recurso a suspensão de sua execução, desde que presentes determinados requisitos (art. 4º, *ca-*

---

41 "Art. 988. Caberá reclamação da parte interessada ou do Ministério Público para: (...) "§6º A inadmissibilidade ou o julgamento do recurso interposto contra a decisão proferida pelo órgão reclamado não prejudica a reclamação." Essa também já era a orientação do STF: Rcl. 5.821/TO, Rel. Min. Cezar Peluso, j. 14.10.2009.

42 "Art. 992. Julgando procedente a reclamação, o tribunal cassará a decisão exorbitante de seu julgado ou determinará medida adequada à solução da controvérsia."

43 PEIXOTO, Ravi. Por uma análise dos remédios jurídicos processuais aptos a impedir a estabilização da tutela antecipada antecedente. *In*: DIDIER JR., Fredie (coord. geral). *Tutela provisória. Grandes temas do novo CPC.* Salvador: Juspodivm, 2016, p. 254.

44 No sentido de que a reclamação é meio hábil a impedir a estabilização: SICA, Heitor Vitor Mendonça. Doze problemas e onze soluções quanto à chamada "estabilização da tutela antecipada". *In:* DIDIER JR., Fredie (coord. geral). *Procedimentos especiais, tutela provisória e direito transitório.* 2ª ed. Salvador: Juspodivm, 2016, p. 240; CAVALCANTI NETO, Antonio de Moura. Estabilização da tutela antecipada antecedente: tentativa de sistematização. *In*: DIDIER JR., Fredie (coord. geral). *Coleção Grandes Temas do Novo CPC, vol. 6: Tutela provisória.* Salvador: Juspodivm, 2016, pp. 211-213.

45 §5º É inadmissível a reclamação: I – proposta após o trânsito em julgado da decisão reclamada; (...)."

put[46]). A aplicabilidade de tal dispositivo, sob a égide da nova codificação processual civil, foi reafirmada pelo art. 1.059 do CPC/2015[47].

Em caso de deferimento da suspensão, esta perdurará até o trânsito em julgado da decisão de mérito na ação principal (art. 4º, §9º[48]).

Apesar de não possuir natureza jurídica de recurso[49], de modo que a suspensão de liminar não tem aptidão para reformar a decisão[50], há verdadeira paralisação dos seus efeitos que, como se viu, permanecerão nesse estado, em geral, até que o feito transite em julgado.

Se a decisão que deferiu a tutela provisória não está produzindo efeitos, e se a estabilização recai justamente sobre os efeitos decorrentes da decisão, não há o que estabilizar[51].

Mas essa ideia parte da premissa que a suspensão de segurança foi concedida. Ao contrário do que se disse quanto aos embargos de declaração e reclamação, o mero requerimento de suspensão não tem o condão de afastar o reconhecimento da estabilização, já que tal meio de impugnação não prolonga a litispendência, tampouco impede a formação de coisa julgada.

---

46 "Art. 4º Compete ao presidente do tribunal, ao qual couber o conhecimento do respectivo recurso, suspender, em despacho fundamentado, a execução da liminar nas ações movidas contra o Poder Público ou seus agentes, a requerimento do Ministério Público ou da pessoa jurídica de direito público interessada, em caso de manifesto interesse público ou de flagrante ilegitimidade, e para evitar grave lesão à ordem, à saúde, à segurança e à economia públicas."

47 "Art. 1.059. À tutela provisória requerida contra a Fazenda Pública aplica-se o disposto nos arts. 1º a 4º da Lei nº 8.437, de 30 de junho de 1992, e no art. 7º, §2º, da Lei nº 12.016, de 7 de agosto de 2009."

48 "§9º A suspensão deferida pelo Presidente do Tribunal vigorará até o trânsito em julgado da decisão de mérito na ação principal." A respeito também a Súmula nº 626 do STF: "A suspensão da liminar em mandado de segurança, salvo determinação em contrário da decisão que a deferir, vigorará até o trânsito em julgado da decisão definitiva de concessão da segurança ou, havendo recurso, até a sua manutenção pelo Supremo Tribunal Federal, desde que o objeto da liminar deferida coincida, total ou parcialmente, com o da impetração".

49 ARAÚJO, José Henrique Mouta. *Mandado de segurança*. 6ª ed. Salvador: Juspodivm, 2017, pp. 155-156.

50 RODRIGUES, Marcelo Abelha. *Suspensão de segurança*. São Paulo: Ed. Revista dos Tribunais, 2000, pp. 92-93.

51 ALVIM, Eduardo Arruda. *Tutela provisória*. 2ª ed. São Paulo: Saraiva, 2017; GOMES, Frederico Augusto. *A estabilização da tutela antecipada*. São Paulo: Ed. Revista dos Tribunais, 2018, p. 179.

Daí por que a suspensão de liminar também tem aptidão para obstar a estabilização[52]-[53], desde que, interposta antes do trânsito em julgado da ação principal, seja acolhida.

5.4. Contestação

O CPC/2015 consagrou o entendimento de que poderá o réu apresentar contestação antes do prazo legal, não havendo que se cogitar de intempestividade diante do que prevê o §4º do art. 218: "§4º Será considerado tempestivo o ato praticado antes do termo inicial do prazo".

Também é possível que, não havendo designação de audiência de conciliação ou mediação, e a depender do entendimento adotado para o início do prazo de contestação, este coincida com aquele para a interposição de recurso em face da decisão antecipatória, pois ambos são de 15 dias.

De qualquer forma, o que importa analisar é se o processo no qual o réu que não tenha interposto o agravo de instrumento, mas tenha contestado, será extinto pela ocorrência da estabilização.

Elpídio Donizetti argumenta que apresentar contestação não serve ao propósito de evitar o reconhecimento da estabilização, pois o legislador, ponderando os princípios da amplitude do direito de defesa e da celeridade, optou por este último, de modo que a estabilização ocorrerá se não for interposto o agravo de instrumento[54].

Outros entendem que a apresentação de contestação, por si só, não tem o condão de impedir a estabilização, mas a ampliação da cognição dela decorrente poderia resultar na reforma da decisão antecipatória,

52 Nesse sentido: SICA, Heitor Vitor Mendonça. Doze problemas e onze soluções quanto à chamada "estabilização da tutela antecipada". *In:* DIDIER JR., Fredie (coord. geral). *Procedimentos especiais, tutela provisória e direito transitório.* 2ª ed. Salvador: Juspodivm, 2016, p. 240.

53 Em sentido contrário, aduzindo que o pedido de suspensão de segurança não inviabiliza a estabilização, pois: a) não tem natureza recursal, não ataca o mérito da decisão e, portanto, não busca a sua reforma; b) não obsta o trânsito em julgado: CAVALCANTI NETO, Antonio de Moura. Estabilização da tutela antecipada antecedente: tentativa de sistematização. *In*: DIDIER JR., Fredie (coord. geral). *Tutela provisória.* Coleção Grandes Temas do Novo CPC, vol. 6: Salvador: Juspodivm, 2016, pp. 210-211.

54 DONIZETTI, Elpídio. *Curso didático de direito processual civil.* 21ª ed. São Paulo: Atlas, 2018, p. 483.

caso o juiz se convença dos argumentos defensivos, o que acarretaria, por consequência lógica, a impossibilidade de estabilização[55].

Ou, nos dizeres de Heitor Vitor Mendonça Sica:

> Ao contrário, o sistema prevê expressamente que o juiz terá nova oportunidade para proferir provimento decisório, isto é, a extinção do processo *ex vi* do art. 304, §1º. Entendo que este dispositivo não deixa o juiz 'de mãos atadas' diante da inércia do réu em recorrer da decisão antecipatória, podendo nesse momento revogar ou modificar a decisão com base no novo cenário fático-probatório desenhado pela defesa do réu[56].

Colocada essa premissa e ressalvado o nosso entendimento pessoal de que qualquer meio impugnativo obstaria a estabilização, parece correto dizer que, malgrado o dispositivo legal se refira ao termo recurso, a apresentação de contestação também serviria a esse propósito[57].

Isso porque, contestado o pedido final, não haveria espaço ao juiz para estabilizar os efeitos do pedido antecipatório[58]; se o menos, que é apresentar o recurso apenas contra a decisão provisória, tem o condão de afastar a estabilização, o mais, que é se contrapor ao pedido final, também serviria a esse fim.

É certo que, contestado o pedido formulado, o réu dirige ao Estado-Juiz sua pretensão de vê-lo rejeitado, não se admitindo que tal pretensão não seja apreciada, sob pena, inclusive, de se negar o acesso à justiça.

---

55 BUIKA, Heloisa Leonor. A ambiguidade da estabilização dos efeitos da tutela antecipada e a coisa julgada no novo Código de Processo Civil. *Revista de Processo*, vol. 267/2017, pp. 289-315. Revista dos Tribunais online, pp. 7-8.

56 SICA, Heitor Vitor Mendonça. Doze problemas e onze soluções quanto à chamada "estabilização da tutela antecipada". *In:* DIDIER JR., Fredie (coord. geral). *Procedimentos especiais, tutela provisória e direito transitório.* 2ª ed. Salvador: Juspodivm, 2016, p. 244.

57 GRECO, Leonardo. A tutela da urgência e a tutela da evidência no Código de Processo Civil de 2015, *In:* DIDIER JR., Fredie (coord. geral). *Procedimentos especiais, tutela provisória e direito transitório.* 2ª ed. Salvador: Juspodivm, 2016, p. 192.

58 RODRIGUES, Rafael Ribeiro; THAMAY, Renan Faria Krüger. Estabilização e pedido incontroverso. *Revista de Processo*, vol. 268/2017, pp. 377-404. Revista dos Tribunais online, pp. 6-7.

Além disso, no plano pragmático, tal solução economizaria o recurso de agravo de instrumento, além de dar relevância à intenção do réu de prosseguir com o debate e, consequentemente, com o processo[59].

Sobre o tema, e tratando especificamente sobre a contestação, já decidiu o Superior Tribunal de Justiça que:

> Nessa perspectiva, caso a parte não interponha o recurso de agravo de instrumento contra a decisão que defere a tutela antecipada requerida em caráter antecedente, mas, por exemplo, se antecipa e apresenta contestação refutando os argumentos trazidos na inicial e pleiteando a improcedência do pedido, evidentemente não ocorrerá a estabilização da tutela.
>
> Ora, não se revela razoável entender que, mesmo o réu tendo oferecido contestação ou algum outro tipo de manifestação pleiteando o prosseguimento do feito, a despeito de não ter recorrido da decisão concessiva da tutela, a estabilização ocorreria de qualquer forma[60].

No mesmo sentido há algumas decisões nos Tribunais de Justiça de São Paulo, Minas Gerais, Paraná e Rio Grande do Sul.[61]

59 MARINONI, Luiz Guilherme; ARENHART, Sérgio Cruz; MITIDIERO, Daniel. *Novo Código de Processo Civil comentado*. 2ª ed. São Paulo: Revista dos Tribunais, 2016, p. 387.

60 REsp. nº 1.760.966/SP, rel. Min. Marco Aurélio Bellizze, j. 04.12.2018.

61 (...) "Pretensão ao reconhecimento da estabilização da tutela provisória ante a não interposição de agravo de instrumento em face da decisão que a concedeu. Impossibilidade. Manifestação inequívoca do inconformismo dos réus por meio da oferta de contestação no prazo legal. Litigância de má-fé mantida. Sentença mantida. Recurso improvido" (TJSP, Apelação nº 1023650-60.2016.8.26.0564, 32ª Câmara de Direito Privado, rel. Des. Francisco Occhiuto Júnior, j. 02.08.2018); "(...). De acordo com o novo CPC, se o pedido específico de tutela provisória satisfativa antecedente foi expressamente formulado na inicial e se a tutela foi deferida, não tendo o réu agravado da decisão nem apresentado contestação, mas cumprido devidamente a medida, declara-se estabilizada a decisão, preservando seus efeitos e extinguindo-se o feito" (TJMG, Apelação nº 1.0372.17.003766-0/001, 3ª Câmara Cível, rel. Des. Albergaria Costa, j. 20.09.2018). No mesmo sentido: TJMG, Apelação nº 1.0000.18.126230-4/001, 10ª Câmara Cível, rel. Des. Vicente de Oliveira Silva, j. 30.04.2019; TJPR: Apelação nº 0067499-11.2018.8.16.0014, 11ª Câmara Cível, rel. Des. Sigurd Roberto Bengtsson, j. 30.09.2019; Apelação nº 0026695-11.2016.8.16.0001, 9ª Câmara Cível, rel. Des. Coimbra de Moura, j. 22.11.2018; Apelação nº 0001438-47.2017.8.16.0001, 16ª Câmara Cível, rel. Des. Paulo Cézar Bellio, j. 25.07.2018. TJRS: Apelação nº 0161753-92.2019.8.21.7000, 8ª Câmara Cível, rel. Des. Luiz Felipe Brasil Santos, j. 26.09.2019; Apelação nº 0172624-84.2019.8.21.7000, 7ª Câmara Cível, rel. Des. Sandra Brisolara Medeiros, j. 31.07.2019.

Assim, caso o réu decida apresentar sua contestação, deve o processo prosseguir sem o reconhecimento da estabilização.

Vale ressaltar acórdão em sentido diverso proferido pelo Superior Tribunal de Justiça, em votação não unânime, onde se considerou que a contestação não é meio hábil para impedir a ocorrência da estabilização[62], tese que também já foi acolhida por alguns tribunais de justiça.[63]

62 REsp. nº 1.797.365/RS, rel. p/ acórdão Min. Regina Helena Costa, j. 03.10.2019.

63 A título exemplificativo: TJMG, Apelação nº 1.0372.17.004316-3/001, 1ª Câmara Cível, rel. Des. Alberto Vilas Boas, j. 05.02.2019; Apelação nº 1.0372.17.001628-4/001, 1ª Câmara Cível, rel. Des. Washington Ferreira, j. 12.02.2019.

Capítulo 6

EXTINÇÃO DO PROCESSO PELA ESTABILIZAÇÃO

6.1. Natureza da sentença

Verificada a presença dos requisitos autorizadores para caracterizar a estabilização, deve o juiz extinguir o processo por meio de sentença, espécie de pronunciamento judicial adequado à hipótese, nos termos do art. 316 do Código de Processo Civil/2015[1]-[2].

Contudo, resta fundada dúvida sobre a espécie de sentença extintiva a ser prolatada, já que o §1º do art. 304 é genérico ao dispor que, no caso de estabilização, *o processo será extinto*, ao contrário da expressa consequência prevista para o caso de não aditamento da petição inicial simplificada versando apenas sobre o pedido de tutela antecipada, pois nesta há previsão de extinção *sem resolução do mérito* (art. 303, §2º).

Já há ao menos seis posições doutrinárias firmadas até este momento, valendo analisar os argumentos por elas trazidos para o correto enfrentamento da controvérsia. Isso porque a posição adotada pode vir a influenciar outros aspectos que analisaremos, como a existência ou não de coisa julgada após o prazo de dois anos da extinção do processo pela estabilização, (des)necessidade de remessa necessária, (im)possibilidade de ação rescisória, entre outros.

Uma primeira corrente entende tratar-se de sentença que extingue o processo com resolução de mérito, já que a decisão estabilizada tem aptidão de resolver a lide para as partes que a integram, ao projetar

1 "Art. 316. A extinção do processo dar-se-á por sentença."

2 Em sentido contrário, afirmando que a natureza da decisão concessiva da tutela antecipada depende do comportamento do réu. Se houver recurso, será decisão interlocutória; se não houver, terá sido uma sentença, inclusive havendo imediato trânsito em julgado, ou seja, sequer haveria possibilidade de posterior apelação: ABELHA, Marcelo. *Manual de direito processual civil.* 6ª ed. Rio de Janeiro: Forense, 2016, p. 414.

efeitos para fora do processo[3], baseando-se no art. 487, I, do Código de Processo Civil/2015[4].

Nesse sentido argumenta Araken de Assis:

> E, com efeito, a causa da extinção do processo (art. 304, §1º) equipara-se à inutilidade da tutela ou *Erledigung der Hauptasche*, chamada de 'perda do objeto' no art. 85. §10º. Porém, não é situação idêntica em todos os termos: o esvaziamento não é total ou nem sequer ocorre efetivamente, porque a causa eficiente consiste na falta de interposição do recurso próprio contra a liminar (art. 304, *caput*). Por isso, a extinção prevista no art. 304, §1º, não se fundará no desaparecimento superveniente do interesse processual, mas na aptidão, em tese, de a decisão formular regra jurídica concreta para os litigantes baseada em juízo de verossimilhança. Logo, o juiz extinguirá o processo com fundamento no art. 487, I[5].

Ainda para essa corrente, o direito material foi anteriormente reconhecido ao autor, o que levou ao acolhimento de seu pedido, demandando, portanto, uma resolução do mérito, mesmo porque a extinção do processo sem resolução do mérito só é cabível quando houver vício processual insuperável, o que não seria o caso da estabilização, que preserva seus efeitos mesmo após a extinção do feito[6].

Uma segunda corrente concorda com a anterior quanto à natureza meritória da sentença, devendo ser enquadrada no artigo 487, do Código de Processo Civil/2015. Porém, conclui que a hipótese melhor se amolda ao inciso III, *alínea* a[7], relativo à homologação do reconhecimento da procedência do pedido, uma vez que a estabilização seria uma qualidade dos efeitos da medida provisória deferida, e não propriamente da sentença, surgindo justamente para substituir a decisão de acolhimento

---

3 MARINONI, Luiz Guilherme; ARENHART, Sérgio Cruz; MITIDIERO, Daniel. *Novo Código de Processo Civil comentado*. 2ª ed. São Paulo: Ed. Revista dos Tribunais, 2016, p. 387.

4 "Art. 487. Haverá resolução de mérito quando o juiz: I – acolher ou rejeitar o pedido formulado na ação ou na reconvenção; (...)."

5 ASSIS, Araken de. *Processo civil brasileiro. Parte Geral: institutos fundamentais*. Vol. II – Tomo II. São Paulo: Ed. Revista dos Tribunais, 2015, p. 491.

6 REDONDO, Bruno Garcia. Estabilização, modificação e negociação da tutela de urgência antecipada antecedente: principais controvérsias. *Revista de Processo*, v. 244/2015, pp.167-192. Revista dos Tribunais online, pp. 6-7.

7 "Art. 487. Haverá resolução de mérito quando o juiz: (...) III – homologar: a) o reconhecimento da procedência do pedido formulado na ação ou na reconvenção; (...)."

que não é proferida, pois prolatada sumariamente. Daí por que o juiz somente homologaria o fenômeno já ocorrido, decorrente da omissão da parte em apresentar o recurso cabível[8].

Já outra vertente acredita que o Código de Processo Civil/2015 trouxe uma nova categoria de sentença na hipótese de estabilização, qual seja, a sentença de mérito provisória, já que a decisão aprecia inequivocamente o mérito, ainda que provisoriamente, com base em cognição sumária, mas não fica alcançada pela coisa julgada material.

Sobre o tema asseveram Fernando da Fonseca Gajardoni, Luiz Dellore, Andre Vasconcelos Roque e Zulmar Duarte de Oliveira Jr.:

> A sentença proferida com base no artigo 304, §1º, do CPC/2015, não é extintiva sem mérito, pois o aprecia, ainda que em cognição sumária, com base na probabilidade do direito. E também não é, definitivamente, sentença de mérito, posto que não alcançada pela coisa julgada material, já que pode ser revista no prazo de 2 anos (artigo 304, §§5º e 6º, do CPC/2015). Esta é a razão pela qual a catalogamos como uma sentença de mérito, porém provisória, já que corresponde exatamente aos requisitos do artigo 203, §1º, do CPC/2015, mas não é alcançada pela coisa julgada material (ao menos no biênio posterior à sua publicação)[9].

Há, todavia, quem entenda tratar-se, nesse caso, de sentença de extinção do processo sem resolução do mérito. Um dos argumentos dessa

---

8 "Contudo, a dúvida continua: de que sentença prevista pelo art. 487 se trata? Sentença de acolhimento do pedido (art. 487, inciso I)? Assim não parece, porque a estabilização é qualidade dos efeitos da medida liminarmente concedida, e não da sentença, embora o prazo do §5º corra da ciência do ato sentencial. Além disso, a estabilização surge como instituto substitutivo da própria sentença de acolhimento que não se profere, justamente por falta de contraditório e seus desdobramentos (contestação, provas, audiências, razões), vale dizer, por falta de processamento da causa. Como, então, enquadrar juridicamente tal sentença? A tarefa não é fácil do ponto de vista legal, mas parece-nos mais razoável admitir que se trate de forma diferenciada e atenuada de homologação do "reconhecimento da procedência do pedido" (art. 487, inciso II, porque o juiz somente chancela, ou testifica, a estabilização já operada (ato homologatório), estabilização que provém da omissão da parte de recorrer, e não da decisão do juiz (o reconhecimento é forma de autocomposição, aqui presumida pela lei)." *In*: MACHADO, Antônio Claudio da Costa. *Tutela provisória: Interpretação artigo por artigo, parágrafo por parágrafo, do Livro V, da Parte Geral, e dos dispositivos esparsos do CPC em vigor que versam sobre Tutela Provisória*. São Paulo: Malheiros, 2017, p. 77.

9 *Teoria geral do processo: comentários ao CPC de 2015: parte geral*. 2ª ed. São Paulo: Método, 2018, p. 1.005.

corrente se refere ao fato de que o rol dos motivos que levam a uma sentença com resolução de mérito é taxativo (art. 487, do CPC/2015), e a hipótese não é de acolhimento ou rejeição do pedido do autor, enquanto o rol das hipóteses de sentença sem resolução de mérito encontra a previsão ampliativa contida no inciso X, do art. 485[10], aí se encaixando, justamente, a hipótese da estabilização[11].

Outrossim, a decisão que defere a tutela provisória não faria coisa julgada, por expressa disposição legal, o que se coaduna com o art. 502[12], que atribui a força da coisa julgada material tão somente à decisão de mérito não mais sujeita a recurso, tornando-a imutável e indiscutível.

Nesse aspecto, salienta Daniel Amorim Assumpção Neves:

> A decisão que concede a tutela antecipada não se confunde com a sentença que, depois dela, extingue o processo. Se a primeira é indubitavelmente uma decisão de mérito, a segunda certamente não o é, já que não acolhe ou rejeita qualquer pedido do autor, limitando-se a extinguir o processo. A sentença nesse caso é terminativa, devendo ser fundada no art. 485, X, do Novo CPC[13]-[14].

---

10 "Art. 485. O juiz não resolverá o mérito quando: (...) X – nos demais casos prescritos neste Código."

11 Nesse sentido: AUGUSTO DE ASSIS, Carlos; LOPES, João Batista. *Tutela provisória: tutela antecipada; tutela cautelar; tutela de evidência; tutela inibitória antecipada.* Brasília: Gazeta Jurídica, 2018, pp. 160-161. Já houve decisão nesse sentido no TJMG: "(...).Nos termos do disposto no artigo 304, caput, do vigente Código de Processo Civil, a estabilização da decisão concessiva de tutela antecipada, em caráter antecedente (art. 303), ocorre quando não há impugnação pelo Réu, devendo o processo ser extinto sem resolução de mérito, com fulcro no §1º do artigo 304 c/c artigo 485, inciso X, ambos do mesmo diploma processual" (Apelação nº 1.0000.17.043429-4/001, 9ª Câmara Cível, rel. Des. Márcio Idalmo Santos Miranda, j, 21.11.2017).

12 "Art. 502. Denomina-se coisa julgada material a autoridade que torna imutável e indiscutível a decisão de mérito não mais sujeita a recurso."

13 *Manual de direito processual civil.* 10ª ed. Salvador: Juspodivm, 2018, p. 529.

14 No mesmo sentido, entendendo tratar-se de sentença terminativa: DIDIER JR., Fredie; BRAGA, Paula Sarno; ALEXANDRIA DE OLIVEIRA, Rafael. *Curso de direito processual civil: teoria geral da prova, direito probatório, decisão, precedente, coisa julgada e tutela provisória.* 13ª ed. Salvador: Juspodivm, 2018, p. 705; SICA, Heitor Vitor Mendonça. Doze problemas e onze soluções quanto à chamada "estabilização da tutela antecipada". *In:* DIDIER JR., Fredie (coord. geral). *Procedimentos especiais, tutela provisória e direito transitório.* 2ª ed. Salvador: Juspodivm, 2016, p. 243; CÂMARA, Alexandre Freitas. *O novo processo civil brasileiro.* São Paulo: Atlas, 2015, p. 300.

Há, ainda, quem sustente que se trata de sentença análoga àquela que põe fim à execução, pois, esgotada a prestação jurisdicional, haverá tão somente a declaração de que não serão praticados outros atos jurisdicionais[15].

Por outro lado, outra corrente doutrinária também vislumbra uma nova categoria de sentença que não as já conhecidas extinção com e sem resolução do mérito, uma vez que a decisão que extingue o processo pela estabilização não se encaixaria nas hipóteses previstas nos arts. 485 e 487 do CPC/2015.

Argumenta-se que, nessa hipótese, estaríamos diante de uma extinção *sui generis,* não se encaixando, portanto, na sentença com resolução do mérito, já que nada decide quanto ao mérito efetivamente considerado, apenas extinguindo o processo pela superveniência dos requisitos que autorizariam a estabilização de tutela antes concedida, além de ser proferida sem cognição exauriente. Tampouco a hipótese se encaixaria nas hipóteses de sentença sem resolução do mérito, pois a tutela provisória continua a produzir seus efeitos mesmo após a extinção do processo, e a etapa de análise dos requisitos da demanda já foi ultrapassada na apreciação do pedido de tutela antecipada[16].

Elpídio Donizetti afirma que:

> Trata-se de um terceiro gênero de extinção, a par das duas hipóteses já conhecidas (com e sem julgamento de mérito). Há algum conteúdo declaratório, para além dos requisitos inerentes ao processo, porém, não sobre a crise de direito substancial em si, mas apenas sobre a probabilidade e a situação de perigo ou risco ou evidência do direito[17].

Essa é a melhor solução para o caso da extinção do processo após a estabilização da tutela provisória. Não há como encaixar a hipótese entre aquelas que autorizam a prolação de uma sentença com resolu-

15 GOMES, Frederico Augusto. *A estabilização da tutela antecipada.* São Paulo: Ed. Revista dos Tribunais, 2018, p. 155.

16 DONIZETTI, Elpídio. *Curso didático de direito processual civil.* 21ª ed. São Paulo: Atlas, 2018, p. 485. No mesmo sentido: HILL, Flávia Pereira. Tutela provisória de urgência no novo Código de Processo Civil. *In:* JATAHY, Carlos Roberto; REZENDE DE ALMEIDA, Diogo Assumpção; AYOUB, Luiz Roberto (coords.). *Reflexões sobre o novo Código de Processo Civil.* Rio de Janeiro: FGV Editora, 2016, p. 181.

17 DONIZETTI, Elpídio. *Curso didático de direito processual civil.* 21ª ed. São Paulo: Atlas, 2018, p. 484.

ção de mérito, ainda que provisório. A sentença proferida nada declara, nada decide. Tão somente reconhece uma situação fático-jurídica já operada[18], sem se manifestar sobre quaisquer outras questões que não o preenchimento dos requisitos que autorizam a estabilização.

Não há como argumentar, portanto, que houve acolhimento do pedido do autor, já que a sentença sequer o analisa. Ademais, por expressa disposição legal (art. 304, §6), há a decisão que a tutela provisória não faz coisa julgada, o que se coaduna com o art. 502[19], que atribui a força da coisa julgada material tão somente à decisão de mérito não mais sujeita a recurso, tornando-a imutável e indiscutível.

Já há, inclusive, decisões judiciais abarcando essa opinião[20].

6.2. Honorários advocatícios e verbas sucumbenciais

Em decorrência da extinção do processo, e independentemente da posição adotada no capítulo anterior, outro ponto importante a ser abordado se refere à possível condenação nas custas, despesas processuais e honorários advocatícios quando da prolação da sentença que extingue o processo pela ocorrência da estabilização.

A questão merece ser investigada, pois: a) de um lado, os artigos que tratam da estabilização não indicam se haverá condenação nessas verbas e, se positiva essa resposta, em que percentual; b) de outro lado, a conclusão pode vir a (des)estimular o uso dessa nova técnica.

Parte da doutrina tem sustentado que a estabilização da tutela provisória possui nítida semelhança com a técnica monitória, havendo inclusive menção a um suposto microssistema monitório. Isso porque, não cumprida a determinação contida no mandado monitório, e desde que não apresentados os embargos monitórios, aquele se convolará automa-

18 ALVIM, Eduardo Arruda. *Tutela provisória*. 2ª ed. São Paulo: Saraiva, 2017, pp. 226-227.

19 "Art. 502. Denomina-se coisa julgada material a autoridade que torna imutável e indiscutível a decisão de mérito não mais sujeita a recurso."

20 "Convém consignar que a extinção do processo na tutela antecipada estabilizadora é de forma 'tertium genus'; isto é, não pode ser considerada com ou sem julgamento do mérito, e sim uma mera extinção com estabilização do provimento judicial (...)" (TJSP, Apelação nº 1007161-80.2018.8.26.0562, 21ª Câmara de Direito Privado, rel. Des. Maia da Rocha, j. 05.10.2018). No mesmo sentido: TJSP, Apelação nº 1012864-94.2016.8.26.0001, 3ª Câmara de Direito Privado, rel. Des. Nilton Santos Oliveira, j. 20.08.2018.

ticamente em título executivo judicial[21], à semelhança do que acontece quando a tutela antecipada deferida de maneira antecedente não é impugnada pelo réu, extinguindo o processo e estabilizando-se os efeitos daquela tutela antes concedida.

Pois bem. Na monitória, deferida a expedição do mandado de pagamento, de entrega de coisa ou para a execução de obrigação de fazer ou não fazer, o réu será citado para, em 15 dias, cumprir a obrigação. Se o fizer nesse prazo, contará com o benefício de arcar com o pagamento dos honorários advocatícios em apenas 5% do valor atribuído à causa, além de ficar isento do pagamento de custas processuais[22].

Desse modo, na falta de previsão específica, e tendo em vista a similitude entre os institutos, poderia se cogitar sobre a aplicação das mesmas regras na estabilização da tutela provisória, ou seja, condenando o réu ao pagamento de honorários advocatícios de 5% do valor da causa, isentando-o do pagamento das custas processuais[23]-[24].

Nesse sentido, aliás, é o Enunciado nº 18 da Escola Nacional de Formação e Aperfeiçoamento de Magistrados (ENFAM): "Na estabilização da tutela antecipada, o réu ficará isento do pagamento das custas e

---

21 "Art. 701. Sendo evidente o direito do autor, o juiz deferirá a expedição de mandado de pagamento, de entrega de coisa ou para execução de obrigação de fazer ou de não fazer, concedendo ao réu prazo de 15 (quinze) dias para o cumprimento e o pagamento de honorários advocatícios de cinco por cento do valor atribuído à causa." (...) "§2° Constituir-se-á de pleno direito o título executivo judicial, independentemente de qualquer formalidade, se não realizado o pagamento e não apresentados os embargos previstos no art. 702, observando-se, no que couber, o Título II do Livro I da Parte Especial."

22 Art. 701, "§1º O réu será isento do pagamento de custas processuais se cumprir o mandado no prazo."

23 RIBEIRO, Leonardo Ferres da Silva. *Tutela provisória: tutela de urgência e tutela de evidência*. 3ª ed. São Paulo: Ed. Revista dos Tribunais, 2018, p. 232; LAMY, Eduardo de Avelar; LUIZ, Fernando Vieira. Estabilização da tutela antecipada no novo Código de Processo Civil. *Revista de Processo*, vol. 260/2016, pp.105-129. Revista dos Tribunais online, p. 12; DIDIER JR., Fredie; BRAGA, Paula Sarno; ALEXANDRIA DE OLIVEIRA, Rafael. *Curso de direito processual civil: teoria geral da prova, direito probatório, decisão, precedente, coisa julgada e tutela provisória*. 13ª ed. Salvador: Juspodivm, 2018, p. 696; COSTA, Eduardo José da Fonseca. Art. 304. *In*: STRECK, Lenio Luiz; NUNES, Dierle; CARNEIRO DA CUNHA, Leonardo (orgs.). *Comentários ao Código de Processo Civil*. 2ª ed. São Paulo: Saraiva, 2017, p. 450.

24 Afirmando que, em regra, aplica-se a regra da monitória para os casos de estabilização da tutela antecipada, exceto na hipótese em que os 5% de honorários se revelar excessivo, pelo alto valor da causa: TJMG, Apelação nº 1.0461.16.007034-2/001, 7ª Câmara Cível, rel. Des. Peixoto Henriques, j. 06.08.2019.

os honorários deverão ser fixados no percentual de 5% sobre o valor da causa (art. 304, *caput*, c/c o art. 701, *caput*, do CPC/2015)".

Por outro lado, J. E. Carreira Alvim argumenta que:

> Nesses casos, incide o art. 519, que manda aplicar, no que couber, às decisões que concederem a tutela provisória, as disposições relativas ao cumprimento de sentença, provisório ou definitivo, bem assim o art. 523, §1º, segundo o qual os honorários advocatícios serão fixados em 10%, que deverá, nessa circunstância, incidir igualmente sobre o valor da causa[25].

Há quem entenda, por outro lado, que o réu não está sujeito ao pagamento das custas processuais e dos honorários advocatícios, pois não se contrapôs à tutela provisória concedida, demonstrando interesse em resolver a lide desde logo. Além disso, tal consequência estimularia os réus a não impugnarem a decisão concessiva de tutela antecipada[26].

Contudo, a despeito das opiniões acima expostas, não há como isentar o réu do pagamento das custas processuais, tampouco diminuir o valor devido a título de honorários advocatícios sob o argumento de aplicação analógica das regras da ação monitória[27]-[28].

---

25 ALVIM, José Eduardo Carreira. Desvendando uma incógnita: a tutela antecipada antecedente e sua estabilização no novo Código de Processo Civil. *Revista de Processo*, vol. 259/2016, pp. 177-207. Revista dos Tribunais online, p. 18.

26 CÉSAR DE SOUZA, Artur. *Tutela provisória: tutela de urgência e tutela de evidência*. São Paulo: Almedina, 2016, p. 201.

27 Nesse sentido, julgado do TJSP dando provimento à apelação para fixar os honorários advocatícios em 10% do valor da causa: "TUTELA CAUTELAR EM CARÁTER ANTECEDENTE – Pedido de fornecimento liminar de medicamentos – Estabilização da Tutela – Aditamento da inicial para ampliar o pedido – Extinção da ação – Honorários Advocatícios – Nenhum impedimento a fixação. RECURSO PROVIDO EM PARTE" (Apelação nº 1009075-28.2016.8.26.0344, 6ª Câmara de Direito Privado, rel. Des. Ana Maria Baldy, j. 26.10.2017), além de outro julgado, agora do TJMG, no mesmo sentido: "(...). No caso em tela, extrai-se que a ação não evidencia elevado grau de complexidade e sopesando as peculiaridades do caso, a duração do processo, as questões em discussão, o trabalho demandado e principalmente, o fato de ter o Réu, após regular citação, cumprido integralmente a pretensão inicial, hei por bem reduzir os honorários advocatícios para 10% (dez por cento) do valor da causa" (Apelação nº 1.0000.17.043429-4/001, 9ª Câmara Cível, rel. Des. Márcio Idalmo Santos Miranda, j, 21.11.2017).

28 Em outra hipótese já se decidiu pela incidência de honorários advocatícios com base no §8º do art. 85 do CPC/2015: TJSP, Apelação nº 1007839-30.2016.8.26.0477, 32ª Câmara de Direito Privado, rel. Des. Kioitsi Chicuta, j. 1º.06.2017.

Pelo princípio da causalidade, e diante da sua inércia, tais ônus devem recair sobre o réu.

Tais medidas de isenção ou redução das verbas sucumbenciais são excepcionais dentro do sistema processual civil brasileiro, o que nos remete à ideia de que a interpretação dessas exceções deve ser restritiva, pois a regra é a condenação em honorários advocatícios dentro dos percentuais de 10% a 20%, reembolsando o vencedor nas custas por ele pagas[29].

Somente se admitiria a não incidência da regra geral se regra especial existisse, o que não é o caso.

A analogia com a ação monitória não tem razão de ser[30]. Nesta, o benefício da isenção no pagamento das custas e a redução dos honorários advocatícios para 5% só ocorrerá se, além de não terem sido opostos os embargos, houver o cumprimento da obrigação dentro do prazo legal. Trata-se de incentivo para que se cumpra o mandado monitório. Já para a estabilização, o CPC/2015 se contenta com a ausência de interposição do recurso cabível, sendo prescindível o cumprimento espontâneo da decisão antecipatória[31].

Entender de modo diverso, com o intuito de estimular o réu a não impugnar a decisão antecipatória, poderá ter efeito reverso: desestimular o autor a pretender a estabilização, já que ele arcará com os custos do processo a que (no seu entender) não deu causa.

Assim, devem-se aplicar as normas gerais sobre honorários advocatícios previstas no art. 85 do CPC/2015, especialmente diante do que prevê o seu §6º: "§6º Os limites e critérios previstos nos §§2º e 3º aplicam-se independentemente de qual seja o conteúdo da decisão, inclusive aos casos de improcedência ou de sentença sem resolução de mérito".

---

29 Aduzindo que o CPC/2015 não previu a exclusão ao pagamento de honorários na hipótese e que o fato de ser procedimento célere não afasta a necessidade de condenação: ALVIM, Eduardo Arruda. *Tutela provisória*. 2ª ed. São Paulo: Saraiva, 2017, p. 230.

30 Argumentando que a comparação com a ação monitória não possui razão de ser, pois se trata de procedimentos com pressupostos de cabimento e consequências distintas: BUENO, Cassio Scarpinella. *Curso sistematizado de direito processual civil, vol. 1: teoria geral do direito processual civil: parte geral do Código de Processo Civil*. 9ª ed. São Paulo: Saraiva Educação, 2018, p. 710.

31 SICA, Heitor Vitor Mendonça. Doze problemas e onze soluções quanto à chamada "estabilização da tutela antecipada". *In:* DIDIER JR., Fredie (coord. geral). *Procedimentos especiais, tutela provisória e direito transitório*. 2ª ed. Salvador: Juspodivm, 2016, p. 247; GOMES, Frederico Augusto. *A estabilização da tutela antecipada*. São Paulo: Ed. Revista dos Tribunais, 2018, p. 156.

Essa posição não exclui o fato de que o juiz deverá considerar, para a fixação do *quantum* ou percentual de honorários, o trabalho realizado pelo advogado e o tempo exigido para seu serviço, os quais, como regra, serão menores do que os comumente exigidos nos processos que seguem até decisão final após longo trâmite.

Capítulo 7

A AÇÃO PARA REVER, REFORMAR OU INVALIDAR A TUTELA PROVISÓRIA ESTABILIZADA

Após a extinção do processo em virtude do reconhecimento da presença dos requisitos que ensejam a estabilização, há ainda a possibilidade de qualquer das partes demandar a outra, no intuito de rever, reformar ou invalidar aquela tutela provisória já estabilizada[1].

Apesar do silêncio legal, também é facultado ao autor, ainda que não tenha aditado a inicial e requerido o prosseguimento daquele processo, demandar o réu, em ação própria, somente para ver confirmada a tutela provisória já estabilizada, sempre que lhe parecer mais conveniente perseguir uma tutela definitiva apta a produzir coisa julgada material[2].

Trata-se de medida a ser analisada estrategicamente, já que, assim procedendo, pode a tutela, antes concedida e estabilizada, ser revogada. Contudo, é seu direito, em querendo, ver a situação jurídica definitivamente decidida, ainda que em um primeiro momento tenha-se contentado com a mera estabilização[3]. Caberá às partes, portanto, sopesar os

---

1 Art. 304, "§2º Qualquer das partes poderá demandar a outra com o intuito de rever, reformar ou invalidar a tutela antecipada estabilizada nos termos do caput."

2 ALVIM, Eduardo Arruda. *Tutela provisória.* 2ª ed. São Paulo: Saraiva, 2017, p. 231; GRASSI DE GOUVEIA, Lúcio. *In*: ALVIM, Angélica Arruda; ARAKEN DE ASSIS; ALVIM, Eduardo Arruda; LEITE, George Salomão (coords.). *Comentários ao Código de Processo Civil.* 2ª ed. São Paulo: Saraiva, 2017, p. 409; DIDIER JR., Fredie; BRAGA, Paula Sarno; ALEXANDRIA DE OLIVEIRA, Rafael. *Curso de direito processual civil: teoria da prova, direito probatório, decisão, precedente, coisa julgada e tutela provisória.* 13ª ed. Salvador: Juspodivm, 2018, p. 703.

3 Em sentido contrário, para quem o sistema brasileiro não prevê uma ação para completar a cognição e confirmar a tutela antecipada por sentença de mérito: COSTA, Eduardo José da Fonseca. Art. 304. *In*: STRECK, Lenio Luiz; NUNES, Dierle; CARNEIRO DA CUNHA, Leonardo (orgs.). *Comentários ao Código de Processo Civil.* 2ª ed. São Paulo: Saraiva, 2017, p. 442.

riscos e as vantagens de se reabrir a discussão, agora com pretenso caráter de definitividade.

Essa ação pode ser proposta no prazo de dois anos, contados da ciência da sentença que extinguiu o processo pela ocorrência da estabilização[4]. Será discutido adiante qual a natureza desse prazo.

Portanto, em geral, a ciência da decisão será computada para o autor após a intimação eletrônica de seu procurador constituído, e para o réu seguirá as mesmas regras previstas para a citação, desde que também já não tenha procurador constituído nos autos[5].

Para a propositura dessa ação, deverá a parte interessada requerer o desarquivamento dos autos em que houve a estabilização, instruindo a petição inicial com cópia daquela demanda[6], além da juntada de outros documentos que porventura entenda necessários, ficando prevento aquele juízo, justamente pela ideia da lei de que ele teria maiores condições de analisar aquele feito por já ter prévio contato, ainda que incipiente, com a discussão[7].

Trata-se, portanto, de competência funcional, de caráter absoluto[8].

O §3º do art. 304 disciplina que: "§3º A tutela antecipada conservará seus efeitos enquanto não revista, reformada ou invalidada por decisão de mérito proferida na ação de que trata o §2º".

Apesar da aparente simplicidade com que o CPC/2015 cuidou dessa ação, sua eventual propositura pode suscitar diversas dúvidas. Trataremos a seguir especificamente sobre a quem compete o ônus da prova nessa nova demanda, se é possível pleitear a antecipação dos efeitos da tutela, qual a natureza desse prazo de dois anos para sua propo-

---

4 Art. 304, "§5º O direito de rever, reformar ou invalidar a tutela antecipada, previsto no §2º deste artigo, extingue-se após 2 (dois) anos, contados da ciência da decisão que extinguiu o processo, nos termos do §1º".

5 "Art. 246. A citação será feita: I – pelo correio; II – por oficial de justiça; III – pelo escrivão ou chefe de secretaria, se o citando comparecer em cartório; IV – por edital; V – por meio eletrônico, conforme regulado em lei."

6 Trata-se, portanto, de documento essencial à propositura da demanda. Nesse sentido: MARINONI, Luiz Guilherme; ARENHART, Sérgio Cruz; MITIDIERO, Daniel. *Novo Código de Processo Civil comentado.* 2ª ed. São Paulo: Ed. Revista dos Tribunais, 2016, p. 387.

7 "§4º Qualquer das partes poderá requerer o desarquivamento dos autos em que foi concedida a medida, para instruir a petição inicial da ação a que se refere o §2º, prevento o juízo em que a tutela antecipada foi concedida."

8 ALVIM, Eduardo Arruda. *Tutela provisória.* 2ª ed. São Paulo: Saraiva, 2017, p. 233.

situra, além das consequências advindas caso não haja seu ajuizamento dentro do prazo.

7.1. Ônus da prova

Como visto, ambas as partes da primeira ação têm legitimidade e interesse para ajuizar a demanda, no intuito de confirmar, rever, reformar ou invalidar a tutela provisória estabilizada.

O CPC/2015, seguindo a regra do CPC/1973, diferencia o destinatário do ônus da prova conforme a natureza do fato que se pretende demonstrar. Sendo constitutivo do direito, incumbe ao autor comprová-lo. Sendo impeditivo, modificativo ou extintivo, caberá ao réu tal ônus.

Ao autor, portanto, compete demonstrar o(s) fato(s) da inicial do(s) qual(is) "ele pretende extrair as consequências jurídicas pedidas na petição inicial", enquanto o réu pode "negar a existência dos fatos na inicial (defesa direta de mérito)" ou admitir sua existência, "mas apresentar outros, que sejam impeditivos, modificativos ou extintivos do direito que o autor afirma possuir (defesa indireta de mérito)."[9]

Pois bem. Se essa ação for proposta pelo autor da ação originária, o ônus da prova, que já era seu quando do pedido de tutela antecipada antecedente, não sofrerá modificação. Ou seja, ainda que ele já tenha a seu favor uma decisão antecipatória estabilizada, caso pretenda confirmá-la em cognição exauriente, apta a fazer coisa julgada material, deverá comprovar o fato constitutivo de seu direito, nos termos do art. 373, I, do CPC/2015[10], já que não restou definitivamente demonstrado na ação antecedente. Vale dizer, a extinção do processo com o reconhecimento da estabilização não significa que o autor se desincumbiu do seu ônus probatório.

Todavia, na hipótese contrária, a questão é mais complexa.

Há aqueles que argumentam que o ônus da prova incumbe à parte que estiver na posição de autor da ação posterior[11], pois caberia a ele de-

---

9 BONIZZI, Marcelo José Magalhães. *Fundamentos da prova civil*. São Paulo: Ed. Revista dos Tribunais, 2017, p. 49.

10 "Art. 373. O ônus da prova incumbe: I – ao autor, quanto ao fato constitutivo de seu direito; (...)."

11 REDONDO, Bruno Garcia. Estabilização, modificação e negociação da tutela de urgência antecedente: principais controvérsias. *In*: DIDIER JR., Fredie (coord. geral). *Tutela provisória*. Coleção Grandes Temas do novo CPC. Salvador: Juspodivm, 2016, p. 293; COSTA, Eduardo José da Fonseca. Art. 304. *In*: STRECK, Lenio Luiz;

monstrar que o direito reconhecido não deve prevalecer, entendimento que não nos parece acertado.

Como se disse, na demanda antecedente não restou comprovado o fato constitutivo do direito do autor, mas tão somente que o direito por ele invocado pode existir. Aliás, tal probabilidade pode ser considerada, inclusive, como atenuada, a depender do grau do *periculum in mora* observado em concreto.

Daí por que, caso o réu da ação originária proponha a ação revisional no prazo de dois anos, tal fato, por si só, não dará ensejo à modificação do ônus da prova, que permanecerá com o autor da ação originária, réu na ação revisional, justamente porque os fatos constitutivos do seu direito não foram provados na ação antecedente[12].

Restará ao réu da ação originária, autor na ação revisional, a prova de fato impeditivo, modificativo ou extintivo do direito do autor; há, nesse caso, mera inversão da iniciativa para o debate[13], o que não significa, necessariamente, inversão do ônus da prova.

A doutrina italiana já teve a oportunidade de estudar o tema, seguindo a mesma linha da aqui exposta:

NUNES, Dierle; CARNEIRO DA CUNHA, Leonardo (orgs.). *Comentários ao Código de Processo Civil*. 2ª ed. São Paulo: Saraiva, 2017, p. 448.

---

12 Nesse sentido: WAMBIER, Teresa Arruda Alvim; CONCEIÇÃO, Maria Lúcia Lins; RIBEIRO, Leonardo Ferres da Silva; TORRES DE MELLO, Rogerio Licastro. *Primeiros comentários ao novo Código de Processo Civil: artigo por artigo*. São Paulo: Ed. Revista dos Tribunais, 2015, p. 513; NUNES, Dierle; ANDRADE, Érico. Os contornos da estabilização da tutela provisória de urgência antecipatória no Novo CPC e o mistério da ausência de formação da coisa julgada. *In:* DIDIER JR., Fredie (coord. geral). *Procedimentos especiais, tutela provisória e direito transitório*. Coleção Novo CPC – Doutrina Selecionada. 2ª ed. Salvador: Juspodivm, 2016, pp. 93-94; RIBEIRO, Leonardo Ferres da Silva. *Tutela provisória: tutela de urgência e tutela de evidência*. 3ª ed. São Paulo: Ed. Revista dos Tribunais, 2018, p. 229; BONATO, Giovanni. A estabilização da tutela antecipada de urgência no Código de Processo Civil brasileiro de 2015 (uma comparação entre Brasil, França e Itália). *Revista de Processo*, vol. 273/2017, pp. 191-253. Revista dos Tribunais online, p. 11; GRASSI DE GOUVEIA, Lúcio. *In*: ALVIM, Angélica Arruda; ARAKEN DE ASSIS; ALVIM, Eduardo Arruda; LEITE, George Salomão (coords.). *Comentários ao Código de Processo Civil*. 2ª ed. São Paulo: Saraiva, 2017, p. 409.

13 MARINONI, Luiz Guilherme; ARENHART, Sérgio Cruz; MITIDIERO, Daniel. *Novo Código de Processo Civil comentado*. 2ª ed. São Paulo: Ed. Revista dos Tribunais, 2016, p. 387; LAMY, Eduardo. *Tutela provisória*. São Paulo: Atlas, 2018, p. 104.

Il secondo concerne l'onere della prova. Il sistema introdotto, nella sostanza, sposta dall'attore al convenuto l'interesse ad iniziare il processo a cognizione piena. In tale processo, ove iniziato dal destinatario passivo del provvedimento cautelare anticipatorio, l'onere della prova graverà su questi, che sarà tenuto quindi al gravissimo onere di provare l'insussistenza del diritto già accertato esistente a livello di fumus, o invece – come sarebbe più ragionevole ma può essere difficile ritenere in assenza di una norma espressa – sul convenuto formale che ha richiesto e ottenuto il provvedimento cautelare anticipatorio?[14].

Isso não impede que, na análise do caso em concreto, o juiz se utilize da distribuição dinâmica do ônus da prova[15], cuja regra geral está expressamente prevista no §1º do art. 373 do CPC/2015[16], caso entenda que estão preenchidos os requisitos para tanto[17], especialmente a excessiva dificuldade de produção de prova para um e maior facilidade para a outra parte[18].

---

14 PROTO PISANI, Andrea. Verso la residualità del processo a cognizione piena? *Revista de Processo*, vol. 131/2006, pp. 239-249. Revista dos Tribunais online, p. 9.

15 AUGUSTO DE ASSIS, Carlos; LOPES, João Batista. *Tutela provisória: tutela antecipada; tutela cautelar; tutela de evidência; tutela inibitória antecipada.* Brasília: Gazeta Jurídica, 2018, p. 161; AUGUSTO DE ASSIS, Carlos. A antecipação de tutela e a sua estabilização. Novas perspectivas. *In:* BUENO, Cassio Scarpinella; NETO, Elias Marques de Medeiros; NETO, Olavo de Oliveira; CAZZOLINO DE OLIVEIRA, Patrícia Elias; LUCON, Paulo Henrique dos Santos (coords.). *Tutela provisória no CPC: dos 20 anos de vigência do art. 273 do CPC/1973 ao CPC/2015.* 2ª ed. São Paulo: Saraiva Educação, 2018, pp. 46-47.

16 "§1º Nos casos previstos em lei ou diante de peculiaridades da causa relacionadas à impossibilidade ou à excessiva dificuldade de cumprir o encargo nos termos do caput ou à maior facilidade de obtenção da prova do fato contrário, poderá o juiz atribuir o ônus da prova de modo diverso, desde que o faça por decisão fundamentada, caso em que deverá dar à parte a oportunidade de se desincumbir do ônus que lhe foi atribuído."

17 Sobre a distribuição dinâmica do ônus da prova, vide: ALI, Anwar Mohamad. Meios para superação da prova diabólica: da distribuição dinâmica do ônus da prova aos *standards* probatórios. *Revista Forense*, vol. 424/2016, pp. 459-478.

18 Argumentando que os requisitos são cumulativos: PUOLI, José Carlos Baptista. O ônus da prova e sua distribuição dinâmica no novo Código de Processo Civil. *In: O Novo Código de Processo Civil: questões controvertidas/vários autores.* São Paulo: Atlas, 2015, pp. 241-242.

7.2. Pedido de antecipação de tutela

Pelo que vimos até o momento, a tutela provisória estabilizada conserva seus efeitos enquanto não revista, reformada ou invalidada por decisão de mérito em ação própria.

Uma leitura apressada do dispositivo poderia levar a concluir que não seria possível requerer a antecipação dos efeitos da tutela nessa ação, já que a tutela provisória estabilizada só poderia ser modificada por decisão de mérito, a ser proferida ao final do processo (art. 304, §3º).

Contudo, não há qualquer impeditivo legal, ou mesmo método interpretativo, que leve a concluir pela impossibilidade de se pleitear a antecipação desses efeitos de revisão, reforma ou invalidação por meio de qualquer espécie de tutela provisória aplicável ao caso concreto[19].

Se assim é permitido inclusive em ações rescisórias ajuizadas em face de decisões transitadas em julgado[20], não há qualquer motivo para se negar a aplicação da mesma lógica para a ação ora em estudo[21].

Repise-se, portanto, que não há nenhuma vedação legal para o deferimento da tutela provisória nessa hipótese (e mesmo que houvesse, tal disposição teria questionável constitucionalidade[22], por violação ao previsto no art. 5º, XXXV, da CF[23]), tampouco os princípios norteadores

---

19 Nesse sentido: NEVES, Daniel Amorim Assumpção. *Manual de direito processual civil.* 10ª ed. Salvador: Juspodivm, 2018, p. 530; DIDIER JR., Fredie; BRAGA, Paula Sarno; ALEXANDRIA DE OLIVEIRA, Rafael. *Curso de direito processual civil: teoria geral da prova, direito probatório, decisão, precedente, coisa julgada e tutela provisória.* 13ª ed. Salvador: Juspodivm, 2018, p. 704; RIBEIRO, Leonardo Ferres da Silva. *Tutela provisória: tutela de urgência e tutela de evidência.* 3ª ed. São Paulo: Ed. Revista dos Tribunais, 2018, p. 229; GAJARDONI, Fernando da Fonseca; DELLORE, Luiz; ROQUE, Andre Vasconcelos; DUARTE DE OLIVEIRA JR., Zulmar. *Teoria geral do processo: comentários ao CPC de 2015: parte geral.* 2ª ed. São Paulo: Método, 2018, p. 1.007.

20 "Art. 969. A propositura da ação rescisória não impede o cumprimento da decisão rescindenda, ressalvada a concessão de tutela provisória."

21 LAMY, Eduardo de Avelar; LUIZ, Fernando Vieira. Estabilização da tutela antecipada no novo Código de Processo Civil. *Revista de Processo*, vol. 260/2016, pp. 105-129. Revista dos Tribunais online, pp. 14-15.

22 Entendendo que é inconstitucional vincular a revisão, reforma ou invalidação à decisão final de mérito: LAMY, Eduardo. *Tutela provisória.* São Paulo: Atlas, 2018, p. 81; COSTA, Eduardo José da Fonseca. Art. 304. *In*: STRECK, Lenio Luiz; NUNES, Dierle; CARNEIRO DA CUNHA, Leonardo (orgs.). *Comentários ao Código de Processo Civil.* 2ª ed. São Paulo: Saraiva, 2017, p. 448.

23 "XXXV – a lei não excluirá da apreciação do Poder Judiciário lesão ou ameaça a direito; (...)." Entendendo que previsão legal impedindo a concessão de liminares viola a garantia constitucional da inafastabilidade da jurisdição: BONÍCIO, Marcelo

do processo civil, especialmente o acesso à justiça e a efetividade, conduzem a tal interpretação[24]; muito pelo contrário.

Nesse sentido, aponta Leonardo Greco:

> A propositura de nova demanda não significa necessariamente, em minha opinião, que a decisão antecipada somente possa ser revista a final desse novo procedimento comum, podendo a revogação ser igualmente antecipada, até mesmo liminarmente nessa nova ação ou em procedimento a ela antecedente, se evidenciados o *fumus boni juris* e o *periculum in mora*[25].

No mesmo diapasão é o Enunciado nº 26 do Encontro Nacional de Formação e Aperfeiçoamento de Magistrados (ENFAM): "Caso a demanda destinada a rever, reformar ou invalidar a tutela antecipada estabilizada seja ajuizada tempestivamente, poderá ser deferida em caráter liminar a antecipação dos efeitos da revisão, reforma ou invalidação pretendida, na forma do art. 296, parágrafo único, do CPC/2015, desde que demonstrada a existência de outros elementos que ilidam os fundamentos da decisão anterior".

Uma interpretação que daria algum sentido ao dispositivo mencionado (art. 304, §3º), conduz à ideia de que não haverá revogação dos efeitos da tutela se essa ação revisional for extinta sem resolução do mérito (caso o fundamento não seja juridicamente antagônico à tutela provisória estabilizada), o que não significa que não se poderá pleitear a antecipação dos efeitos da tutela para suspender a estabilização.

7.3. Prazo decadencial ou prescricional?

Como visto, a lei traz um prazo de dois anos para a propositura da ação que tem como objetivo rever, reformar ou invalidar a tutela provisória estabilizada, sem a qual não poderá haver afastamento dos seus efeitos, considerados, a partir de então, soberanamente estabilizados.

José Magalhães. *Princípios do processo no novo Código de Processo Civil. São Paulo*: Saraiva, 2016, pp. 134-135

---

24 ARRUDA ALVIM. *Manual de direito processual civil: teoria geral do processo e processo de conhecimento.* 17ª. São Paulo: Ed. Revista dos Tribunais, 2017, p. 731.

25 GRECO, Leonardo. A tutela de urgência e a tutela de evidência no Código de Processo Civil de 2015. *Revista Eletrônica de Direito Processual*, vol. XIV, p. 306.

Todavia, cabe analisar se esse prazo de dois anos é decadencial ou prescricional, eis que a lei não diz expressamente qual sua natureza jurídica[26].

Enquanto a prescrição está relacionada à perda da pretensão de determinada reparação (perda do meio de exercer uma pretensão jurídica), cujo prazo se inicia no momento da transgressão ou violação do direito,[27] a decadência é, em sintese, o desaparecimento do direito potestativo no término do prazo marcado para o seu exercício. Ou, como ensina Humberto Theodoro Jr.: "pode-se definir a decadência como o fenômeno que faz extinguir os direitos potestativos, cujas faculdades nascem com um prazo de duração limitado".[28]

Na hipótese em estudo, a norma diz que os efeitos estabilizados só poderão ser modificados dentro daquele prazo, ou seja, em caso de inércia da parte há uma perda do direito de desconstituir a tutela provisória que se estabilizou[29]. Tal circunstância nos revela a natureza decadencial desse prazo. Não se pode, após o prazo de 2 anos previstos em lei, pretender a desconstituição dos efeitos soberanamente estabilizados (a respeito, com maior detalhamento, vide próximo subtópico).

---

26 Cabe mencionar o entendimento de que o caso seria, em verdade, de perempção: MACEDO, Elaine Harzheim. Prestação jurisdicional em sede de tutela antecedente: procedimento, estabilização da decisão e decurso do prazo de 2 (dois) anos: um novo caso de perempção? *Revista de Processo*, vol. 250/2015, pp. 189-215. Revista dos Tribunais online, p. 18. A nosso ver, tal entendimento não se coaduna com o conceito de perempção estabelecido pelo CPC/2015 no art. 486, §3º: "§3º Se o autor der causa, por 3 (três) vezes, a sentença fundada em abandono da causa, não poderá propor nova ação contra o réu com o mesmo objeto, ficando-lhe ressalvada, entretanto, a possibilidade de alegar em defesa o seu direito".

27 RIZZARDO, Arnaldo; RIZZARDO FILHO, Arnaldo; RIZZARDO, Carine Ardissone. *Prescrição e decadência*. 3ª ed. Rio de Janeiro: Forense, 2018, p. 8.

28 THEODORO JR., Humberto. *Prescrição e decadência*. Rio de Janeiro: Forense, 2018, p. 318.

29 WAMBIER, Luiz Rodrigues; TALAMINI, Eduardo. *Curso avançado de processo civil: cognição jurisdicional (processo comum de conhecimento e tutela provisória)*, vol. 2. São Paulo: Ed. Revista dos Tribunais, 2018, p. 924; ARRUDA ALVIM. *Manual de direito processual civil: teoria geral do processo e processo de conhecimento*. 17ª. São Paulo: Ed. Revista dos Tribunais, 2017, p. 731; CÂMARA, Alexandre Freitas; PEDRON, Flávio Quinaud; TOLENTINO, Fernando Lage. Tutelas provisórias no CPC de 1973 e no CPC de 2015: o quanto o novo tem de inovador? *Revista de Processo*, vol. 262/2016, p. 155-184. Revista dos Tribunais online, p. 15.

Tendo natureza decadencial, impede-se, inclusive, sua suspensão ou interrupção[30], sobretudo se considerarmos que somente as pretensões de cunho condenatório estão sujeitas à prescrição, o que não seria o caso dessa ação[31].

Vale ressaltar que, sobre esse prazo, sendo anual e de natureza material, não incide a regra prevista no art. 219 do CPC/2015, que autoriza a contagem somente em dias úteis dos prazos processuais previstos em lei, ou fixados pelo juiz como diários[32].

7.4. A inexistência de coisa julgada e a possibilidade de impugnação após o prazo previsto no art. 304, §5º, do Código de Processo Civil de 2015

Ultrapassados dois anos da ciência da sentença que julgou extinto o processo pela ocorrência da estabilização, o §6º do art. 304 dispõe que: "§6º A decisão que concede a tutela não fará coisa julgada, mas a estabilidade dos respectivos efeitos só será afastada por decisão que a rever, reformar ou invalidar, proferida em ação ajuizada por uma das partes, nos termos do §2º deste artigo".

Em uma primeira leitura, o dispositivo aparenta ser suficientemente claro: a decisão estabilizada não fará coisa julgada e seus efeitos só serão afastados na ação ajuizada dentro daquele prazo decadencial de dois anos.

Mas do que se trata essa mencionada estabilidade e no que ela supostamente se diferenciaria da coisa julgada (se é que há essa dife-

---

30 RIBEIRO, Leonardo Ferres da Silva. *Tutela provisória: tutela de urgência e tutela de evidência.* 3ª ed. São Paulo: Ed. Revista dos Tribunais, 2018, p. 229; COSTA, Eduardo José da Fonseca. Art. 304. *In*: STRECK, Lenio Luiz; NUNES, Dierle; CARNEIRO DA CUNHA, Leonardo (orgs.). *Comentários ao Código de Processo Civil.* 2ª ed. São Paulo: Saraiva, 2017, p. 448; HILL, Flávia Pereira. Tutela provisória de urgência no novo Código de Processo Civil. *In:* JATAHY, Carlos Roberto; REZENDE DE ALMEIDA, Diogo Assumpção; AYOUB, Luiz Roberto (coords.). *Reflexões sobre o novo Código de Processo Civil.* Rio de Janeiro: FGV Editora, 2016, p. 186.

31 VEIGA, Daniel Brajal; FONSECA, Geraldo; D'Orio, Rodrigo; FAGUNDES, Cristiane Druve Tavares; ARMELIN, Roberto. Tutela provisória: questões polêmicas. *In:* BUENO, Cassio Scarpinella; NETO, Elias Marques de Medeiros; NETO, Olavo de Oliveira; CAZZOLINO DE OLIVEIRA, Patrícia Elias; LUCON, Paulo Henrique dos Santos (coords.). *Tutela provisória no CPC: dos 20 anos de vigência do art. 273 do CPC/1973 ao CPC/2015.* 2ª ed. São Paulo: Saraiva Educação, 2018, p. 509.

32 "Art. 219. Na contagem de prazo em dias, estabelecido por lei ou pelo juiz, computar-se-ão somente os dias úteis. Parágrafo único. O disposto neste artigo aplica-se somente aos prazos processuais."

rença)? Tratando-se de instituto inteiramente novo dentro do sistema processual civil pátrio, surge certa dificuldade em se distinguir o que seria a mencionada estabilização, ultrapassado o prazo decadencial para a ação revisional, justamente porque esses efeitos não mais poderão ser afastados.

Por esse motivo, algumas correntes doutrinárias defendem que, embora a lei preveja expressamente que não haverá coisa julgada, a estabilidade permanente dos efeitos da tutela provisória a ela se equipara, ou, ainda, que a norma quer dizer que só não há coisa julgada no período de dois anos em que ela pode ser revista por ação própria, mas, em caso de inércia, ocorreria sua formação[33].

Para que possamos avaliar corretamente do que se trata a estabilização após esse prazo de dois anos, devemos dar um passo atrás e abordar o conceito de coisa julgada e seus desdobramentos.

O CPC/2015 conceitua, em seu art. 502, a coisa julgada material como *"a autoridade que torna imutável e indiscutível a decisão de mérito não mais sujeita a recurso".* Já o §3º do art. 6º da Lei de Introdução às Normas do Direito Brasileiro diz que: "§3º Chama-se coisa julgada ou caso julgado a decisão judicial de que já não caiba recurso".

A conceituação advinda da LINDB não nos parece correta por atribuir à própria decisão judicial a coisa julgada, sem relacioná-la aos seus efeitos e consequências práticas, já que apenas se preocupa com o aspecto temporal da coisa julgada[34], assimilando-a à decisão judicial irrecorrível.

O CPC/2015 acabou por substituir o termo "eficácia da coisa julgada" por "autoridade" (*auctoritas rei iudicatae*), na linha da nomenclatura defendida por Liebman, que acreditava que a coisa julgada seria uma qualidade agregada à decisão de mérito após o esgotamento dos recursos, tornando imutável o seu comando[35].

---

33 Aduzindo que estão presentes os efeitos positivo e negativo da coisa julgada, além do que, quando o artigo diz que não há coisa julgada, refere-se ao prazo de dois anos: GAJARDONI, Fernando da Fonseca; DELLORE, Luiz; ROQUE, Andre Vasconcelos; DUARTE DE OLIVEIRA JR., Zulmar. *Teoria geral do processo: comentários ao CPC de 2015: parte geral.* 2ª ed. São Paulo: Método, 2018, p. 1.008; ABELHA, Marcelo. *Manual de direito processual civil.* 6ª ed. Rio de Janeiro: Forense, 2016, p. 415.

34 BARBOSA MOREIRA, José Carlos. Ainda e sempre a coisa julgada. *Doutrinas Essenciais de Processo Civil*, vol. 6, pp. 679 e ss. Revista dos Tribunais online, p. 2.

35 LIEBMAN, Enrico Tullio. *Eficácia e autoridade da sentença.* Trad.: Alfredo Buzaid e Benvindo Aires. 3ª ed. Rio de Janeiro: Forense, 1984, p. 54.

Pois bem. Pelo dispositivo processual, portanto, somente a decisão de mérito estaria apta a fazer coisa julgada material, o que afasta as chamadas decisões terminativas, as quais, em regra, estariam apenas sujeitas à coisa julgada formal.

Coisa julgada formal, sob a perspectiva de um fenômeno intraprocessual, é entendida como a imutabilidade e a indiscutibilidade que impedem a eventual rediscussão da matéria dentro daquele mesmo processo, quando não mais possível interpor recurso (seja porque os recursos disponíveis se esgotaram, seja porque o recurso cabível não foi interposto no prazo), enquanto a coisa julgada material projeta sua autoridade para fora daquele processo em que proferida, impedindo a rediscussão em qualquer outro.

De outro prisma, a autoridade que advém dessa decisão de mérito é dividida em dois sentidos: imutabilidade e indiscutibilidade, que também são conhecidos por efeitos positivo e negativo da coisa julgada.

A imutabilidade da coisa julgada, reconhecida como seu efeito negativo, revela-se propriamente na impossibilidade de rediscutir aquela questão, cuja alegação deverá ser feita pelo réu como matéria de defesa, por meio da chamada exceção de coisa julgada[36] (art. 337, VII, do CPC/2015[37]). Trata-se de um pressuposto processual negativo, pois, se verificada a tentativa de rediscutir a matéria, o processo deve ser extinto sem resolução do mérito (art. 485, V, do CPC/2015[38]).

Já a indiscutibilidade, reconhecida como seu efeito positivo, é a incorporação, em outro processo, de conteúdo já decidido no processo anterior (elemento declaratório), que obriga o juiz do segundo processo a decidir tomando como premissa a conclusão da sentença anterior[39]. O exemplo mais comum se dá na hipótese de processo anterior versando sobre investigação de paternidade, julgado procedente com trânsito em julgado, e posterior processo de alimentos, onde não haverá mais discussão sobre a paternidade, ou seja, o juiz se absterá de reapreciar a matéria.

36 BOTELHO DE MESQUITA, José Ignacio. *A coisa julgada*. Rio de Janeiro: Ed. Forense, 2004, p. 67.

37 "Art. 337. Incumbe ao réu, antes de discutir o mérito, alegar: (...) VII – coisa julgada; (...)."

38 "Art. 485. O juiz não resolverá o mérito quando: (...) V – reconhecer a existência de perempção, de litispendência ou de coisa julgada; (...)."

39 BOTELHO DE MESQUITA, José Ignacio. *A coisa julgada*. Rio de Janeiro: Ed. Forense, 2004, p. 67.

No ponto, esclarece Botelho de Mesquita acerca da diferença entre imutabilidade e indiscutibilidade:

> O juiz do segundo processo fica obrigado a tomar como premissa de sua decisão a conclusão a que se chegou no processo anterior.
>
> (...)
>
> A imutabilidade impede que o juiz posterior se pronuncie sobre a ação já decidida por sentença transitada em julgado. Cria a exceção de coisa julgada. A indiscutibilidade obriga o juiz posterior a decidir em conformidade com o decidido pela sentença transitada em julgado[40].

A orientação de que a coisa julgada "faz imutável e vinculativo, para as partes e para os órgãos jurisdicionais, o conteúdo declaratório da decisão judicial"[41] já é antiga. Ou seja, o que faz coisa julgada é a declaração principal consistente na conclusão de que o réu deve pagar algo, o autor tem direito à modificação de determinada relação jurídica, ou que (in) existe certa relação jurídica[42].

Em outras palavras, como afirma José Carlos Barbosa Moreira, "(...) os efeitos da sentença não se tornam imutáveis com o trânsito em julgado: o que se torna imutável (ou, se se prefere, indiscutível), é *o próprio conteúdo* da sentença, como norma jurídica concreta referida à situação sobre que se exerceu a atividade cognitiva do órgão judicial".[43]

Ou seja, "toda sentença válida contém um juízo"[44], de modo que o juiz, ao analisar o processo, chega a uma conclusão, que é uma declaração acolhendo ou rejeitando o pedido, o que não se confunde com seu efeito declaratório. Segundo Paulo H enrique dos Santos Lucon: "De todo modo, o efeito é fenômeno externo àquilo que o produz. Já a eficácia,

---

40 BOTELHO DE MESQUITA, José Ignacio. *A coisa julgada*. Rio de Janeiro: Forense, 2004, p. 12.

41 NEVES, Celso. *Coisa julgada civil*. São Paulo: Ed. Revista dos Tribunais, 1971, p. 443.

42 BOTELHO DE MESQUITA, José Ignacio. *A coisa julgada*. Rio de Janeiro: Forense, 2004, p. 4.

43 BARBOSA MOREIRA, José Carlos. *Temas de direito processual*. 2ª ed. São Paulo: Saraiva, 1988 p. 89.

44 BOTELHO DE MESQUITA, José Ignacio. *A coisa julgada*. Rio de Janeiro: Ed. Forense, 2004, p. 2.

em sentido jurídico, refere-se ao conteúdo do ato jurídico, designando a qualidade ou atributo do ato idôneo a gerar efeitos"[45].

Traçado esse panorama conceitual, não nos afigura possível, portanto, atribuir eficácia de coisa julgada à decisão estabilizada após esse prazo de dois anos. Primeiro porque a lei é suficientemente clara nesse sentido, não trazendo qualquer margem de dubiedade ou termo passível de dúvida. Nem há método de interpretação outro, no nosso sentir, que conduziria a tal interpretação (teleológica ou sistematicamente). Por essa razão, interpretar de modo distinto seria invadir indevidamente a competência do Legislativo que, bem ou mal, assim aprovou o CPC/2015. Mesmo porque a disciplina que deva ser atribuída à coisa julgada atende a critérios, no mais das vezes, sociopolíticos[46], a depender da época e do país em que editada.

Nesse sentido, não nos parece que, com relação à decisão de estabilização, houve declaração do direito do autor[47]. A coisa julgada, como vimos, recai sobre o conteúdo da sentença, e não sobre seus efeitos. A sentença proferida quando da ocorrência da estabilização não reconheceu o direito do autor, mas apenas constatou que os requisitos para a prematura extinção do processo estariam presentes. Já a estabilização após o prazo de dois anos torna imutáveis tão somente os efeitos daquela tutela provisória concedida e não o próprio conteúdo declaratório contido na decisão[48].

---

45 LUCON, Paulo Henrique dos Santos. *Eficácia das decisões e execução provisória*. São Paulo: Ed. Revista dos Tribunais, 2000. p. 147.

46 NEVES, Celso. *Coisa julgada civil*. São Paulo: Ed. Revista dos Tribunais, 1971, p. 432.

47 "A decisão limita-se à concessão de medida para debelar um perigo de dano, com fundamento na probabilidade de que o direito existe. Em nenhum momento a decisão declara que o direito existe e, portanto, o que se antecipa não é a própria tutela que poderia ser prestada no futuro em um juízo de cognição exauriente sobre a existência do direito, mas apenas efeitos práticos dessa tutela." *In*: LOPES, Bruno Vasconcelos Carrilho. Estabilização da tutela antecipada e coisa julgada. *In:* BUENO, Cassio Scarpinella; NETO, Elias Marques de Medeiros; NETO, Olavo de Oliveira; CAZZOLINO DE OLIVEIRA, Patrícia Elias; LUCON, Paulo Henrique dos Santos (coords.). *Tutela provisória no CPC: dos 20 anos de vigência do art. 274 do CPC/1973 ao CPC/2015.* São Paulo: Saraiva, 2016, p. 201.

48 "Em primeiro lugar, não se pode dizer que houve julgamento ou declaração suficiente para a coisa julgada. O juiz concedeu a tutela provisória e, diante da inércia do réu, o legislador houve por bem determinar a extinção do processo sem resolução do mérito, preservando os efeitos da decisão provisória. Além disso, após dois anos para a propositura da ação para reformar, rever ou invalidar a decisão que concedeu a tutela provisória, os efeitos se tornam estáveis. Esses efeitos são estabilizados, mas apenas eles – a coisa julgada, por sua vez, recai sobre o conteúdo da

Assim, a definitividade dos efeitos dessa tutela concedida não significa que houve declaração do direito ali discutido, mesmo porque a decisão sequer adentrou na análise do mérito propriamente dito[49].

Em outro sentido, e como decorrência da ausência de declaração sobre o direito e/ou seu reconhecimento judicial, não há como pretender obter o efeito positivo da coisa julgada, mesmo após o prazo de dois anos[50], ou seja, é inadmissível incorporar o conteúdo declaratório daquela decisão em processo posterior, não ficando o juiz da nova ação obrigado a adotar como premissa de sua decisão aquilo que lá restou decidido.

Desse modo:

> Em relação ao objeto, a estabilização atinge apenas os efeitos da decisão, enquanto a coisa julgada reveste seu conteúdo declaratório. Por este motivo, a coisa julgada tem o chamado efeito positivo, que determina a incorporação do conteúdo estável em outros processos; a estabilização da tutela provisória não possui esse efeito[51].

Não se impede a rediscussão do direito material subjacente àquela tutela provisória em outro processo, desde que para a obtenção ou des-

decisão, não sobre seus efeitos; é o conteúdo, não a eficácia, que se torna indiscutível com a coisa julgada. Não houve reconhecimento judicial do direito do autor. O autor não poderá, por exemplo, com base nessa decisão, pretender extrair dela uma espécie de efeito positivo da coisa julgada." *In*: DIDIER JR., Fredie; BRAGA, Paula Sarno; ALEXANDRIA DE OLIVEIRA, Rafael. *Curso de direito processual civil: teoria geral da prova, direito probatório, decisão, precedente, coisa julgada e tutela provisória*. 13ª ed. Salvador: Juspodivm, 2018, pp. 704-705.

49 "A estabilização definitiva dos efeitos da tutela antecipada, na hipótese versada, não alcançou a pretensão de natureza declaratória (reconhecimento de paternidade), e nem poderia alcançar, pois a decisão que concedeu a tutela antecipada, com base na probabilidade da existência do direito, além de ser proveniente de cognição sumária, não adentrou no mérito da pretensão final, pois o processo foi extinto sem resolução do mérito." *In*: CÉSAR DE SOUZA, Artur. *Tutela provisória: tutela de urgência e tutela de evidência*. São Paulo: Almedina, 2016, p. 207.

50 DINAMARCO, Cândido Rangel; LOPES, Bruno Vasconcelos Carrilho. *Teoria geral do novo processo civil*. São Paulo: Malheiros, 2016, p, 29; AUGUSTO DE ASSIS, Carlos; LOPES, João Batista. *Tutela provisória: tutela antecipada; tutela cautelar; tutela de evidência; tutela inibitória antecipada*. Brasília: Gazeta Jurídica, 2018, p. 163.

51 CABRAL, Antonio do Passo. As estabilidades processuais como categoria incorporada ao sistema do CPC. *In:* DIDIER JR., Fredie; CABRAL, Antonio do Passo (coords.) *Coisa julgada e outras estabilidades processuais*. Salvador: Juspodivm, 2018, p. 35.

fazimento de outros efeitos que não os já soberanamente estabilizados, ainda que o resultado desse outro processo seja incompatível com os efeitos estabilizados[52].

Um exemplo pode bem elucidar a questão. Imagine-se que A obtém uma antecipação de tutela para o pagamento de pensão mensal fundada em ato ilícito supostamente praticado por B, a qual restou estabilizada. Passados dois anos dessa estabilização, A propõe nova ação, fundada no mesmo ato ilícito, mas agora pede a condenação de B ao pagamento de danos morais, a qual vem a ser julgada improcedente pela inexistência do alegado ilícito. Ainda assim, a obrigação de pagar alimentos continuará válida[53]-[54].

Se se tratasse verdadeiramente de coisa julgada material, inclusive com seu efeito positivo, não poderia o juiz ter concluído de maneira diversa (pela inexistência do ato ilícito). Mas, se se entendesse que a decisão do processo posterior afetaria a tutela antecipada soberanamente estabilizada, não haveria razão de ser a existência de prazo para sua modificação, reforma ou invalidação[55].

Contudo, como os efeitos estabilizados não são mais possíveis de modificação após o prazo de dois anos, estamos diante do chamado

---

52 ALVIM, Eduardo Arruda. *Tutela provisória*. 2ª ed. São Paulo: Saraiva, 2017, p. 247.

53 Exemplo extraído de: BEDAQUE, José Roberto dos Santos. *In*: BUENO, Cassio Scarpinella. *Comentários ao Código de Processo Civil*. vol. 1. São Paulo: Saraiva, 2017, p. 946.

54 Em sentido semelhante: "Então, usando-se ainda o mesmo exemplo, pode-se ter a seguinte situação: passados os dois anos sem a propositura da ação de revisão da ordem de pagar alimentos, haverá a decadência do direito à desconstituição. Mas ainda será possível que qualquer das partes promova ação tendo por objeto a relação jurídica de filiação. Se, nesse contexto, a sentença vier a declarar a inexistência da relação de filiação, estará eliminada esse dúvida objetiva – e esse comando sentencial deverá ser considerado em outras ações futuras. Mas essa sentença não afetará a tutela antecipada que se estabilizou." *In*: WAMBIER, Luiz Rodrigues; TALAMINI, Eduardo. *Curso avançado de processo civil: cognição jurisdicional (processo comum de conhecimento e tutela provisória)*, vol. 2. São Paulo: Ed. Revista dos Tribunais, 2018, pp. 924-925.

55 Em sentido diverso, Elpídio Donizetti traz o exemplo da tutela antecipada antecedente para tirar o nome do cadastro de inadimplentes, com fundamento na inexistência de divida. Tutela deferida e estabilizada, ultrapassados os dois anos. O réu pode ajuizar ação de cobrança, pois não houve coisa julgada quanto à existência ou não da dívida. Mas os efeitos da tutela (retirada do nome do cadastro) não poderão mais ser modificados, salvo se transitada em julgado a decisão condenatória. Nesse caso, o fundamento da reinscrição seria outro. *In*: DONIZETTI, Elpídio. *Curso didático de direito processual civil*. 21ª ed. São Paulo: Atlas, 2018, pp. 485-486.

efeito negativo da coisa julgada[56], circunscrito, repise-se, tão somente a esses efeitos. No exemplo citado, não poderia o réu da ação anterior pretender, seja como meio defensivo ou por ação por ele proposta, a modificação dos efeitos já estabilizados.

Trata-se, portanto, de novo fenômeno, que não se confunde com a coisa julgada ou preclusão[57]. Arruda Alvim salienta que:

> Cria-se, dessa maneira, uma nova espécie de estabilidade processual, diferente das preclusões e da coisa julgada. A eficácia da medida, após os dois anos, não pode ser alterada sequer mediante propositura de nova ação, e no entanto não se pode dizer ter-se formado coisa julgada material. Isso, pela razão, repitamos, desta incidir exatamente nos efeitos que adviriam do mérito sobre cuja decisão recairia coisa julgada material[58].

Traçadas as conclusões sobre a inexistência de coisa julgada, o fato é que a lei traz um prazo máximo de dois anos para ajuizamento dessa ação *revisional*. Mas, aprofundando um pouco mais o tema, qual seria a consequência da inércia das partes em termos de possibilidade de impugnar aquela decisão? Há algum meio para modificar esses efeitos soberanamente estabilizados?

Alguns entendem que, como não há que se falar em coisa julgada depois de ultrapassado referido prazo, não caberia ação rescisória[59],

---

56 "A estabilização não se confunde com coisa julgada material, esta ostenta os efeitos negativo e positivo. A tutela estabilizada, certamente, não possui essa feição positiva, e, de certo modo, tem a eficácia negativa limitada aos efeitos práticos do provimento antecipatório, nos estritos limites almejados na tutela de urgência." *In*: ARRUDA ALVIM. *Manual de direito processual civil: teoria geral do processo e processo de conhecimento.* 17ª. São Paulo: Ed. Revista dos Tribunais, 2017, p. 728. No mesmo sentido: BONATO, Giovanni. A estabilização da tutela antecipada de urgência no Código de Processo Civil brasileiro de 2015 (uma comparação entre Brasil, França e Itália). *Revista de Processo*, vol. 273/2017, pp. 191-253. Revista dos Tribunais online, p. 18.

57 ALVIM, Eduardo Arruda. *Tutela provisória.* 2ª ed. São Paulo: Saraiva, 2017, p. 244.

58 ARRUDA ALVIM. *Manual de direito processual civil: teoria geral do processo e processo de conhecimento.* 17ª. São Paulo: Ed. Revista dos Tribunais, 2017, pp. 727-728.

59 Nesse sentido, o Enunciado 33 do Fórum Permanente de Processualistas Civis (FPPC): "Não cabe ação rescisória nos casos de estabilização da tutela antecipada de urgência"; e o Enunciado 27 do Encontro Nacional de Formação e Aperfeiçoamento de Magistrados (ENFAM): "Não é cabível ação rescisória contra decisão estabilizada na forma do art. 304 do CPC/2015".

pois para seu ajuizamento é pressuposto a ocorrência daquele fenômeno processual. E como os efeitos da tutela antecipada não mais podem ser revistos, também não será admitida qualquer outra ação para discutir o mérito da decisão soberanamente estabilizada[60].

Por outro lado, há corrente doutrinária afirmando que, como não há coisa julgada, cabível o ajuizamento de uma ação autônoma para discutir o mérito da decisão estabilizada, dentro do prazo prescricional ou decadencial do direito material[61].

Marinoni, Arenhart e Mitidiero argumentam, por sua vez, que:

> Passado o prazo de dois anos, continua sendo possível o exaurimento da cognição até que os prazos previstos no direito material para a estabilização das situações jurídicas atuem sobre a esfera jurídica das partes (por exemplo, a prescrição, a decadência e a *supressio*). Em resumo: o direito à adequada cognição da lide constitui corolário do direito ao processo justo e determina a inafastabilidade da ação exauriente para formação da coisa julgada. Fora daí há ofensa ao direito fundamental ao processo justo pelo próprio legislador infraconstitucional incumbido de densificá-lo[62].

---

60 Nesse sentido: DIDIER JR., Fredie; BRAGA, Paula Sarno; ALEXANDRIA DE OLIVEIRA, Rafael. *Curso de direito processual civil: teoria geral da prova, direito probatório, decisão, precedente, coisa julgada e tutela provisória*. 13ª ed. Salvador: Juspodivm, 2018, p. 705; BUENO, Cassio Scarpinella. *Curso sistematizado de direito processual civil, vol. 1: teoria geral do direito processual civil: parte geral do Código de Processo Civil*. 9ª ed. São Paulo: Saraiva Educação, 2018, pp. 711-712; HILL, Flávia Pereira. Tutela provisória de urgência no novo Código de Processo Civil. *In*: JATAHY, Carlos Roberto; REZENDE DE ALMEIDA, Diogo Assumpção; AYOUB, Luiz Roberto (coords.). *Reflexões sobre o novo Código de Processo Civil*. Rio de Janeiro: FGV Editora, 2016, pp. 184-185.

61 Nesse sentido: NERY JR., Nelson; NERY, Rosa Maria de Andrade. *Comentários ao Código de Processo Civil – Novo CPC – Lei 13.105/2015*. São Paulo: Ed. Revista dos Tribunais, 2015, p. 864, nota 4 ao art. 304; WAMBIER, Teresa Arruda Alvim; CONCEIÇÃO, Maria Lúcia Lins; RIBEIRO, Leonardo Ferres da Silva; TORRES DE MELLO, Rogerio Licastro. *Primeiros comentários ao novo Código de Processo Civil: artigo por artigo*. São Paulo: Ed. Revista dos Tribunais, 2015, p. 513; RIBEIRO, Leonardo Ferres da Silva. *Tutela provisória: tutela de urgência e tutela de evidência*. 3ª ed. São Paulo: Ed. Revista dos Tribunais, 2018, p. 230; RODRIGUES, Rafael Ribeiro; THAMAY, Renan Faria Krüger. Estabilização e pedido incontroverso. *Revista de Processo*, vol. 268/2017, pp. 377-404. Revista dos Tribunais online, p. 7.

62 *Novo Código de Processo Civil comentado*. 2ª ed. São Paulo: Revista dos Tribunais, 2016, p. 388.

Há uma terceira corrente que entende pela formação da coisa julgada material após esse prazo e, consequentemente, seria cabível apenas a ação rescisória[63].

Eduardo Cambi e Aline Regina das Neves, apesar de não indicarem expressamente que há coisa julgada material, dizem que após o prazo decadencial de dois anos é cabível a ação rescisória, desde que presente hipótese legal para sua propositura[64].

A quarta corrente encontrada defende que não há coisa julgada, por se tratar de decisão tomada em cognição sumária, mas que, se ajuizada ação após o prazo de dois anos, ela deverá ser extinta com resolução de mérito pela prescrição ou decadência (art. 487, inciso II), diante da impossibilidade de se rediscutir a matéria pelo transcurso do prazo legal[65].

Há de se aderir, com ressalvas, a essa última posição. Como já dito, optando a lei por trazer um prazo decadencial para a revisão, modificação ou anulação dos efeitos estabilizados, incabível a propositura de outra ação ordinária com esse único objetivo após a fluência do prazo.

Ou seja, tendo atribuído a lei um prazo prefixado para sua propositura, sem a qual os efeitos da tutela antecipada não podem mais ser revistos, não cabe ao intérprete prolongá-lo; nada impede que o legislador crie prazos prescricionais ou decadenciais específicos para a propositura de determinada ação sob certa circunstância. Essa foi sua opção política.

63 Nesse sentido: ASSIS, Araken. *Processo civil brasileiro. Parte Geral: institutos fundamentais*. Vol. II – Tomo II. São Paulo: Ed. Revista dos Tribunais, 2015, pp. 491 e 493; REDONDO, Bruno Garcia. Estabilização, modificação e negociação da tutela de urgência antecipada antecedente: principais controvérsias. *Revista de Processo*, v. 244/2015, pp. 167-192; GAJARDONI, Fernando da Fonseca; DELLORE, Luiz; ROQUE, Andre Vasconcelos; DUARTE DE OLIVEIRA JR., Zulmar. *Teoria geral do processo: comentários ao CPC de 2015: parte geral*. 2ª ed. São Paulo: Método, 2018, p. 1.008; ABELHA, Marcelo. *Manual de direito processual civil*. 6ª ed. Rio de Janeiro: Forense, 2016, p. 420.

64 CAMBI, Eduardo; NEVES, Aline Regina das. Acesso à justiça, tutela antecipada e técnicas processuais, *In: Procedimentos especiais, tutela provisória e direito transitório*. Salvador: Juspodivm, 2015, pp. 112-113.

65 Nesse sentido: NUNES, Dierle; ANDRADE, Érico. Os contornos da estabilização da tutela provisória de urgência antecipatória no Novo CPC e o mistério da ausência de formação da coisa julgada. *In: Procedimentos especiais, tutela provisória e direito transitório*. Salvador: Juspodivm, 2015, pp.80-82; SICA, Heitor Vitor Mendonça. Doze problemas e onze soluções quanto à chamada "estabilização da tutela antecipada". *In: Procedimentos especiais, tutela provisória e direito transitório*. Salvador: Juspodivm, 2015, pp. 187-188; THEODORO JR., Humberto. *Curso de direito processual civil*, vol. I. 57ª ed. Rio de Janeiro: Forense, 2016, pp. 684-685.

Contudo, não há como rejeitar a possibilidade de desconstituição pela via da ação rescisória. Deve-se ter em mente que, no Código de Processo Civil de 2015, houve nítida ampliação das suas hipóteses de cabimento, pois agora também admissível para desconstituir decisões que, embora não tenham apreciado o mérito, impeçam a repropositura da demanda (art. 966, §2º, inciso I[66]), com o apoio de doutrina que assim já apontava como cabível[67] ou necessário[68].

Tal situação se dá, por exemplo, na hipótese de o réu ser declarado parte ilegítima para figurar no processo. Após o trânsito em julgado, o art. 486, §1º, não admite a repropositura da ação, exceto se corrigido o defeito (que, no caso, seria a retificação do polo passivo); pode ocorrer, todavia, que o correto legitimado passivo seja aquele mesmo, de modo que, presente alguma hipótesee de rescisória, seja possível ajuiza-la[69].

Daí por que errônea é a ideia que liga as hipóteses de ação rescisória unicamente a decisões com coisa julgada material, podendo esta ser ajuizada contra qualquer decisão judicial que "projete efeitos substanciais para fora do processo"[70].

---

66 "Art. 966. A decisão de mérito, transitada em julgado, pode ser rescindida quando: (...) §2º Nas hipóteses previstas nos incisos do caput, será rescindível a decisão transitada em julgado que, embora não seja de mérito, impeça: I – nova propositura da demanda; ou (...)."

67 "Não é de hoje a noção de que a ação rescisória também é cabível para desconstituir decisões que, embora não sejam de mérito, impeçam a repropositura da ação". *In*: BARIONI, Rodrigo. Alguns apontamentos sobre a ação rescisória no projeto do novo Código de Processo Civil. *Revista de Informação Legislativa*, ano 48, nº 190, t. 2, abr/jun-2011, p. 223.

68 "Nada obstante a controvérsia ainda não dirimida de maneira adequada pela jurisprudência, é preciso considerar que o vício da decisão que não julga o mérito da causa pode cercear definitivamente o próprio direito legítimo da parte de ver julgado (ou revisado) o mérito de seu pedido. Daí ser conveniente admitir, em situações sempre excepcionalíssimas, o cabimento da ação rescisória contra decisão que não constitua sentença de mérito, solução que deveria ser prestigiada de *lege ferenda* no Projeto do Novo Código de Processo Civil." *In*: BARIONI, Rodrigo. *Ação rescisória e recursos para os Tribunais Superiores*. 2ª ed. São Paulo: Ed. Revista dos Tribunais, 2013, p. 27. Em sentido semelhante o mencionado autor também já se manifestou em: A ação rescisória no novo CPC. *Revista de Processo*, vol. 207/2012, pp.239-263. Revista dos Tribunais online, p. 3.

69 BARIONI, Rodrigo. Art. 966. *In*: WAMBIER, Teresa Arruda Alvim; DIDIER JR., Fredie; TALAMINI, Eduardo; DANTAS, Bruno (coords.). *Breves comentários ao novo Código de Processo Civil*. São Paulo: Ed. Revista dos Tribunais, 2015, p. 2149.

70 YARSHELL, Flávio Luiz. Breves notas sobre a disciplina da ação rescisória no CPC 2015. *In*: O Novo Código de Processo Civil: questões controvertidas/vários autores. São Paulo: Atlas, 2015, p. 158.

Trata-se, assim, de opção politico-legislativa, não havendo que se falar em necessária correlação entre o regime jurídico da estabilidade (imutabilidade, indiscutibilidade, coisa julgada material, formal, estabilização, preclusões, etc.) e sua forma de superação, e vice-versa[71]. Ou seja, a circunstância de a lei permitir a utilização da ação rescisória não leva a concluir que as decisões por ela atacáveis fazem coisa julgada material.

Assim, como os efeitos estabilizados não podem ser revistos, modificados ou anulados após o prazo de dois anos da estabilização, impede-se a repropositura de demanda que sobre eles verse, havendo de se reconhecer a existência, na hipótese, do efeito negativo da coisa julgada. E, de acordo com o art. 966, §2º, admite-se a propositura de ação rescisória justamente nessa hipótese[72].

Daniel Amorim Assumpção Neves, adotando essa posição, bem argumenta que:

> A única saída possível é uma interpretação ampliativa do §2º do art. 966 do Novo CPC. Segundo o dispositivo legal, cabe ação rescisória contra decisão terminativa (ou seja, que não resolva o mérito), desde que ela impeça a nova propositura da demanda ou a admissibilidade do recurso correspondente. Apesar de se tratar de situação distinta, já que a decisão que antecipa a tutela é indiscutivelmente de mérito, pode-se alegar que a decisão terminativa também não faz coisa julgada e ainda assim pode, respeitadas determinadas exigências, ser impugnada por ação rescisória. A ausência de coisa julgada, portanto, teria deixado de ser condição *sine qua non* para a admissão de ação rescisória, o que poderia liberar o caminho para a conclusão de cabimento de tal ação contra a decisão que concede tutela antecipada estabilizada depois de dois anos de seu trânsito em julgado[73].

71 CABRAL, Antonio do Passo. A coisa julgada formal faz sentido no sistema do CPC/2015?. *In*: DIDIER JR., Fredie; CABRAL, Antonio do Passo (coords.). *Coisa julgada e outras estabilidades processuais*. Salvador: Juspodivm, 2018, p. 155.

72 Cogitando acerca da possibilidade de rescisória após os dois anos, na mesma linha da aqui defendida: ARRUDA ALVIM. *Manual de direito processual civil: teoria geral do processo e processo de conhecimento*. 17ª. São Paulo: Ed. Revista dos Tribunais, 2017, pp. 729-730.

73 NEVES, Daniel Amorim Assumpção. *Manual de direito processual civil*. 10ª ed. Salvador: Juspodivm, 2018, pp. 531-532.

Sintetizando, pois, os pontos abordados neste subtópico, chegamos às seguintes conclusões: i) a estabilização não se confunde com a coisa julgada, nem mesmo quando ultrapassado o prazo de dois anos; ii) após esse prazo, admissível a (re)discussão sobre o direito material, desde que para a obtenção de outros efeitos que não os soberanamente estabilizados; iii) a estabilização soberana se equipara, pois, ao efeito negativo da coisa julgada, mas tão somente com relação aos efeitos daquela decisão; iv) admissível, contudo, o ajuizamento da ação rescisória para desconstituir os efeitos soberanamente estabilizados, desde que presente alguma de suas hipóteses.

Capítulo 8

INVESTIGAÇÃO DE OUTRAS POSSÍVEIS HIPÓTESES DE ESTABILIZAÇÃO

8.1. Estabilização da tutela cautelar

Pudemos ver que, no nosso entender, o CPC/2015 unificou os requisitos para a concessão das tutelas provisórias de urgência - antecipada e cautelar -, quais sejam, a probabilidade do direito e o perigo de dano ou o risco ao resultado útil do processo[1]. E em ambas é possível o requerimento em caráter antecedente, por meio de uma petição inicial simplificada.

Desse modo, faz-se necessário investigar se seria possível cogitar sobre a estabilização da tutela cautelar requerida em caráter antecedente.

E a resposta é negativa. Em um primeiro momento, analisando-se puramente o texto legal, a impossibilidade de estabilização para a tutela cautelar se dá justamente na medida em que tal fenômeno encontra previsão apenas no Capítulo II, Título II do Livro V, Parte Geral, referente à tutela antecipada, mais especificamente no art. 304, *caput*, que diz: "Art. 304. A tutela antecipada, concedida nos termos do art. 303, torna-se estável se da decisão que a conceder não for interposto o respectivo recurso".

Já no Capítulo III desse mesmo Título, que trata da tutela cautelar, não há qualquer previsão semelhante acerca da possibilidade de estabilização, mesmo porque todo o procedimento da tutela cautelar requerida em caráter antecedente é diverso, como já se viu.

Todavia, a restrição do fenômeno da estabilização não se limita a esse aspecto formal, mas também em um critério de lógica. Como bem se sabe, a tutela cautelar não visa à concessão do bem da vida antes do momento usual, mas apenas assegura o resultado útil do processo[2] (pe-

---

1 Com a ressalva, como já visto, de autorizadas opiniões em sentido contrário.

2 Sobre o tema já se manifestava Ada Pellegrini Grinover, ao analisar as propos-

dido) dito principal, ou seja, tem índole apenas conservativa, como ocorre, por exemplo, nos casos de arresto e sequestro.

Na linha do que asseverava Calamandrei, a tutela cautelar é um instrumento hipotético, ou seja, é o instrumento de outro instrumento, sempre dependente, pois, do processo principal, servindo meramente como forma de assegurar sua eficácia prática[3].

Ademais, salientava que:

> Queste considerazioni permettono di cogliere quella che, secondo me, è la nota veramente tipica dei provvedimenti cautelari: i quali non sono mai fine a sè stessi, ma sono immancabilmente *preordinati* alla emanazione di un ulteriore provvedimento definitivo, di cui essi preventivamente assicurano la fruttuosità pratica. Essi nascono, per cosè dire, *al servizio di un provvedimento definitivo*[4].

Da mesma forma, Carnelutti dizia que o processo cautelar tem por finalidade garantir o resultado de outro processo, decorrendo da sua função, portanto, a existência de dois processos para uma só lide[5].

Apesar de no CPC/2015 ser possível pleitear a tutela cautelar também em caráter antecedente, com posterior formulação do pedido de tutela final dentro da mesma relação processual, isso não desnatura sua instrumentalidade e dependência do pedido principal, mesmo porque na tutela conservativa não há, como na satisfativa, coincidência dos objetivos buscados antecipadamente e ao final[6].

---

tas de introdução da estabilização no projeto do novo Código de Processo Civil, afirmando que a tutela cautelar é sempre provisória, pois visa à conservação do processo. GRINOVER, Ada Pellegrini. O difícil caminho da estabilização da tutela antecipatória. *In:* MENDES, Aluísio Gonçalves de Castro; WAMBIER, Teresa Arruda Alvim (orgs.). *O processo em perspectiva: Jornadas Brasileiras de Direito Processual.* São Paulo: Ed. Revista dos Tribunais, 2013, p. 36.

---

3 CALAMANDREI, Piero. *Introduzione allo studio sistematico dei provvedimenti cautelari.* Padova: CEDAM, 1936, pp. 58-62

4 CALAMANDREI, Piero. *Introduzione allo studio sistematico dei provvedimenti cautelari.* Padova: CEDAM, 1936, p. 21.

5 CARNELUTTI, Francesco. *Instituições do processo civil,* vol. I. Campinas: Servanda, 1999, pp. 134-135.

6 GAJARDONI, Fernando da Fonseca; DELLORE, Luiz; ROQUE, Andre Vasconcelos; DUARTE DE OLIVEIRA JR., Zulmar. *Teoria geral do processo: comentários ao CPC de 2015: parte geral.* 2ª ed. São Paulo: Método, 2018, p. 997.

Desse modo, fica difícil imaginar que tais medidas de constrição patrimonial, ou de mera asseguração do resultado útil do processo, pudessem sofrer os efeitos da estabilização, prolongando-se no tempo sem que o direito buscado no pedido principal fosse concretizado[7].

Como salienta José Roberto dos Santos Bedaque, ainda quando se estudava a possibilidade de introduzir o instituto da estabilização da tutela provisória no direito brasileiro:

> No curso deste estudo, venho defendendo posição restritiva quanto ao fenômeno que denominei tutela sumária não cautelar, porque apta a tornar-se estável, assumindo a condição de tutela definitiva, ainda que sem a qualidade de coisa julgada. A essa modalidade de tutela de urgência opõe-se, em meu entender, a tutela sumária de natureza cautelar, conservativa ou antecipatória, cujas características essenciais são a provisoriedade e a instrumentalidade[8]

Desse modo, pode-se afirmar que a tutela cautelar e a antecipada requeridas em caráter antecedente apresentam procedimentos e conse-

---

7 Já se decidiu pela impossibilidade de estabilização da tutela cautelar antecedente, ainda que o juiz de primeiro grau tenha advertido que a ausência de recurso acarretaria a extinção do processo: "MEDIDA CAUTELAR. Débitos de ICMS. Pretensão à sustação dos efeitos do protesto de CDA. Decisão que defere tutela de urgência, salientando que tal medida se tornará estável caso não seja interposto recurso, nos termos do art. 304, caput, do CPC. Decisum de natureza nitidamente cautelar, não havendo que se falar em estabilização. Precedente. (...) Recurso conhecido e provido em parte" (TJSP, Agravo de Instrumento nº 3001570-43.2018.8.26.0000, 2ª Câmara de Direito Público, rel. Des. Vera Angrisani, j. 30.08.2018); Agravo de Instrumento. Ação anulatória de débito. Concessão de tutela antecipada para suspender a exigibilidade de ISS, na qual consignada a necessidade de interposição de recurso pela municipalidade para evitar a estabilidade de que trata o art. 304, caput, do CPC/2015. Pretensão à reforma. Acolhimento em parte. Decisão que concedeu tutela de urgência de natureza cautelar (suspensão da exigibilidade art. 151 do CTN), caso em que não há que se falar em estabilização da tutela. Decisão reformada em sua parte final, mas mantida no que pertine à suspensão da exigibilidade do ISS. Recurso provido em parte" (TJSP, Agravo de Instrumento nº 2259060-27.2016.8.26.0000, 18ª Câmara de Direito Público, rel. Des. Ricardo Chimenti, j. 11.05.2017). Entre outros, como: TJSP, Agravo de Instrumento nº 2203270-58.2016.8.26.0000, 14ª Câmara de Direito Público, rel. Des. Mônica Serrano, j. 10.08.2017; Apelação Cível nº 1025273-86.2017.8.26.0577, 2ª Câmara Reservada de Direito Empresarial, rel. Des. Maurício Pessoa, j. 03.05.2019). No TJRS: Agravo de Instrumento nº 0069752-25.2018.8.21.7000, 5ª Câmara Cível, rel. Des. Lusmary Fatima Turelly da Silva, j. 26.06.2018.

8 *Tutela cautelar e tutela antecipada: tutelas sumárias e de urgência (tentativa de sistematização)*. 5ª ed. São Paulo: Malheiros, 2009, p. 334.

quências bem distintos, já que a primeira não tem aptidão para a estabilização[9], o que torna praticamente inócua, no ponto, a mudança relativa aos requisitos para sua concessão. Vale ressaltar (apesar de o tema ter sido tratado em tópico diverso) que essa discussão também foi travada na doutrina italiana[10].

Sintetizando, por fim, no mesmo sentido é o Enunciado nº 420 do Fórum Permanente de Processualistas Civis (FPPC), *in verbis*: "Não cabe estabilização de tutela cautelar".

Assim, a pretensa unificação dos requisitos para conceder as tutelas provisórias de urgência, apesar de salutar, cria embaraços práticos, já que o procedimento previsto para o requerimento antecedente é diverso, assim como suas possíveis consequências[11].

8.1.1. Motivação da decisão que defere a tutela provisória: necessidade de apontar o provimento concedido e conteúdo do mandado de citação

A necessidade de fundamentação das decisões judiciais é tema de absoluta relevância e merece atenção, inclusive, da Constituição Federal[12], perpassando, portanto, todas as áreas do direito.

9 WAMBIER, Teresa Arruda Alvim; CONCEIÇÃO, Maria Lúcia Lins; RIBEIRO, Leonardo Ferres da Silva; TORRES DE MELLO, Rogerio Licastro. *Primeiros comentários ao novo Código de Processo Civil: artigo por artigo*. São Paulo: Ed. Revista dos Tribunais, 2015, p. 511; MARINONI, Luiz Guilherme; ARENHART, Sérgio Cruz; MITIDIERO, Daniel. *Novo Código de Processo Civil comentado*. 2ª ed. São Paulo: Ed. Revista dos Tribunais, 2016, p. 386; ALVIM, Eduardo Arruda. *Tutela provisória*. 2ª ed. São Paulo: Saraiva, 2017, pp. 208-209; RODRIGUES, Rafael Ribeiro; THAMAY, Renan Faria Krüger. Estabilização e pedido incontroverso. *Revista de Processo*, vol. 268/2017, pp. 377-404. Revista dos Tribunais online, p. 8.

10 Apesar de a questão acerca da inspiração dessa técnica no direito estrangeiro ter sido mais bem analisada em capítulo próprio, cabe relembrar que a problemática acerca da impossibilidade de estabilização em provimentos de natureza não satisfativa já foi objeto de debate na doutrina italiana. A respeito, vide: ANDRADE, Érico. A técnica processual da tutela sumária no direito italiano. *Revista de Processo*, v. 179/2010, pp. 175-216. Revista dos Tribunais online, p. 12.

11 BONATO, Giovanni. A estabilização da tutela antecipada de urgência no Código de Processo Civil brasileiro de 2015 (uma comparação entre Brasil, França e Itália). *Revista de Processo*, vol. 273/2017, pp. 191-253. Revista dos Tribunais online, pp. 7-8.

12 "Art. 93. Lei complementar, de iniciativa do Supremo Tribunal Federal, disporá sobre o Estatuto da Magistratura, observados os seguintes princípios: (...) IX – to-

Apesar de o Código de Processo Civil de 1973 já disciplinar a necessidade de motivação das decisões judiciais, reservando diversos artigos para regular o tema (arts. 131; 165; 273, §§1º e 4º, 458; 461, §3º, 478, 542, §1º, entre outros), a questão ganha nova força com o Código de Processo Civil de 2015, que pretende dar maior atenção ao referido princípio (arts. 298[13] e 489, §1º[14], por exemplo).

A necessidade de observância da fundamentação das decisões judiciais constitui direito do cidadão de ver apreciados todos seus argumentos capazes de acolher ou rejeitar os pedidos formulados, pois só assim as partes terão condições de saber quais foram utilizados pelo juiz para a tomada de sua decisão, inclusive para avaliar a postura que possa vir a ser eventualmente adotada *a posteriori*[15].

Como já visto, os procedimentos previstos no CPC/2015 para as tutelas antecipada e cautelar requeridas de maneira antecedente são diversos, com prazos e requisitos próprios, além de suas possíveis consequências. Se deferida uma tutela antecipada, esta tem aptidão para a estabilização, enquanto a tutela cautelar não possui essa particularidade.

O CPC/2015 admite que, ainda que requerida uma tutela cautelar em caráter antecedente, possa o juiz, entendendo ser o caso, conceder

---

dos os julgamentos dos órgãos do Poder Judiciário serão públicos, e fundamentadas todas as decisões, sob pena de nulidade, podendo a lei limitar a presença, em determinados atos, às próprias partes e a seus advogados, ou somente a estes, em casos nos quais a preservação do direito à intimidade do interessado no sigilo não prejudique o interesse público à informação; (...)."

---

13 "Art. 298. Na decisão que conceder, negar, modificar ou revogar a tutela provisória, o juiz motivará seu convencimento de modo claro e preciso."

14 "§1º Não se considera fundamentada qualquer decisão judicial, seja ela interlocutória, sentença ou acórdão, que: I – se limitar à indicação, à reprodução ou à paráfrase de ato normativo, sem explicar sua relação com a causa ou a questão decidida; II – empregar conceitos jurídicos indeterminados, sem explicar o motivo concreto de sua incidência no caso; III – invocar motivos que se prestariam a justificar qualquer outra decisão; IV – não enfrentar todos os argumentos deduzidos no processo capazes de, em tese, infirmar a conclusão adotada pelo julgador; V – se limitar a invocar precedente ou enunciado de súmula, sem identificar seus fundamentos determinantes nem demonstrar que o caso sob julgamento se ajusta àqueles fundamentos; VI – deixar de seguir enunciado de súmula, jurisprudência ou precedente invocado pela parte, sem demonstrar a existência de distinção no caso em julgamento ou a superação do entendimento."

15 BONÍCIO, Marcelo José Magalhães. *Princípios do processo no novo Código de Processo Civil*. São Paulo: Saraiva, 2016, pp. 150-153.

a tutela antecipada[16], sendo o contrário também válido[17], a despeito de disposição legal expressa[18].

Desse modo, é razoável admitir a fungibilidade de mão dupla: requerida a tutela antecipada em caráter antecedente, entendendo o juiz que a medida teria natureza de tutela cautelar, aplicar-se-ão as disposições dos arts. 305 e seguintes[19]. Aliás, tal fungibilidade, como bem leciona Cândido Rangel Dinamarco, não fica circunscrita às tutelas de urgência requeridas em caráter antecedente, aplicando-se também para as incidentais[20].

Desse modo, ganha relevo a importância de se distinguir se a tutela provisória que foi deferida seguirá o rito da tutela antecipada antecedente ou da tutela cautelar antecedente.

Isso porque se faz necessário que o réu saiba, de antemão, qual o provimento que contra ele foi deferido, pois só assim poderá adotar a providência que entender necessária, evitando-se, inclusive, a decisão surpresa, tão combatida pela novel legislação[21].

---

16 "Art. 305. A petição inicial da ação que visa à prestação de tutela cautelar em caráter antecedente indicará a lide e seu fundamento, a exposição sumária do direito que se objetiva assegurar e o perigo de dano ou o risco ao resultado útil do processo. Parágrafo único. Caso entenda que o pedido a que se refere o caput tem natureza antecipada, o juiz observará o disposto no art. 303."

17 Tal dispositivo lembra o que dizia o §7º do art. 273 do CPC/1973, mas com uma diferença. Lá se permitia que, se o autor requeresse medida antecipatória de tutela, mas fosse o caso de medida cautelar, poderia o juiz concedê-la.

18 Nesse sentido é o Enunciado nº 502, do FPPC: "Caso o juiz entenda que o pedido de tutela antecipada em caráter antecedente tenha natureza cautelar, observará o disposto no art. 305 e seguintes".

19 "Apesar de inexistir previsão expressa de medida antecedente proposta como antecipatória que o juiz entenda ser cautelar, ou de medida incidente que proposta com uma denominação, tenha a natureza de outra, parece-me que o disposto no art. 297 é suficiente para autorizar a fungibilidade entre a tutela cautelar e a antecipada de urgência em qualquer caso." GRECO, Leonardo. A tutela da urgência e a tutela da evidência no Código de Processo Civil de 2015. *In*: DIDIER JR., Fredie (coord. geral). *Procedimentos especiais, tutela provisória e direito transitório*. Coleção Novo CPC – Doutrina Selecionada. 2ª ed. Salvador: Juspodivm, 2016, p. 195. Também admitindo o inverso: MARINONI, Luiz Guilherme; ARENHART, Sérgio Cruz. *Comentários ao Código de Processo Civil (arts. 294 ao 333)*, vol. 4. São Paulo: Ed. Revista dos Tribunais, 2018, pp. 208-209.

20 *Instituições de direito processual civil*, t. III. 7ª ed. São Paulo: Malheiros, 2017, p. 874.

21 "Decorre o contraditório do amplo direito de defesa, elemento este a conferir previsibilidade ao réu, o que se afigura indispensável a fim de que consiga avaliar o que de pior possa acontecer em face do acolhimento do pedido e para que possa se

Em outras palavras, tendo em vista que a tutela cautelar não tem aptidão para a estabilização, o réu deve saber se sua postura omissiva, por exemplo, poderá levar à extinção do processo pela estabilização, ou mesmo se deverá contestar o pedido em cinco dias[22], sob pena de presumirem-se como verdadeiros os fatos alegados pelo autor[23].

Tal necessidade ganha especial relevo nos casos em que há dúvida, doutrinária ou jurisprudencial, sobre a natureza jurídica de determinada medida, se cautelar ou antecipada, chegando-se a aventar que:

> Entretanto, acreditamos que deveria haver espaço, pelo menos, para os casos limítrofes, em que há dúvida se se tratar de cautelar ou antecipação satisfativa. Tome-se como exemplo o caso da sustação de protesto, em que há dúvida na doutrina a respeito. Assumindo que seja cautelar, como defende, por exemplo, Kazuo Watanabe, não se vislumbra qualquer problema em estabilizar a tutela caso a medida não seja impugnada (ao contrário do que ocorre no exemplo do arresto, acima mencionado)[24].

Mesmo para o autor, é importante identificar a medida deferida, já que suas posturas também poderão ser diversas, a depender da natureza do provimento. Na tutela cautelar antecedente, o pedido principal deve ser formulado em 30 dias da efetivação da medida concedida, enquanto na tutela antecipada antecedente, deve haver aditamento em 15 dias (ou outro prazo maior fixado pelo juiz).

---

orientar e decidir acerca da sua atuação em juízo, o que inclui, até mesmo, a decisão de não se defender." *In*: PAGANI DE SOUZA, André; CARACIOLA, Andrea Boari; AUGUSTO DE ASSIS, Carlos; FERNANDES, Luís Eduardo Simardi; DELLORE, Luiz. *Teoria geral do processo contemporâneo*. 4ª ed. São Paulo: Atlas, 2019, p. 79.

22 "Art. 306. O réu será citado para, no prazo de 5 (cinco) dias, contestar o pedido e indicar as provas que pretende produzir."

23 "Art. 307. Não sendo contestado o pedido, os fatos alegados pelo autor presumir-se-ão aceitos pelo réu como ocorridos, caso em que o juiz decidirá dentro de 5 (cinco) dias."

24 AUGUSTO DE ASSIS, Carlos. A antecipação de tutela e a sua estabilização. Novas perspectivas. *In:* BUENO, Cassio Scarpinella; NETO, Elias Marques de Medeiros; NETO, Olavo de Oliveira; CAZZOLINO DE OLIVEIRA, Patrícia Elias; LUCON, Paulo Henrique dos Santos (coords.). *Tutela provisória no CPC: dos 20 anos de vigência do art. 273 do CPC/1973 ao CPC/2015*. 2ª ed. São Paulo: Saraiva Educação, 2018, p. 42.

Daí por que é imprescindível que a decisão mencione, expressamente, qual espécie de tutela provisória urgente está sendo deferida[25] e o regime processual que deverá ser observado[26], valendo lembrar que o CPC/2015 traz previsão expressa acerca da entrega de cópia da decisão que deferir a tutela provisória (art. 250, V[27]).

Todavia, não basta que conste cópia da referida decisão. É necessário que conste do mandado, expressamente, a possível consequência advinda, por exemplo, da não apresentação de recurso no prazo cabível[28], mormente se a medida deferida for a tutela antecipada, posto que ela poderá estabilizar.

Nesse sentido:

> Da intimação deverá constar o prazo para a interposição do agravo e a consequência pelo descumprimento desse ônus processual. Justifica-se a exigência formal, visto que o réu não está representado nos autos por advogado e não tem o dever de compreender os as-

---

25 "Entretanto, o Novo Código de Processo Civil manteve a diferenciação procedimental das medidas cautelares e antecipatórias e, diante disso, o magistrado deve explicitar na decisão a natureza da técnica deferida – mediante a análise do pedido final almejado – para se verificar a possibilidade de estabilização ou não da decisão que confere ao interessado, em caráter antecedente, a medida provisória pretendida." *In*: LAMY, Eduardo de Avelar; LUIZ, Fernando Vieira. Estabilização da tutela antecipada no novo Código de Processo Civil. *Revista de Processo*, vol. 260/2016, pp.105-129. Revista dos Tribunais online, p. 4.

26 Nesse sentido é o Enunciado 45 da I Jornada de Direito Processual Civil do CJF: "Aplica-se às tutelas provisórias o princípio da fungibilidade, devendo o juiz esclarecer as partes sobre o regime processual a ser observado". Também já houve a oportunidade de se decidir no TJMG: "(...) Sem que sequer tenha havido qualquer manifestação judicial anterior advertindo o réu do caráter iminente da estabilização da antecipação de tutela, de modo a proporcionar ao requerido a chance de adotar a conduta defensiva adequada à prevenção da consolidação da decisão antecipatória, não se vislumbra a possibilidade de extinção do feito com base no art. 304, §1º, do CPC, sob pena de violação ao princípio da boa fé objetiva, positivado no art. 5º, da Lei Processual Civil. (...)" (Apelação nº 1.0604.16.002142-3/001, 6ª Câmara Cível, rel. Des. Corrêa Junior, j. 20.02.2018). Em âmbito doutrinário: GRASSI DE GOUVEIA, Lúcio. *In*: ALVIM, Angélica Arruda; ARAKEN DE ASSIS; ALVIM, Eduardo Arruda; LEITE, George Salomão (coords.). *Comentários ao Código de Processo Civil*. 2ª ed. São Paulo: Saraiva, 2017, p. 408.

27 "Art. 250. O mandado que o oficial de justiça tiver de cumprir conterá: (...) V – a cópia da petição inicial, do despacho ou da decisão que deferir tutela provisória; (...)."

28 RANGEL, Rafael Calmon. Os arts. 303 e 304 do CPC: da interpretação à aplicação. *Revista de Processo*, vol. 261/2016, pp.199-228. Revista dos Tribunais online, p. 4.

pectos relacionados à técnica processual. Aplicam-se, por analogia, as regras concernentes à citação[29].

Tal obrigatoriedade deriva, inclusive, da interpretação teleológica dada ao inciso II do art. 250[30], que é permitir ao réu saber, de antemão, as possíveis consequências da sua inércia, de modo a adotar a postura que lhe parecer mais conveniente, sob pena de vulnerar os princípios do contraditório e da ampla defesa[31].

Interessante notar que o projeto que deu origem ao Código de Processo Civil de 2015, ao ser enviado à Câmara dos Deputados sob a numeração PL 8.046/2010, previa expressamente, em seu art. 280, §1º, que do mandado de citação constaria a advertência de que, não impugnada a decisão, esta continuaria a produzir efeitos independentemente da formulação de um pedido principal pelo autor[32], o que contava com os aplausos da doutrina[33].

Assim, além da necessidade de o réu saber, de antemão, qual o provimento deferido, deverá ter ciência da possível consequência de sua inércia, a fim de evitar cerceamento de defesa.

Ressalte-se que a não observância dessa regra poderá trazer consequências nefastas para o procedimento, com a possível decretação de

---

29 BEDAQUE, José Roberto dos Santos. *Comentários ao Código de Processo Civil*, vol. 1. *In*: BUENO, Cassio Scarpinella (coord.). São Paulo: Saraiva, 2017, p. 944.

30 "Art. 250. O mandado que o oficial de justiça tiver de cumprir conterá: (...) II – a finalidade da citação, com todas as especificações constantes da petição inicial, bem como a menção do prazo para contestar, sob pena de revelia, ou para embargar a execução; (...)."

31 BUENO, Cassio Scarpinella. *Curso sistematizado de direito processual civil, vol. 1: teoria geral do direito processual civil: parte geral do Código de Processo Civil.* 9ª ed. São Paulo: Saraiva Educação, 2018, p. 719.

32 "Art. 280. O requerido será citado para, no prazo de cinco dias, contestar o pedido e indicar as provas que pretende produzir. §1º Do mandado de citação constará a advertência de que, não impugnada decisão ou medida liminar eventualmente concedida, esta continuará a produzir efeitos independentemente da formulação de um pedido principal pelo autor."

33 "Salutar o disposto no art. 280, §1º, ao prever a necessidade de, no mandado de citação expedido no procedimento em que se pleiteia a medida antecedente, o réu ser advertido de que se a decisão ou medida liminar eventualmente concedida não for impugnada, ela continuará a produzir seus efeitos independentemente da formulação do pedido principal pelo autor." *In*: THEODORO JR., Humberto; ANDRADE, Érico. A autonomização e a estabilização da tutela de urgência no projeto de CPC. *Revista de Processo*, v. 206/2012, pp. 13-59. Revista dos Tribunais online, pp. 11-12.

nulidade da citação e, via de consequência, de todos os atos a ela posteriores, tal como já ocorre nos casos de não indicação do prazo para a defesa[34], ou da omissão acerca da advertência dos efeitos da revelia que, apesar de não causar a nulidade da citação, impede o reconhecimento da presunção de veracidade dos fatos narrados na inicial[35].

8.1.2. Fungibilidade das tutelas provisórias e interesse recursal

Como visto, o Código de Processo Civil de 2015 dispõe, expressamente, que, formulado o pedido de tutela cautelar em caráter antecedente, se o juiz entender que a medida, em verdade, teria caráter de tutela antecipada, deverá aplicar o regramento do art. 303[36], sendo o contrário também verdadeiro.

Isso posto, e tendo em vista que somente a tutela antecipada possui aptidão para a estabilização, surge o questionamento sobre a possível existência de interesse recursal com único intuito de alterar a natureza do provimento antecipatório concedido.

Em outras palavras, se o autor formula pedido de tutela antecipada, mas vê deferida uma tutela provisória genérica ou uma cautelar, teria interesse recursal para modificar tão somente o provimento concedido, visando, por exemplo, à possibilidade de estabilização?

Segundo entendimento que nos parece mais correto, o interesse recursal é formado, sinteticamente, pelo binômio necessidade-utilidade. A necessidade indica que a parte precisa se valer do recurso para obter a vantagem buscada, enquanto a utilidade se relaciona com o fato de que o recurso tem aptidão para trazer-lhe algum benefício[37].

Assim, é possível ao autor recorrer tão somente para alterar a natureza do provimento concedido, justamente porque possui interesse na estabilização daquela tutela deferida.[38]

---

34 AgRg no REsp. 1.470.216/GO, rel. Min. Ricardo Villas Bôas Cueva, j. 23.10.2014.

35 REsp 30.222/PE, rel. Min. José Dantas, j. 16.12.1992; REsp 10.137/MG, rel. Min. Athos Carneiro, j. 27.06.1991.

36 "Art. 305. A petição inicial da ação que visa à prestação de tutela cautelar em caráter antecedente indicará a lide e seu fundamento, a exposição sumária do direito que se objetiva assegurar e o perigo de dano ou o risco ao resultado útil do processo. Parágrafo único. Caso entenda que o pedido a que se refere o caput tem natureza antecipada, o juiz observará o disposto no art. 303."

37 JORGE, Flávio Cheim. *Teoria geral dos recursos cíveis.* 7ª ed. São Paulo: Ed. Revista dos Tribunais, 2015, p. 137.

38 "Tutela antecipada em caráter antecedente. Decisão que indeferiu o pedido de estabilização da lide. Autor que pleiteou tutela cautelar em caráter antecedente,

Sobre o tema, André Luiz Bäuml Tesser já se manifestou:

> Por incrível que pareça, então, a parte autora que será beneficiada pela concessão da medida urgente que pleiteia poderá ter interesse recursal em buscar a reforma da decisão concessiva no que tange à natureza jurídica a ela emprestada pelo magistrado de primeiro grau, especialmente para tentar obter do tribunal respectivo, o reconhecimento do caráter antecipado (dir-se-ia melhor, satisfativo, da medida pleiteada, possibilitando eventual estabilização)[39].

Nem se argumente que, concedida a tutela provisória pretendida pelo autor (em seu sentido prático), não haveria sucumbência, pois teria havido correspondência, no plano dos fatos, entre aquilo que se pediu e o que se deferiu, o que impediria a admissibilidade de eventual recurso.

O critério da sucumbência formal, fundado tão somente no acolhimento ou rejeição do pedido formulado, não serve, isoladamente, para a análise de diversos pontos críticos dentro do nosso sistema processual civil. A título exemplificativo, cumpre lembrar a regra da ação popular, segundo a qual se ela é julgada improcedente por falta de provas, poderá haver repropositura por qualquer cidadão, desde que exista nova prova, ao contrário do que ocorre na hipótese de improcedência por ausência de irregularidade ou lesão, fazendo esta coisa julgada *erga omnes*, impedindo nova propositura[40].

Na primeira hipótese, ainda que o desfecho da ação tenha sido favorável ao réu, ele tem interesse recursal na reforma da decisão, já que poderá obter provimento judicial mais benéfico.

---

que foi processado como pedido antecipatório de tutela em caráter antecedente. Petição posterior, recebida como emenda, que requereu a estabilização da lide. Possibilidade, diante do deferimento da tutela liminarmente, sem a interposição de recurso pelos réus contra a decisão que deferiu a tutela. Recurso provido para determinar a estabilização da lide, nos termos do art. 304, caput, do CPC." (TJSP, Agravo de Instrumento nº 2221182-97.2018.8.26.0000, 4ª Câmara de Direito Privado, rel. Des. Maia da Cunha, j. 31.01.2019).

39 TESSER, André Luiz Bäuml. As diferenças entre a tutela cautelar e a antecipação de tutela no CPC/2015. *In*: DIDIER JR., Fredie (coord. geral). *Procedimentos especiais, tutela provisória e direito transitório*. 2ª ed. Salvador: Juspodivm, 2016, p. 47.

40 "Art. 18. A sentença terá eficácia de coisa julgada oponível 'erga omnes', exceto no caso de haver sido a ação julgada improcedente por deficiência de prova; neste caso, qualquer cidadão poderá intentar outra ação com idêntico fundamento, valendo-se de nova prova."

Tal fato levou parte da doutrina a acreditar que o critério da sucumbência material, fundado principalmente nos efeitos prejudiciais da decisão e na possibilidade de se obter uma posição mais favorável, fosse o mais acertado[41].

Assim, ainda que no plano formal tenha a tutela provisória sido deferida, a decisão, ao conceder a tutela cautelar, não possui aptidão pra entregar tudo o que o autor pretende, que é a possibilidade de estabilização e consequente extinção do processo.

Indo mais longe, seria cabível até mesmo conceder a antecipação dos efeitos da tutela recursal no agravo de instrumento somente para afastar a obrigatoriedade de ajuizamento do pedido principal em 30 dias (art. 308, *caput*[42]), pois a consequência da sua não dedução no prazo legal é a cessação da eficácia da tutela cautelar concedida (art. 309, I[43]), o que pode vir a trazer prejuízo à parte.

Para o réu, por sua vez, não há interesse recursal para alteração do provimento concedido. Isso porque, com a mera interposição de recurso contra a decisão que deferiu a tutela antecipada, já não há possibilidade de estabilização, independentemente do seu resultado.

8.2. Estabilização da tutela antecipada incidental

A estabilização da tutela antecipada está prevista, ao menos expressamente, para os casos em que concedida nos termos do art. 303, do Código de Processo Civil de 2015, ou seja, se for pleiteada em caráter antecedente, por meio da petição inicial simplificada em que se veicule tão somente esse pedido, tal como analisada anteriormente.

Surge, portanto, o questionamento acerca da possibilidade de estender a estabilização também para os casos em que o pedido de tutela provisória for efetuado incidentalmente, seja no âmbito da própria petição inicial, nesse caso completa e acabada, seja no curso do processo.

A priori, poder-se-ia argumentar que o dispositivo legal é suficientemente claro ao restringir a ocorrência da estabilização para os casos de

---

41 JORGE, Flávio Cheim. *Teoria geral dos recursos cíveis*. 7ª ed. São Paulo: Ed. Revista dos Tribunais, 2015, p. 137.

42 "Art. 308. Efetivada a tutela cautelar, o pedido principal terá de ser formulado pelo autor no prazo de 30 (trinta) dias, caso em que será apresentado nos mesmos autos em que deduzido o pedido de tutela cautelar, não dependendo do adiantamento de novas custas processuais."

43 "Art. 309. Cessa a eficácia da tutela concedida em caráter antecedente, se: I – o autor não deduzir o pedido principal no prazo legal; (...)."

requerimento em caráter antecedente, o que afastaria, por consequência lógica, os casos em que houver concessão em caráter incidental[44]-[45], mormente diante do caráter excepcional da estabilização[46].

Mas, ultrapassado o argumento consubstanciado em uma intepretação meramente literal, que não nos parece ser a ideal, não se vê qualquer diferença do ponto de vista analítico ou pragmático que dê suporte para o tratamento diferenciado[47].

---

44 Nesse sentido: SICA, Heitor Vitor Mendonça. Doze problemas e onze soluções quanto à chamada "estabilização da tutela antecipada", *In*: DIDIER JR., Fredie (coord. geral). *Procedimentos especiais, tutela provisória e direito transitório.* 2ª ed. Coleção Novo CPC – Doutrina Selecionada. Salvador: Juspodivm, 2016, p. 237; WAMBIER, Luiz Rodrigues; TALAMINI, Eduardo. *Curso avançado de processo civil: cognição jurisdicional (processo comum de conhecimento e tutela provisória)*, vol. 2. São Paulo: Ed. Revista dos Tribunais, 2018, p. 918.

45 Assim já decidiu o E. TJSP: "LOCAÇÃO Estabilização da tutela Aplicação do artigo 304, §1º, do Novo Código de Processo Civil Ausente o procedimento de tutela antecedente Tutela provisória requerida de forma incidental e cumulada ao pedido principal Necessidade de conhecimento do mérito Sentença nula. (...)" (Apelação nº 1014305-81.2016.8.26.0625, 33ª Câmara de Direito Privado, rel. Des. Sá Moreira de Oliveira, j. 30.10.2017). No mesmo sentido: TJSP, Apelação nº 1103455-96.2016.8.26.0100, 2ª Câmara de Direito Privado, rel. Des. José Joaquim dos Santos, j. 15.08.2017; Agravo de Instrumento nº 2105200-06.2016.8.26.0000, 5ª Câmara de Direito Público, rel. Des. Maria Laura Tavares, j. 29.08.2016. Também já decidiu o TJMG: "DIREITO PROCESSUAL CIVIL – AGRAVO DE INSTRUMENTO – TUTELA ANTECIPADA REQUERIDA EM CARÁTER INCIDENTAL – ESTABILIZAÇÃO – IMPOSSIBILIDADE – PREVISÃO LEGAL – INEXISTÊNCIA – RECURSO NÃO PROVIDO – DECISÃO AGRAVADA MANTIDA. – A hipótese de estabilização da decisão que concede tutela antecipada se limita àquela requerida em caráter antecedente, não se estendendo, por ausência de previsão legal, ao provimento pleiteado incidentalmente" (Agravo de Instrumento nº 1.0000.17.030233-5/001, 9ª Câmara Cível, rel. Des. Márcio Idalmo Santos Miranda, 13.12.2017). Ainda nesse sentido: Apelação nº 1.0604.16.002197-7/001, 6ª Câmara Cível, rel. Des. Corrêa Júnior, j. 01.10.2019; Apelação nº 1.0372.17.003270-3/001, 5ª Câmara Cível, rel. Des. Luís Carlos Gambogi, j. 14.02.2019. No TJGO: Agravo de Instrumento nº 5289740-15.2016.8.09.0000, 2ª Câmara Cível, rel. Des. José Carlos de Oliveira, DJ 09.08.2017. No TJTO: Apelação nº 0007364-35.2019.827.0000, 1ª Câmara Cível, rel. Des. Maysa Vendramini Rosal, j. 06.06.2019; Apelação nº 0005698-96.2019.827.0000, 2ª Câmara Cível, rel. Des. Edilene Amorim, j. 10.05.2019.

46 AUGUSTO DE ASSIS, Carlos. A antecipação de tutela e a sua estabilização. Novas perspectivas. *In:* BUENO, Cassio Scarpinella; NETO, Elias Marques de Medeiros; NETO, Olavo de Oliveira; CAZZOLINO DE OLIVEIRA, Patrícia Elias; LUCON, Paulo Henrique dos Santos (coords.). *Tutela provisória no CPC: dos 20 anos de vigência do art. 273 do CPC/1973 ao CPC/2015.* 2ª ed. São Paulo: Saraiva Educação, 2018, p. 48.

47 "Aliás, nada justifica o tratamento diverso, pois não há diferença substancial entre a estabilização no curso do procedimento de cognição plena ou naquele prévio ou antecedente: em ambos os casos, a tutela sumária é deferida com base nos mes-

Exigir que o autor, sempre que vislumbre sua futura satisfação com a tutela antecipada deferida, proponha o pedido inicial de tutela antecipada em caráter antecedente, para posteriormente emendá-lo com o pedido de tutela final, não se afigura a melhor leitura possível.

Tampouco há motivo para obrigar que as partes, satisfeitas com a mera concessão da tutela antecipada, prossigam com o demorado e custoso processo até posterior decisão meritória.

A regra prevista no art. 303 tem razão de ser, como se viu, naqueles casos em que a urgência é tamanha que não há tempo hábil para elaborar uma petição inicial completa e detalhada, já com todos os documentos necessários à prova plena do alegado[48]. Além disso, a consequente estabilização, também como já visto, tem sentido quando as partes se contentam com a tutela provisoriamente deferida. Esses, portanto, foram alguns dos motivos pelos quais o instituto foi trazido para o sistema processual civil pátrio, além do descongestionamento numérico dos processos e de uma possível solução célere da crise de direito material.

Entender que somente a tutela antecipada concedida de maneira antecedente tem o condão de estabilizar-se faria com que, na prática, mesmo aqueles que já possuam, desde logo, todos os fatos, fundamentos jurídicos e documentos necessários à propositura da demanda com pedido incidental de tutela antecipada, o façam com base no art. 303, para que possam se valer de futura estabilização[49].

---

mos requisitos e cumpre o mesmo papel ou função (...)" *In*: THEODORO JR., Humberto; ANDRADE, Érico. A autonomização e a estabilização da tutela de urgência no projeto de CPC. *Revista de Processo*, v. 206/2012, pp. 13-59. Revista dos Tribunais online, p. 16. No mesmo sentido: LUCON, Paulo Henrique dos Santos. Tutela provisória na atualidade. *In*: BUENO, Cassio Scarpinella; NETO, Elias Marques de Medeiros; NETO, Olavo de Oliveira; CAZZOLINO DE OLIVEIRA, Patrícia Elias; LUCON, Paulo Henrique dos Santos (coords.). *Tutela provisória no CPC: dos 20 anos de vigência do art. 274 do CPC/1973 ao CPC/2015*. 2ª ed. São Paulo: Saraiva Educação, 2018, p. 266; NUNES, Dierle; ANDRADE, Érico. Os contornos da estabilização da tutela provisória de urgência antecipatória no Novo CPC e o mistério da ausência de formação da coisa julgada, *In*: DIDIER JR., Fredie (coord. geral). *Procedimentos especiais, tutela provisória e direito transitório*. 2ª ed. Coleção Novo CPC – Doutrina Selecionada. Salvador: Juspodivm, 2016, p. 96.

48 WAMBIER, Teresa Arruda Alvim; CONCEIÇÃO, Maria Lúcia Lins; RIBEIRO, Leonardo Ferres da Silva; TORRES DE MELLO, Rogerio Licastro. *Primeiros comentários ao novo Código de Processo Civil: artigo por artigo*. São Paulo: Ed. Revista dos Tribunais, 2015, p. 511.

49 Do mesmo modo, há argumentação no sentido de que: "Portanto, também por uma questão pragmática, dizer que o art. 303 somente se aplica aos pedidos de tutela antecipada que precisam ser completados é contraproducente, sob pena de se

Nesse sentido, salienta Eduardo Talamini:

> Há o risco da proliferação de desnecessários pedidos de tutela de urgência preparatória. Na expectativa de obter a estabilização de efeitos em caso de inércia do réu, muitos litigantes tenderão a promover a medida de urgência em caráter preparatório – não porque precisem debelar situação de perigo de dano, mas na esperança de encontrar um atalho para a produção de resultados práticos sem ter de passar pela *via crucis* do processo comum[50].

Aliás, faz mais sentido que a tutela provisória requerida em caráter incidental estabilize do que aquela em caráter antecedente. Tomando por base que a tutela provisória estabilizada, apesar de não fazer coisa julgada, exige a propositura de uma demanda para ser revista, reformada ou invalidada, podendo ter seus efeitos prolongados se essa ação não for proposta no prazo legal, tem-se que a probabilidade do direito exigida deve ser analisada rigorosamente pelo juiz, justamente por esse possível caráter permanente.

Ora, a petição inicial perfeitamente acabada, com todos os fatos, fundamentos jurídicos e documentos necessários, traz um grau de cognição e possibilidade de convencimento do juiz muito maior que aquela simplificada a que se refere o *caput* do art. 303, estando, portanto, com maior aptidão para adquirir certo grau de definitividade, já que fundada e decidida com maiores elementos jurídicos e probatórios[51].

---

criarem desnecessários (e não almejados) pedidos, ou ainda se apresentarem petições mal-acabadas, somente para se valer da estabilização." *In*: CASTRO, Roberta Dias Tarpinian. O sentido de antecedente e a estabilização da tutela provisória antecipada. *Revista de Processo*, vol. 265/2017, pp. 153-176. Revista dos Tribunais online, p. 10.

50 TALAMINI, Eduardo. Tutela de urgência no projeto de novo Código de Processo Civil: a estabilização da medida urgente e a "monitorização" do processo civil brasileiro. *Revista de Processo*, v. 209/2012, p. 13-34. Revista dos Tribunais online, p. 15.

51 "Se o pedido de tutela antecipada for deduzido em petição inicial já acabada, não existe óbice a que haja a estabilização. Enfim, se é possível estabilizar-se liminar requerida em inicial incompleta, a ser aditada, *a fortiori* é possível estabilizar-se liminar requerida em inicial já completa, que não se aditará. Entendimento contrário puniria o autor diligente que, embora premido pela urgência, logrou confeccionar uma peça inaugural rematada, inteiriça, sem pendências." COSTA, Eduardo José da Fonseca. Art. 304. *In*: STRECK, Lenio Luiz; NUNES, Dierle; CARNEIRO DA CUNHA, Leonardo (orgs.). *Comentários ao Código de Processo Civil*. 2ª ed. São Paulo: Saraiva, 2017, pp. 444-445.

Além do inconveniente, já tratado, acerca da aparente literalidade da lei, a estabilização da tutela antecipada incidental também encontra outra barreira: se a ação, considerando que o pedido de tutela final já foi formulado, ou seja, foi proposta na integralidade, qual seria o seu destino se se permitisse a estabilização? Em se tratando de demanda antecedente, fácil vislumbrar seu encerramento prematuro, eis que o pedido meritório final sequer foi formulado, mas no caso de tutela antecipada incidental a resposta não é tão simples.

Partindo do entendimento que um dos pilares da estabilização visa à aceleração da prestação jurisdicional nos casos em que ambas as partes se conformam com a decisão provisória, tornando desnecessária a continuidade do processo, concluímos que na tutela antecipada incidental é pressuposto para a estabilização que o processo se encerre em seu nascedouro. Só assim a estabilização faz sentido.

Explica-se. Só há estabilização quando: a) ausente impugnação contra a decisão antecipatória, o que conferiria o reconhecimento da aceitação do réu quanto à solução provisória encontrada; b) o processo for extinto, tornando desnecessária a análise em cognição exauriente, com economia de tempos e recursos.

Para tanto, compatibilizando esses interesses com a tutela antecipada incidental, a estabilização na hipótese só é possível quando deferida antes da resistência do réu ou ampliação da cognição[52], e desde que o autor também não queira o prosseguimento do processo rumo à análise em cognição exauriente.

O melhor cenário possível seria a expressa menção, na inicial, acerca do aceite quanto a uma possível estabilização. Ou seja, o autor já afirma que, se a tutela antecipada for deferida, e o réu não impugná-la, ficará satisfeito com a estabilização, não possuindo interesse em prosseguir com a ação na busca de uma tutela a ser analisada em cognição exauriente, com força de coisa julgada material.

Nesse caso, após a certificação da ausência de impugnação contra a tutela antecipada concedida, o juiz deverá extinguir o processo, nos termos do art. 304, §1º[53].

---

52 RIBEIRO, Leonardo Ferres da Silva. *Tutela provisória: tutela de urgência e tutela de evidência: Do CPC/1973 ao CPC/2015*. 3ª ed. São Paulo: Ed. Revista dos Tribunais, 2018, p. 227; MARINONI, Luiz Guilherme; ARENHART, Sérgio Cruz. *Comentários ao Código de Processo Civil (arts. 294 ao 333)*, vol. IV. São Paulo: Ed. Revista dos Tribunais, 2018, p. 187.

53 DOTTI, Rogéria. A estabilização da tutela antecipada no CPC de 2015: a autonomia da tutela sumária e a coisa julgada dispensável. *In*: LUCON, Paulo Henrique dos Santos (coord. et. al.). *Processo em jornadas*. Salvador: Juspodivm, 2016.

Por óbvio, se o autor declinar já na inicial que, mesmo na ausência de impugnação do réu, deseja prosseguir com a demanda, esta deve ter seu curso normal, mas sem que a tutela deferida estabilize.

Como já vimos no tópico que tratou da questão da concomitância ou não dos prazos para aditamento e recurso, é direito do autor ver sua demanda analisada no mérito, ainda que o réu não tenha apresentado recurso, seja porque a tutela judicial somente lhe será útil caso adquira força de coisa julgada material, seja porque ele não quer ter os ônus e custos de ajuizar uma nova ação com o único intuito de confirmar, em cognição exauriente, o que já lhe foi concedido em cognição sumária[54]. Assim:

> É preciso que o autor não tenha manifestado, na petição inicial, a sua intenção de dar prosseguimento ao processo após a obtenção da pretendida tutela antecipada. Trata-se de pressuposto negativo. (...) A segurança jurídica da coisa julgada pode revelar-se necessária para a satisfação das partes envolvidas na causa[55].

Outra situação possível seria o silêncio do autor, ou seja, que ele nada diga já na petição inicial quanto à possível estabilização. Nessa hipótese, pode-se ventilar que, após verificar que o réu não impugnou a decisão que deferiu a tutela antecipada, o juiz deveria intimar o autor a se manifestar sobre a continuidade ou não do processo.

A tese já encontra vozes em sentido contrário na doutrina. Argumenta-se que atribuir o poder absoluto ao autor sobre a opção da estabilização após o prazo recursal fere a isonomia das partes. Isto porque, a fim de evitar a decisão surpresa, e podendo sopesar as vantagens e desvantagens da impugnação, o réu deveria saber de antemão a opção do autor (mesmo porque, como já dito, a advertência da estabilização deve constar expressamente do mandado de citação)[56].

---

54 CÉSAR DE SOUZA, Artur. *Tutela provisória: tutela de urgência e tutela de evidência.* São Paulo: Almedina, 2016, pp. 200-201.

55 DIDIER JR., Fredie; BRAGA, Paula Sarno; ALEXANDRIA DE OLIVEIRA, Rafael Alexandria de. *Curso de direito processual civil: teoria geral da prova, direito probatório, decisão, precedente, coisa julgada e tutela provisória.* 13ª ed. Salvador: Juspodivm, 2018, pp. 697-698.

56 "O réu precisa, então, saber, de antemão, qual a intenção do autor. Se o autor expressamente declara a sua opção pelo benefício do art. 303 (nos termos do art. 303, §5º, CPC), subentende-se que ele estará satisfeito com a estabilização da tutela antecipada, caso ela ocorra. Se, porém, desde a inicial, o autor já manifesta a sua intenção de dar prosseguimento ao processo, o réu ficará sabendo que a sua inércia não dará ensejo à estabilização do art. 304. Não se pode admitir que a opção

Assim, não seria cabível a hipótese de o réu, acreditando que a tutela estabilizaria e o processo seria julgado extinto, deixar de recorrer, mas depois ser surpreendido com a continuidade do processo, ou daquele que não recorreu, por acreditar que a tutela antecipada incidental não possui aptidão para estabilização[57].

Apesar de relevante, a crítica não é capaz de afastar tal possibilidade. No plano empírico, a solução é simples: basta que conste do mandado de citação/intimação a advertência sobre a possibilidade de ocorrer a estabilização, do mesmo modo que deve haver tal advertência no caso de tutela antecipada antecedente[58]. Tudo o que já foi apontado quanto ao tema vale também para essa hipótese.

Trata-se, repise-se, de mera advertência acerca da possibilidade de estabilização, não que ela efetivamente ocorrerá, já que, além da ausência de impugnação do réu, deverá o autor, instado a se manifestar, anuir com a estabilização (desde que já não o tenha dito na própria petição inicial).

---

pelo prosseguimento seja manifestada na peça de aditamento da inicial (art. 303, §1º, I, CPC). Isso porque o prazo para aditamento – de 15 dias, no mínimo – pode coincidir, ou mesmo superar, o prazo de recurso (art. 1.003, §2º, c/c art. 231, CPC). Assim, se se admitisse manifestação do autor no prazo para aditamento, isso poderia prejudicar o réu que, confiando na possibilidade de estabilização, deixara de recorrer." *In*: DIDIER JR., Fredie; BRAGA, Paula Sarno; ALEXANDRIA DE OLIVEIRA, Rafael. *Curso de direito processual civil: teoria geral da prova, direito probatório, decisão, precedente, coisa julgada e tutela provisória*. 13ª ed. Salvador: Juspodivm, 2018, p. 698.

---

57 GAJARDONI, Fernando da Fonseca; DELLORE, Luiz; ROQUE, Andre Vasconcelos; DUARTE DE OLIVEIRA JR., Zulmar. *Teoria geral do processo: comentários ao CPC de 2015: parte geral*. 2ª ed. São Paulo: Método, 2018, p. 999.

58 "Gostaríamos, ainda, de consignar um alerta. Caso o magistrado venha a adotar entendimento diverso ao ora defendido, empregando intepretação extensiva ao artigo 304, com vistas a admitir a estabilização da tutela antecipada incidental, entendemos ser indispensável que conste expressa essa possibilidade no mandado de intimação do réu. Dessa forma, estará consignado, no mandado, que, caso o réu não interponha o recurso cabível contra a decisão concessiva da tutela antecipada incidente, o juízo considerará estabilizada a tutela antecipada. Esta cautela, a nosso sentir, consiste na providência mínima voltada a zelar pelo contraditório e pela ampla defesa, permitindo que o réu conheça o entendimento adotado pelo magistrado, que amplia a hipótese legal, e ciente disso, possa conscientemente adotar a conduta processual mais condizente com seus interesses." HILL, Flávia Pereira. Tutela provisória de urgência no novo Código de Processo Civil, *In*: JATAHY, Carlos Roberto; REZENDE DE ALMEIDA, Diogo Assumpção; AYOUB, Luiz Roberto (coords.). *Reflexões sobre o novo Código de Processo Civil*. Rio de Janeiro: FGV Editora, 2016, p. 178.

Se esta não vier a ocorrer, não haverá qualquer prejuízo ao réu: será ele intimado para comparecer à audiência de conciliação e mediação, ou mesmo para apresentar sua defesa, quando poderá deduzir toda a matéria que entender necessária, inclusive para revogar a tutela antecipada, além de produzir as eventuais provas cabíveis.

Como já se disse, a estabilização da tutela provisória só faz sentido se ambas as partes estão, ao menos naquele momento, satisfeitas com a mera concessão de uma tutela plenamente revogável dentro de dois anos. Daí por que, ainda que a petição inicial tenha sido silente, não sobrevindo impugnação pelo réu, deve o juiz intimar o autor para que se manifeste sobre o interesse no prosseguimento do feito.

Assim, caso o autor concorde, o processo será extinto com a estabilização da tutela antecipada. Caso pretenda prosseguir com a ação, deverá ser o réu citado/intimado da audiência de conciliação ou mediação, ou ainda para apresentar sua defesa no prazo legal.

Se o réu, por outro lado, já tiver apresentado impugnação à tutela deferida, também não será o caso de estabilização, já que houve demonstração inequívoca de sua insatisfação com a medida e também do seu desejo em ver o processo ser analisado no mérito[59].

Segundo nos parece, essa interpretação ampliativa, que confere maior eficácia ao instituto, é a melhor na hipótese, já que a maioria dos pedidos de tutela antecipada continuará (como a praxe até agora demonstra que continuam) sendo requerida como no CPC/1973, ou seja, incidentalmente ao pedido final[60].

8.3. Estabilização da tutela da evidência

Será analisada, agora, a possibilidade de estabilização da tutela da evidência e, se positiva a conclusão, em qual(is) hipótese(s) seria possível cogitar da aplicação desse fenômeno a essa outra espécie de tutela provisória.

59 NEVES, Daniel Amorim Assumpção. *Manual de direito processual civil.* 10ª ed. Salvador: Juspodivm, 2018, p. 523; RIBEIRO, Leonardo Ferres da Silva. *Tutela provisória: tutela de urgência e tutela de evidência.* 3ª ed. São Paulo: Ed. Revista dos Tribunais, 2018, pp. 225-226.

60 WAMBIER, Teresa Arruda Alvim; CONCEIÇÃO, Maria Lúcia Lins; RIBEIRO, Leonardo Ferres da Silva; TORRES DE MELLO, Rogerio Licastro. *Primeiros comentários ao novo Código de Processo Civil: artigo por artigo.* São Paulo: Ed. Revista dos Tribunais, 2015, pp. 511-512.

Como se viu, a tutela da evidência já encontrava previsão no art. 273, inciso II, do Código de Processo Civil de 1973. Em contraponto, o §6º desse mesmo artigo é, no Código de Processo Civil de 2015, hipótese expressa de julgamento antecipado parcial do mérito.

Todavia, com o Código de Processo Civil de 2015, a tutela da evidência amplia seu espectro de atuação e passa a contar com a possibilidade, em determinadas hipóteses, de concessão liminar[61] (entendida como aquela deferida *inaudita altera parte*).

Aqui, ao contrário da tutela antecipada, não há o requisito da urgência, ao menos na sua acepção clássica[62]. O juiz, para deferir liminarmente a tutela da evidência, deve analisar o alto grau de probabilidade das alegações (tratando-se de pedido reipersecutório fundado em contrato de depósito ou tese firmada em casos repetitivos ou súmula vinculante).

Pode-se dizer, portanto, que o grau de probabilidade invocado, nesses casos, é bastante elevado, de modo que o autor deve usufruir daquilo que pretende desde já, não merecendo o sacrifício da demora processual para concessão da tutela definitiva.

Sem olvidar a disposição legal que parece limitar a estabilização aos casos de tutela antecipada requerida em caráter antecedente (como se viu nos tópicos que trataram da estabilização na tutela cautelar e incidental), parece-nos que, diante do até aqui exposto a respeito da *ratio* da estabilização e do motivo pelo qual o instituto foi introduzido no direito pátrio, não há nada que impeça sua incidência também nos casos de concessão da tutela da evidência[63], partindo-se de uma interpretação teleológica e sistemática do CPC/2015[64].

---

61 Interessante notar que o PLS 166/2010, que deu origem ao CPC/2015, previa a possibilidade de requerer a tutela de evidência em caráter antecedente, tal como a tutela de urgência: "Art. 269. A tutela de urgência e a tutela da evidência podem ser requeridas antes ou no curso do processo, sejam essas medidas de natureza satisfativa ou cautelar."

62 FUX, Luiz. *Tutela de segurança e tutela de evidência*. São Paulo: Saraiva, 1996, p. 306, para quem a urgência, na tutela de evidência, se relaciona ao atraso na satisfação do direito lesado.

63 Entendendo que a literalidade do dispositivo impossibilita a estabilização da tutela de evidência: SICA, Heitor Vitor Mendonça. Doze problemas e onze soluções quanto à chamada "estabilização da tutela antecipada". *In*: DIDIER, JR., Fredie (coord.). *Procedimentos especiais, tutela provisória e direito transitório*. 2ª ed. Coleção Novo CPC – Doutrina Selecionada. Salvador: Juspodivm, 2016, p. 237.

64 REDONDO, Bruno Garcia. Estabilização, modificação e negociação da tutela de urgência antecipada antecedente: principais controvérsias. *Revista de Processo*, v. 244/2015, pp. 167-192. Revista dos Tribunais online, p. 10.

Dizer que a abrangência da estabilização engloba tão somente aquela tutela antecipada deferida em caráter antecedente ignora o fato de que, em diversos casos, o legislador acaba dizendo menos do que gostaria, daí surgindo a necessidade de interpretar a lei em seu todo e buscando seu real sentido.

Teresa Arruda Alvim, Maria Lúcia Lins Conceição, Leonardo Ferres da Silva Ribeiro e Rogerio Licastro Torres de Mello advertem:

> Por tais razões, percebe-se que, a nosso ver, o legislador escreveu menos do que queria dizer (*minus scripsit quam voluit*). A técnica da estabilização, para surtir os efeitos desejados, deve ser interpretada de forma ampla, apta a incidir sobre todas as formas de tutela, tanto na forma antecedente quanto incidental, e ainda na tutela de evidência antecipada[65].

A estabilização é técnica voltada à possível solução do conflito de maneira mais célere e merece uma interpretação que busque seu real sentido[66]. Não há razão para o tratamento diferenciado[67], mesmo porque a tutela da evidência, ao contrário da tutela cautelar, também possui natureza satisfativa, servindo, pois, no plano fático, para a solução da crise de direito material envolvendo as partes, ainda que provisoriamente.

Até mesmo sob um viés de lógica, faz muito mais sentido que a tutela da evidência estabilize do que a tutela antecipada, justamente porque fundada em maior probabilidade das alegações[68], havendo maiores chances de o réu não se insurgir contra sua concessão, já que sua possibilidade de insucesso também é proporcionalmente maior.

Aliás, pensar o contrário poderia levar à indesejável solução do autor que somente alegaria urgência, ainda que esta seja em grau mínimo ou não exista, para fins de enquadrar sua situação naquela prevista no

---

65 *Primeiros comentários ao novo Código de Processo Civil: artigo por artigo*. São Paulo: Ed. Revista dos Tribunais, 2015, p. 512.

66 Argumentando que a técnica da estabilização, para surtir os efeitos pretendidos, deve ser interpretada de forma ampliativa: RIBEIRO, Leonardo Ferres da Silva. *Tutela provisória: tutela de urgência e tutela de evidência*. 3ª ed. São Paulo: Ed. Revista dos Tribunais, 2018, pp. 226-227.

67 NEVES, Daniel Amorim Assumpção. *Manual de direito processual civil*. 10ª ed. Salvador: Juspodivm, 2018, p. 522.

68 TALAMINI, Eduardo. Tutela de urgência no projeto de novo Código de Processo Civil: a estabilização da medida urgente e a "monitorização" do processo civil brasileiro. *Revista de Processo*, v. 209/2012, pp. 13-34. Revista dos Tribunais online, p. 15.

art. 303 do CPC/2015, buscando a possível estabilização prevista no art. 304 do mesmo diploma legal[69].

Essa interpretação, contudo, pode encontrar triplo obstáculo: em um primeiro momento, tem-se que o legislador não previu a possibilidade de requerer a tutela da evidência em caráter antecedente[70], ao contrário das tutelas de urgência (antecipada e cautelar); ademais, a falta de previsão expressa poderia surpreender o réu que não contava com a estabilização da tutela e a consequente extinção do processo[71]; e, por fim, no próprio interesse do autor, que pode não ficar satisfeito com a técnica da estabilização e as decorrências dela inerentes.

A primeira preocupação é facilmente contornável dentro dos limites que este trabalho se propôs a traçar. Admitida, como é, a concessão da tutela da evidência liminarmente, somente naquelas hipóteses é possível cogitar a estabilização, já que o processo pode ser encerrado já no seu nascedouro.

Tal como se analisou no capítulo anterior, referente à possibilidade de estabilização da tutela concedida incidentalmente, o instituto foi criado para permitir que uma tutela deferida no início do processo se prolongue no tempo mesmo sem acertamento definitivo do direito, desde que não o réu não ofereça resistência, culminando na extinção do feito, o que se compatibiliza perfeitamente com a tutela da evidência deferida liminarmente.

A segunda preocupação também não se mostra intransponível. Como se viu, é dever do juiz indicar qual a espécie de tutela deferida e a possível consequência da inércia do réu. Desde que de tal modo se proceda, não há como argumentar a respeito de sua eventual surpresa,

---

69 MEDINA, José Miguel Garcia. *Curso de direito processual civil moderno*. 3ª ed. São Paulo: Ed. Revista dos Tribunais, 2017, p. 510.

70 Aduzindo que, por não poder ser autonomizada, a tutela da evidência não pode ser estabilizada: MARINONI, Luiz Guilherme; ARENHART, Sérgio Cruz; MITIDIERO, Daniel. *Novo Código de Processo Civil comentado*. 2ª ed. São Paulo: Revista dos Tribunais, 2016, p. 386.

71 "Não é possível, por outro lado, fazer uma interpretação útil das regras sobre a estabilização de tutela antecipada para abarcar a tutela de evidência. Além da clareza da opção legislativa pela negativa, não se pode, à míngua de previsão legal específica, prejudicar a parte que não recorreu da decisão que concedeu a tutela de evidência. Não se pode atribuir ao prejudicado o ônus de recorrer para evitar a estabilização, sem que isso conste expressamente da lei." *In*: GAJARDONI, Fernando da Fonseca; DELLORE, Luiz; ROQUE, Andre Vasconcelos; DUARTE DE OLIVEIRA JR., Zulmar. *Teoria geral do processo: comentários ao CPC de 2015: parte geral*. 2ª ed. São Paulo: Método, 2018, p. 1.000.

eis que, sabedor do que sua omissão poderá acarretar, terá condições de avaliar os riscos e proveitos da escolha.

Isso não exclui a possibilidade de o autor, já na petição inicial, esclarecer que, na eventualidade de a tutela ser deferida, contentar-se-ia com sua estabilização e consequente extinção do processo.

Assim leciona Rogéria Dotti:

> Eventual argumento contrário poderia basear-se no fato de que, nesses casos, já teria havido a formulação de um pedido principal e, consequentemente a vontade da parte em obter cognição exauriente. Contudo, tal raciocínio perde força diante da possibilidade de se outorgar ao autor a opção pela extinção imediata do processo, com a referida estabilização. Em outras palavras, por que não permitir que o autor renuncie ao prosseguimento do processo? Pode-se imaginar que, em muitas situações, seja esse o desejo do requerente, evitando-se com isso os custos financeiros e o tempo necessário à continuidade da demanda[72].

Como o réu recebe, juntamente com o mandado de citação, cópia da petição inicial e da decisão que deferir a tutela provisória[73], não poderá alegar desconhecimento se se quedar inerte.

Mas, caso o autor já não indique sua pretensão na inicial, cumpre ao juiz intimá-lo para se manifestar sobre o interesse no prosseguimento do feito, tal qual defendemos no item anterior.

8.4. Estabilização da antecipação parcial da tutela

Como já tivemos a oportunidade de analisar, uma das consequências da não interposição do recurso cabível após a concessão de uma tutela antecipada requerida em caráter antecedente é a estabilização dos efeitos dessa tutela e a consequente extinção do processo.

Cumpre então averiguar se é possível ocorrer a estabilização de uma tutela antecipada parcialmente deferida. Para fins deste estudo, considera-se como antecipação parcial quando o juiz deferir apenas parcela do pedido do autor (autor pede 100, mas o juiz concede 50), quando

72 A estabilização da tutela antecipada no CPC de 2015: a autonomia da tutela sumária e a coisa julgada dispensável. *In*: LUCON, Paulo Henrique dos Santos (coord. et. al.). *Processo em jornadas*. Salvador: Juspodivm, 2016, p. 907.

73 "Art. 250. O mandado que o oficial de justiça tiver de cumprir conterá: V – a cópia da petição inicial, do despacho ou da decisão que deferir tutela provisória; (...)."

forem dois ou mais os pedidos de antecipação em cumulação simples, mas apenas um ou alguns deles forem concedidos (autor pede x e y, mas o juiz concede apenas x) ou, ainda, quando o recurso for apenas parcial (juiz concede x e y, mas o réu só recorre de um deles)[74].

Poder-se-ia argumentar não haver distinção entre a hipótese de tutela antecipada deferida em sua totalidade ou apenas de maneira parcial, mesmo porque o CPC/2015 admite o desmembramento do objeto litigioso ao prever expressamente a possibilidade de julgamento antecipado parcial de mérito[75] (art. 356). Nesse caso, o processo não seria extinto, apesar da estabilização, prosseguindo quanto aos demais pedidos ou parcela destes[76].

Todavia, não há como equiparar tais situações.

Na decisão proferida no julgamento antecipado parcial do mérito, a solução dada pelo juiz tem aptidão para resolver definitivamente aquele pedido nas hipóteses ali previstas, fazendo coisa julgada material caso não interposto o competente recurso (ou após seu esgotamento). Ao contrário, no caso de deferimento parcial da tutela antecipada, a decisão do juiz não é capaz de solucionar o conflito de maneira completa (ainda que provisoriamente), de modo que o processo, de toda sorte, deverá prosseguir em busca do pronunciamento definitivo[77], não havendo, pois, motivo lógico ou jurídico para se cogitar da estabilização nessa hipótese.

---

74 WAMBIER, Luiz Rodrigues; TALAMINI, Eduardo. *Curso avançado de processo civil: cognição jurisdicional (processo comum de conhecimento e tutela provisória)*, vol. 2. São Paulo: Ed. Revista dos Tribunais, 2018, p. 922; TALAMINI, Eduardo. Tutela de urgência no projeto de novo Código de Processo Civil: a estabilização da medida urgente e a "monitorização" do processo civil brasileiro. *Revista de Processo*, vol. 209, pp. 29-30.

75 Nesse sentido: SICA, Heitor Vitor Mendonça. Doze problemas e onze soluções quanto à chamada "estabilização da tutela antecipada". *In*: DIDIER JR., Fredie (coord. geral). *Procedimentos especiais, tutela provisória e direito transitório*. 2ª ed. Salvador: Juspodivm, 2016, p. 245; BEDUSCHI, Leonardo; HENCKEMAIER, Heidy Santos. Dois temas controvertidos sobre a estabilização da tutela antecipada antecedente. *Revista de Processo Comparado*, vol. 5/2017, pp. 63-82. Revista dos Tribunais online, p. 8.

76 RIBEIRO, Leonardo Ferres da Silva. *Tutela provisória: tutela de urgência e tutela de evidência*. 3ª ed. São Paulo: Ed. Revista dos Tribunais, 2018, p. 231; DIDIER JR., Fredie; BRAGA, Paula Sarno; ALEXANDRIA DE OLIVEIRA, Rafael. *Curso de direito processual civil: teoria geral da prova, direito probatório, decisão, precedente, coisa julgada e tutela provisória*. 13ª ed. Salvador: Juspodivm, 2018, p. 699; LAMY, Eduardo. *Tutela provisória*. São Paulo: Atlas, 2018, p. 94.

77 GAJARDONI, Fernando da Fonseca; DELLORE, Luiz; ROQUE, Andre Vasconcelos; DUARTE DE OLIVEIRA JR., Zulmar. *Teoria geral do processo: comentários ao CPC*

Tal entendimento se coaduna com a própria finalidade precípua da estabilização, que é evitar o prosseguimento da ação após a concessão da tutela antecipada; se o processo deve prosseguir, que o seja para a análise completa dos pedidos, mesmo porque, a depender da situação, poderá haver prejudicialidade entre eles, ou mesmo os pedidos antecipados e não antecipados decorrerem da mesma questão prejudicial, inutilizando a estabilização caso a sentença meritória seja proferida em sentido contrário à tutela antecipada estabilizada.

Em outros termos, não admitir a estabilização parcial da tutela também conta com mais dois motivos pragmáticos: i) impede certa confusão procedimental ocasionada por parte do pedido estabilizado, mas sem coisa julgada, podendo ser revisto em ação própria, eventualmente ajuizada enquanto pendente a ação anterior, e parte do pedido julgado com aptidão para adquirir força de coisa julgada; ii) e também por questões de economia processual, já que, de qualquer modo, o processo terá prosseguimento[78]-[79].

No que se refere ao acolhimento do pedido subsidiário de tutela antecipada, a situação é mais tranquila.

---

de 2015: parte geral. 2ª ed. São Paulo: Método, 2018, p. 1.000-1.001; GRASSI DE GOUVEIA, Lúcio. *In*: ALVIM, Angélica Arruda; ARAKEN DE ASSIS; ALVIM, Eduardo Arruda; LEITE, George Salomão (coords.). *Comentários ao Código de Processo Civil.* 2ª ed. São Paulo: Saraiva, 2017, p. 407.

---

78 NEVES, Daniel Amorim Assumpção. *Manual de direito processual civil.* 8ª ed. Salvador: Juspodivm, 2018, p. 523; HILL, Flávia Pereira. Tutela provisória de urgência no novo Código de Processo Civil. *In*: JATAHY, Carlos Roberto; REZENDE DE ALMEIDA, Diogo Assumpção; AYOUB, Luiz Roberto (coords.). *Reflexões sobre o novo Código de Processo Civil.* Rio de Janeiro: FGV Editora, 2016, p. 183.

79 Em âmbito jurisprudencial já se decidiu: "Com efeito, a estabilidade da medida antecipatória existe como instrumento de economia processual, na medida em que dispensa o prosseguimento do processo em busca da cognição exauriente. Isto significa que a necessidade de prosseguir com o processo, ditada pela formulação de outros pedidos, subtrai em grande parte a utilidade pretendida pelo legislador. Se é para investigar a verdade e aprofundar a cognição, não há mesmo qualquer motivo para se deferir qualquer estabilidade. Isto só seria diferente em caso de lides diversas, porque neste caso a estabilidade se daria de forma parcial. Cogitar da estabilização na presença de um mérito a ser enfrentado em cognição plena traz ainda um segundo, e grave, inconveniente, consistente na possibilidade de se estabelecer um conflito entre a sentença e a antecipação anteriormente deferida" (TJRJ, Agravo de Instrumento nº 0023427-94.2018.8.19.0000, Décima Sexta Câmara Cível, rel. Des. Eduardo Gusmão Alves de Brito Neto, j. 08.08.2018).

A cumulação subsidiária de pedidos, prevista expressamente no art. 326, *caput*, do CPC/2015[80], caracteriza-se, no conceito de José Rogério Cruz e Tucci, "toda vez que um pedido tiver de ser tomado em consideração na eventualidade de não proceder um pedido antecedente"[81].

Acolhido o primeiro pedido, o juiz sequer analisará o(s) subsidiário(s). Não acolhido, os demais serão objeto de decisão, mas sempre remanescerá o interesse do autor no acolhimento do primeiro, que deverá ser objeto de cognição exauriente, não sendo admissível, portanto, a estabilização nessa hipótese[82], exceto, por óbvio, se o autor se mostrar favorável ao encerramento prematuro do processo.

8.5. Estabilização da tutela provisória nos tribunais

A visualização sobre a ocorrência do fenômeno da estabilização é *simples* quando se tratar de requerimento antecedente feito em primeira instância, deferido de plano pelo juiz, contra qual não é interposto o agravo de instrumento, recurso cabível, na hipótese, tratando-se de decisão que versa sobre tutela provisória[83].

Contudo, a questão ganha ares de maior dificuldade nos tribunais, sendo salutar investigar se é possível que a tutela provisória concedida em causas de competência originária nos tribunais ou em grau recursal também estabilize, e, em caso positivo, quais as condições para seu reconhecimento.

De início, não nos parece, como acreditam alguns, que a ocorrência da estabilização está limitada aos casos em que o juiz de primeiro grau defira a tutela antecipada antecedente[84], ou, ainda, somente se ela for

---

80 "Art. 326. É lícito formular mais de um pedido em ordem subsidiária, a fim de que o juiz conheça do posterior, quando não acolher o anterior."

81 *In*: Reflexões sobre a cumulação subsidiária de pedidos. *Revista dos Tribunais*, vol. 786/2001, pp. 57-67. Revista dos Tribunais online, p. 2.

82 No mesmo sentido: SICA, Heitor Vitor Mendonça. Doze problemas e onze soluções quanto à chamada "estabilização da tutela antecipada". *In*: DIDIER JR., Fredie (coord. geral). *Procedimentos especiais, tutela provisória e direito transitório*. 2ª ed. Salvador: Juspodivm, 2016, p. 245; BEDUSCHI, Leonardo; HENCKEMAIER, Heidy Santos. Dois temas controvertidos sobre a estabilização da tutela antecipada antecedente. *Revista de Processo Comparado*, vol. 5/2017, pp. 63-82. Revista dos Tribunais online, p. 9.

83 "Art. 1.015. Cabe agravo de instrumento contra as decisões interlocutórias que versarem sobre: I – tutelas provisórias; (...)."

84 Entendendo só ser possível a estabilização caso a tutela seja deferida pelo juízo de primeiro grau: CÉSAR DE SOUZA, Artur. *Tutela provisória: tutela de urgência e tute-*

concedida originariamente, seja pelo juiz de primeiro grau, seja pelo relator nos processos de competência originária do tribunal[85].

Primeiro porque a emenda da petição inicial prevista no art. 303, §6º, do CPC/2015[86] não tem o condão de, por si só, impossibilitar a eventual estabilização da tutela, como se viu. Cabe ressaltar, desde que o autor não tenha interesse no prosseguimento do feito e o réu não tenha se oposto ao pedido formulado, nada impede a ocorrência da estabilização com a extinção do processo, pouco importando o fato de a inicial já ter sido emendada.

De outro lado, não há nada nos arts. 303 e 304 do CPC/2015 que impeça a estabilização se a tutela antecipada for deferida no âmbito do agravo de instrumento, no caso de indeferimento pelo juiz de primeiro grau, ou pelo relator em causas de competência originária dos tribunais, nem parece que a interpretação sistemática e teleológica do sistema processual civil levaria a tal conclusão.

Sempre partindo da premissa de que a estabilização tem por finalidade o encerramento do processo desde que ambas as partes estejam

---

la de evidência. São Paulo: Almedina, 2016, p. 198; VEIGA, Daniel Brajal; FONSECA, Geraldo; D'Orio, Rodrigo; FAGUNDES, Cristiane Druve Tavares; ARMELIN, Roberto. Tutela provisória: questões polêmicas. *In*: BUENO, Cassio Scarpinella; NETO, Elias Marques de Medeiros; NETO, Olavo de Oliveira; CAZZOLINO DE OLIVEIRA, Patrícia Elias; LUCON, Paulo Henrique dos Santos (coords.). *Tutela provisória no CPC: dos 20 anos de vigência do art. 273 do CPC/1973 ao CPC/2015.* 2ª ed. São Paulo: Saraiva Educação, 2018, pp. 520-521.

---

85 "Uma vez indeferida a tutela antecipada antecedente, e sendo ela deferida, apenas, por conta de recurso manejado pelo autor contra a decisão denegatória originária (agravo de instrumento ou agravo interno, a depender se se trata de decisão de primeiro grau ou de relator, em ação originária) não se estabilizam os efeitos da tutela se o prejudicado não interpuser recurso contra a decisão do Tribunal (embargos de declaração, recurso extraordinário ou especial). Nestes casos, enquanto pende o recurso, já deverá o autor ter emendado a inicial na forma do artigo 303, §6º, do CPC/2015, sob pena de extinção do processo." *In*: GAJARDONI, Fernando da Fonseca; DELLORE, Luiz; ROQUE, Andre Vasconcelos; DUARTE DE OLIVEIRA JR., Zulmar. *Teoria geral do processo: comentários ao CPC de 2015: parte geral.* 2ª ed. São Paulo: Método, 2018, p. 1.001.

86 "Art. 303. Nos casos em que a urgência for contemporânea à propositura da ação, a petição inicial pode limitar-se ao requerimento da tutela antecipada e à indicação do pedido de tutela final, com a exposição da lide, do direito que se busca realizar e do perigo de dano ou do risco ao resultado útil do processo." (...) "§6º Caso entenda que não há elementos para a concessão de tutela antecipada, o órgão jurisdicional determinará a emenda da petição inicial em até 5 (cinco) dias, sob pena de ser indeferida e de o processo ser extinto sem resolução de mérito."

satisfeitas (aí incluída a hipótese de omissão) com a mera concessão de uma tutela provisória, revogável, um requisito negativo para que não ocorra a estabilização é a ausência de oposição do réu ao pedido do autor.

Se ele interpuser o recurso[87] contra a decisão unipessoal (agravo interno), não haverá estabilização, ficando a questão resolvida. Deve o processo, pois, prosseguir para análise definitiva do mérito da demanda.

Nessa hipótese, a interposição do agravo interno não geraria maiores dificuldades, pois se trata de recurso ordinário e de fundamentação livre[88], com efeito devolutivo amplo, não necessitando, pois, preencher determinados requisitos específicos para sua interposição e admissibilidade; possibilita-se, pois, amplo reexame também das matérias fáticas, além das jurídicas.

Todavia, o mesmo não se pode dizer se a tutela antecipada for concedida por decisão colegiada, já que o recurso cabível seria, a princípio, o recurso especial ou o recurso extraordinário.

Tais espécies recursais são conhecidas como de fundamentação vinculada, com requisitos específicos para sua interposição e admissibilidade (como prequestionamento, repercussão geral, existência de violação à Constituição Federal ou a lei federal). Admite-se nesses casos, como regra, apenas o reexame de matérias jurídicas.

E quando se trata da interposição desses recursos excepcionais versando sobre tutela provisória, as limitações à sua admissibilidade são muitas, havendo, inclusive, que se mencionar a Súmula 735/STF: "Não cabe recurso extraordinário contra acórdão que defere medida liminar", caminhando o STJ no mesmo sentido dessa súmula[89].

---

87 Apesar de já ter havido discussão sobre a natureza recursal do agravo interno, havendo quem acreditasse não se tratar de recurso (a respeito, vide: MONIZ DE ARAGÃO, Egas Dirceu. Do agravo regimental. *Revista de Direito Processual Civil*, vol. 2, especialmente pp. 77-78), hodiernamente não parece haver mais espaço para dúvidas de que o agravo interno possui natureza recursal, mormente diante do princípio da taxatividade e da sua previsão como recurso no art. 994, III, do CPC/2015, além da necessidade de impugnação específica dos fundamentos da decisão agravada, conforme art. 1.021, §1º, do CPC/2015 (sobre o tema, vide: JORGE, Flávio Cheim. *Teoria geral dos recursos cíveis*. 7ª ed. São Paulo: Ed. Revista dos Tribunais, 2015, pp. 272-275).

88 Em contraposição aos recursos extraordinários *lato sensu*, que possuem fundamentação vinculada.

89 "PROCESSUAL. AGRAVO INTERNO NO AGRAVO EM RECURSO ESPECIAL. QUESTÃO DE MÉRITO AINDA NÃO JULGADA, EM ÚNICA OU ÚLTIMA INSTÂNCIA, PELO TRIBUNAL DE ORIGEM. EXAME. IMPOSSIBILIDADE. SÚMULA 735/STF. REVERSIBILIDADE DA MEDIDA LIMINAR. CONTROVÉRSIA RESOLVIDA, PELO TRIBUNAL DE

Daí por que não é razoável exigir que o réu interponha ditos recursos, que em sua maioria sequer serão conhecidos, apenas com o intuito de evitar a estabilização da tutela provisória e ver sua demanda prosseguir rumo à análise exauriente.

Contudo, como defendemos a possibilidade de que qualquer oposição do réu já obstaria a ocorrência da estabilização, basta que ele, de qualquer forma, demonstre sua irresignação, ainda que em primeira instância[90], sendo desnecessário, portanto, que interponha o recurso cabível.

8.6. Estabilização da tutela provisória nos procedimentos especiais

A estabilização da tutela provisória está prevista expressamente no CPC/2015, diploma aplicável, supletivamente, aos procedimentos espe-

ORIGEM, À LUZ DAS PROVAS DOS AUTOS. IMPOSSIBILIDADE DE REVISÃO, NA VIA ESPECIAL. SÚMULA 7/STJ. AGRAVO INTERNO IMPROVIDO. (...). II. Consoante a orientação firmada pelo STJ (STJ, REsp 765.375/MA, Rel. Ministro TEORI ALBINO ZAVASCKI, PRIMEIRA TURMA, DJU de 08/05/2006), os recursos para a instância extraordinária (recursos extraordinários e recursos especiais) somente são cabíveis em face de 'causas decididas em única ou última instância' (CF, art. 102, III e art. 105, III). Não é função constitucional do STF e nem do STJ, no julgamento de recursos extraordinários e recursos especiais, substituir-se às instâncias ordinárias para fazer juízo a respeito de questões constitucionais ou infraconstitucionais que, naquelas instâncias, ainda não tiveram tratamento definitivo e conclusivo. A natureza precária e provisória do juízo de mérito desenvolvido em sede liminar desqualifica, assim, o requisito constitucional do esgotamento das instâncias ordinárias, indispensável ao cabimento do Recurso Extraordinário e do Recurso Especial. III. Com base nesse entendimento, o STF editou a Súmula 735, segundo a qual 'não cabe recurso extraordinário contra acórdão que defere medida liminar'. IV. Na forma da jurisprudência do STJ 'não é cabível recurso especial contra deferimento de medida antecipatória/liminar, quando se indica como violados dispositivos relacionados ao próprio mérito da ação originária. Isso porque, no limiar do processo, esses dispositivos legais apenas são submetidos a juízo precário de verossimilhança, sendo passível de modificação em qualquer tempo, podendo ser confirmado ou revogado pela sentença de mérito. A análise da existência dos pressupostos da medida liminar (periculum in mora e fumus boni iuris) demanda o revolvimento fático-probatório dos autos, o que é vedado pela Súmula 7 desta Corte' (STJ, AgInt nos EDcl no REsp 1.607.469/SC, Rel. Ministro MAURO CAMPBELL MARQUES, SEGUNDA TURMA, DJe de 13/03/2017)" (AgInt no Agravo em Resp. nº 1.034.741/PI, rel. Min. Assusete Magalhães, j. 18.09.2018).

90 RIBEIRO, Leonardo Ferres da Silva. *Tutela provisória: tutela de urgência e tutela de evidência*. 3ª ed. São Paulo: Ed. Revista dos Tribunais, 2018, p. 232.

ciais previstos em legislação extravagante[91], inclusive com incidência do procedimento comum aos demais procedimentos especiais de maneira subsidiária[92].

Assim, aprioristicamente, não há nada que vede a estabilização nos procedimentos especiais[93], desde que inexista previsão legal específica em sentido diverso ou mesmo incompatibilidade sistêmica, lógica ou principiológica com as regras relativas ao procedimento antecedente e à possibilidade de estabilização, devendo a análise, pois, ser feita caso a caso. Aliás, a tutela antecipada em caráter antecedente pode, a princípio, ser deferida em qualquer procedimento, desde que observados seus requisitos, o que não se confunde com a possibilidade de sua eventual estabilização.

Como salienta Elpídio Donizetti, trazendo o exemplo das ações possessórias, a mera existência de um procedimento especial não impede a aplicação subsidiária das normas gerais sobre tutela antecipada, mesmo porque situadas na Parte Geral do Código[94].

---

91 "Art. 1.046. Ao entrar em vigor este Código, suas disposições se aplicarão desde logo aos processos pendentes, ficando revogada a Lei nº 5.869, de 11 de janeiro de 1973." (...) "§2º Permanecem em vigor as disposições especiais dos procedimentos regulados em outras leis, aos quais se aplicará supletivamente este Código."

92 "Art. 318. Aplica-se a todas as causas o procedimento comum, salvo disposição em contrário deste Código ou de lei. Parágrafo único. O procedimento comum aplica-se subsidiariamente aos demais procedimentos especiais e ao processo de execução."

93 Em sentido contrário: "Por conseguinte, as 'liminares' dos procedimentos especiais poderão adquirir a estabilidade do art. 304 sempre que não houver regime procedimental que colida com essa possibilidade. Essa impossibilidade ocorrerá sempre que o procedimento especial carecer de previsão de tutela provisória antecedente capaz de ser processada com aparência de autônoma (ressalvada a obrigatória indicação da lide principal), o que, pode-se dizer, ocorre com todos os procedimentos especiais codificados. Portanto, não há como conceber a estabilização em tais casos. Não porque haja vedação explícita, mas porque não há procedimento especial que comporte o procedimento de concessão antecipada da tutela provisória a ensejar eventual estabilização na forma do art. 304." *In*: VEIGA, Daniel Brajal; FONSECA, Geraldo; D'Orio, Rodrigo; FAGUNDES, Cristiane Druve Tavares; ARMELIN, Roberto. Tutela provisória: questões polêmicas. *In:* BUENO, Cassio Scarpinella; NETO, Elias Marques de Medeiros; NETO, Olavo de Oliveira; CAZZOLINO DE OLIVEIRA, Patrícia Elias; LUCON, Paulo Henrique dos Santos (coords.). *Tutela provisória no CPC: dos 20 anos de vigência do art. 273 do CPC/1973 ao CPC/2015.* 2ª ed. São Paulo: Saraiva Educação, 2018, p. 562.

94 DONIZETTI, Elpídio. *Curso didático de direito processual civil.* 21ª ed. São Paulo: Atlas, 2018, p. 490.

A título exemplificativo, sem a pretensão de esgotar o assunto, avaliaremos a compatibilidade do tema em estudo com alguns procedimentos especiais conhecidos e de uso em larga escala no cotidiano forense.

Comecemos com os alimentos provisórios previstos no art. 4º da Lei nº 5.478/1968[95]. Se tiverem caráter satisfativo e havendo possibilidade de seu deferimento em sede liminar, plenamente possível que a decisão que os conceda estabilize, caso preenchidos os demais requisitos já analisados[96].

Do mesmo modo quanto ao mandado de segurança. Admitida a estabilização em face da Fazenda Pública (tópico tratado adiante), o procedimento do mandado de segurança é compatível com a técnica em estudo[97]. Não se pode excluir a possibilidade, inclusive, de estabilização em ação civil pública[98], a depender da matéria ali ventilada.

Por outro lado, no sistema dos juizados especiais há certas peculiaridades que merecem maior atenção. Como bem se sabe, é possível pleitear tutelas provisórias nos Juizados Especiais Cíveis, Federais e da Fazenda Pública, nada impedindo que o pedido seja feito, inclusive, em

---

95 "Art. 4º As despachar o pedido, o juiz fixará desde logo alimentos provisórios a serem pagos pelo devedor, salvo se o credor expressamente declarar que deles não necessita. Parágrafo único. Se se tratar de alimentos provisórios pedidos pelo cônjuge, casado pelo regime da comunhão universal de bens, o juiz determinará igualmente que seja entregue ao credor, mensalmente, parte da renda líquida dos bens comuns, administrados pelo devedor."

96 Enunciado nº 500 do Fórum Permanente de Processualistas Civis (FPPC): "O regime da estabilização da tutela antecipada antecedente aplica-se aos alimentos provisórios previstos no art. 4º da Lei 5.478/1968, observado o §1º do art. 13 da mesma lei."

97 Nesse sentido, tratando do tema da estabilização também de forma abrangente: GOMES DE QUEIROZ, Pedro. *Mandado de segurança: propostas para duração razoável e efetividade.* Salvador: Juspodivm, 2018, pp. 161-194.

98 Conforme já decidiu o E. TJSP: "AÇÃO CIVIL PÚBLICA AMBIENTAL. AJUIZAMENTO COM O FIM DE COIBIR A REALIZAÇÃO DE RODEIO, COM PRÁTICA DE MAUS TRATOS A ANIMAIS. LEGITIMIDADE PASSIVA "AD CAUSAM" DO MUNICÍPIO RECONHECIDA. ESTABILIZAÇÃO DA TUTELA ANTECIPADA CONCEDIDA. EXTINÇÃO DO FEITO NOS TERMOS DO ART. 304, §1º, E 487, I, DO CPC. RECONHECIMENTO. SENTENÇA MANTIDA. RECURSO NÃO PROVIDO. (...). II- Deferida a tutela de urgência requestada com o fim de obstar a realização do evento que conteria prova de laço em dupla ("Team Roping") e não havendo recurso contra tal decisão, correta a extinção do feito, sem resolução do mérito, com fulcro no art. 304, §1º, do CPC, em razão da estabilização da tutela anteriormente concedida. Sentença mantida. Recurso não provido" (Apelação nº 1000720-85.2016.8.26.0584, 2ª Câmara Reservada ao Meio Ambiente, rel. Des. Paulo Ayrosa, j. 19.12.2017).

caráter antecedente[99]. Como já vimos, essa possibilidade de requerimento em caráter antecedente não se confunde com a estabilização.

Pois bem. Para alguns, a inaplicabilidade da estabilização nessas hipóteses se fundamenta na impossibilidade de interpor agravo de instrumento em face das decisões provisórias dos Juizados Especiais, não havendo meio para que o réu impeça seu reconhecimento[100].

Todavia, o mencionado entendimento não considera que, ao menos nos Juizados Especiais Federais (arts. 4º e 5º da Lei nº 10.259/2001[101]) e nos Juizados Especiais da Fazenda Pública (arts. 3º e 4º da Lei nº 12.153/2009[102]) há disposições expressas sobre o cabimento de recurso em face de decisões sobre tutela provisória[103].

Todavia, ao menos nessas hipóteses, a estabilização encontra um impedimento que não o acima elencado. Um dos pressupostos para a estabilização da tutela antecipada é a possibilidade de modificá-la por procedimento próprio. O art. 304, §4º, reza que: "Qualquer das partes poderá requerer o desarquivamento dos autos em que foi concedida a medida, para instruir a petição inicial da ação a que se refere o §2º, prevento o juízo em que a tutela antecipada foi concedida".

Como a Fazenda Pública não pode ser autora no sistema dos Juizados Especiais Federais e da Fazenda Pública, a teor do que prescrevem os arts. 6º, inciso I, da Lei nº 10.259/2001[104] e 5º, inciso I, da Lei nº

---

99 Em sentido contrário é o Enunciado nº 163 do Fórum Nacional de Juízes Estaduais (FONAJE): "Os procedimentos de tutela de urgência requeridos em caráter antecedente, na forma prevista nos arts. 303 a 310 do CPC/2015, são incompatíveis com o Sistema dos Juizados Especiais."

100 Nesse sentido: GAJARDONI, Fernando da Fonseca; DELLORE, Luiz; ROQUE, Andre Vasconcelos; DUARTE DE OLIVEIRA JR., Zulmar. *Teoria geral do processo: comentários ao CPC de 2015: parte geral.* 2ª ed. São Paulo: Método, 2018, pp. 1.001-1.002.

101 "Art. 4º O Juiz poderá, de ofício ou a requerimento das partes, deferir medidas cautelares no curso do processo, para evitar dano de difícil reparação." "Art. 5º Exceto nos casos do art. 4º, somente será admitido recurso de sentença definitiva."

102 "Art. 3º O juiz poderá, de ofício ou a requerimento das partes, deferir quaisquer providências cautelares e antecipatórias no curso do processo, para evitar dano de difícil ou de incerta reparação." "Art. 4º Exceto nos casos do art. 3º, somente será admitido recurso contra a sentença."

103 Admitindo, ao que parece, a estabilização nessas hipóteses: ARRUDA ALVIM. *Manual de direito processual civil: teoria geral do processo e processo de conhecimento.* 17ª. São Paulo: Ed. Revista dos Tribunais, 2017, pp. 725-726, nota de rodapé nº 143.

104 "Art. 6º Podem ser partes no Juizado Especial Federal Cível: I – como autores, as pessoas físicas e as microempresas e empresas de pequeno porte, assim definidas na Lei no 9.317, de 5 de dezembro de 1996; (...)."

12.153/2009[105], não lhe seria permitido rever a tutela antecipada estabilizada[106], o que não se mostraria constitucional por lhe vedar o acesso ao Judiciário.

Por esse motivo não se admite a estabilização nessas hipóteses[107]. Ou seja, aprioristicamente não há qualquer vedação genérica sobre a estabilização nos procedimentos especiais, desde que não haja incompatibilidade sistêmica, lógica ou principiológica.

8.7. Estabilização contra réu preso, incapaz, citado por hora certa ou edital

Nas hipóteses de ações ajuizadas em face de réu incapaz sem representante legal, ou se os interesses deste colidirem com os daquele, réu preso revel, além do revel citado por edital ou com hora certa, estamos diante do que se denomina citação ficta. O sistema, para seu bom funcionamento, cria uma ficção de citação, em cada caso com sua motivação e peculiaridades.

O que há de comum nessas hipóteses é a ficção da citação e a nomeação de curador especial[108]. Cabe ao curador especial defender os interesses da parte a que assiste, com a possibilidade de apresentar, inclusive, contestação por negativa geral, não se lhe aplicando, por conse-

---

105 "Art. 5º Podem ser partes no Juizado Especial da Fazenda Pública: I – como autores, as pessoas físicas e as microempresas e empresas de pequeno porte, assim definidas na Lei Complementar nº 123, de 14 de dezembro de 2006; (...)."

106 CARNEIRO DA CUNHA, Leonardo. *A Fazenda Pública em juízo.* 13ª ed. Rio de Janeiro: Forense, 2016, p. 805; HARTMANN, Rodolfo Kronemberg. A tutela provisória de urgência e os juizados especiais. *In*: DIDIER JR., Fredie (coord. geral). *Juizados Especiais.* Coleção Repercussões do novo CPC. Salvador: Juspodivm, 2015, p. 254. No mesmo sentido é o Enunciado nº 178 do FONAJEf: "A tutela provisória em caráter antecedente não se aplica ao rito dos juizados especiais federais, porque a sistemática de revisão da decisão estabilizada (art. 304 do CPC/2015) é incompatível com os arts. 4º e 6º da Lei nº 10.259/2001)".

107 Nesse sentido: TJMG, Apelação nº 1.0372.17.003837-9/002, 6ª Câmara Cível, rel. Des. Sandra Fonseca, j. 03.09.2019, Apelação nº 1.0372.16.003256-4/001, 6ª Câmara Cível, rel. Des. Sandra Fonseca, j. 14.08.2018; Apelação nº 1.0000.18.028096-8/000, 6ª Câmara Cível, rel. Des. Edílson Olímpio Fernandes, j. 26.06.2018; TJPE, Conflito de Competência nº 461476-40014280-69.2016.8.17.0000, 3ª Câmara de Direito Público, rel. Des. Luiz Carlos de Barros Figueirêdo, j. 21.05.2019.

108 "Art. 72. O juiz nomeará curador especial ao: I – incapaz, se não tiver representante legal ou se os interesses deste colidirem com os daquele, enquanto durar a incapacidade; II – réu preso revel, bem como ao réu revel citado por edital ou com hora certa, enquanto não for constituído advogado."

quência, o ônus de impugnação especificada dos fatos, que é comum à defesa do réu[109].

Diante desse quadro e dessas peculiaridades, surge a questão sobre a possibilidade de a tutela provisória deferida contra uma dessas pessoas possuir aptidão para a estabilização.

Como visto, a estabilização está fundada na aceitação das partes acerca da tutela provisória concedida. Nos casos de citação ficta não há como presumir que o réu esteja de acordo com a estabilização[110], ou seja, que a tutela provisória terá seus efeitos protraídos no tempo, sem que seja imprescindível uma decisão judicial transitada em julgado com cognição exauriente. A omissividade não decorre de um ato de vontade[111].

Em reforço, nesses casos o curador especial tem o dever de adotar todas as medidas cabíveis em favor do réu, o que inclui, eventualmente, impugnar a tutela provisória deferida[112].

Daí por que, nessas hipóteses, a tutela antecipada deferida não terá aptidão para se estabilizar[113], devendo o processo prosseguir para a decisão final, com aptidão para fazer coisa julgada.

---

109 "Art. 341. Incumbe também ao réu manifestar-se precisamente sobre as alegações de fato constantes da petição inicial, presumindo-se verdadeiras as não impugnadas, salvo se: (...) Parágrafo único. O ônus da impugnação especificada dos fatos não se aplica ao defensor público, ao advogado dativo e ao curador especial."

110 LAMY, Eduardo de Avelar; LUIZ, Fernando Vieira. Estabilização da tutela antecipada no novo Código de Processo Civil. *Revista de Processo*, vol. 260/2016, pp. 105-129, Revista dos Tribunais online, p. 10; LAMY, Eduardo. *Tutela provisória*. São Paulo: Atlas, 2018, pp. 98-99.

111 GAJARDONI, Fernando da Fonseca; DELLORE, Luiz; ROQUE, Andre Vasconcelos; DUARTE DE OLIVEIRA JR., Zulmar. *Teoria geral do processo: comentários ao CPC de 2015: parte geral*. 2ª ed. São Paulo: Método, 2018, p. 1.001.

112 WAMBIER, Luiz Rodrigues; TALAMINI, Eduardo. *Curso avançado de processo civil: cognição jurisdicional (processo comum de conhecimento e tutela provisória)*, vol. 2. São Paulo: Ed. Revista dos Tribunais, 2018, pp. 919-920; DIDIER JR., Fredie; BRAGA, Paula Sarno; ALEXANDRIA DE OLIVEIRA, Rafael. *Curso de direito processual civil: teoria geral da prova, direito probatório, decisão, precedente, coisa julgada e tutela provisória*. 13ª ed. Salvador: Juspodivm, 2018, p. 701; CÉSAR DE SOUZA, Artur. *Tutela provisória: tutela de urgência e tutela de evidência*. São Paulo: Almedina, 2016, pp. 200; BUIKA, Heloisa Leonor. A ambiguidade da estabilização dos efeitos da tutela antecipada e a coisa julgada no novo Código de Processo Civil. *Revista de Processo*, vol. 267/2017, pp. 289-315. Revista dos Tribunais online, p. 8.

113 Com relação ao réu absolutamente incapaz, o Enunciado nº 22 da Escola Judicial do Tribunal de Justiça de Minas Gerais: "O réu absolutamente incapaz não se submete ao regime de estabilização da tutela antecipada".

8.8. Estabilização em casos de litisconsórcio e assistência

A tutela provisória, naturalmente, pode ser deferida em caso de litisconsórcio passivo, que se caracteriza pela pluralidade de réus no polo passivo do processo. Do mesmo modo, há hipóteses em que se admite que um terceiro ingresse no feito para auxiliar uma das partes, nos importando, tendo em vista o escopo do presente trabalho, apenas a assistência ao réu.

O questionamento quanto ao ponto reside na extensão do aproveitamento da impugnação feita pelo litisconsorte ou assistente ao outro litisconsorte ou assistido que não se insurgiu, quando houver concessão de tutela provisória nos casos em que se admite a ocorrência da estabilização.

Analisemos inicialmente o caso de litisconsórcio passivo.

Há em nosso ordenamento jurídico diversas modalidades de litisconsórcio. No que nos interessa, cumpre distinguir os conceitos de litisconsórcio facultativo, necessário, simples e unitário.

O litisconsórcio necessário se dá nas hipóteses em que é indispensável a inclusão, no processo, de partes plúrimas, por força de lei ou pela natureza da relação jurídica controvertida (art. 114 do CPC/2015)[114]. Caso não esteja presente nenhuma das condições acima, diz-se que o litisconsórcio é facultativo, ficando a critério da parte incluir aquele sujeito ao processo[115].

O litisconsórcio simples, por sua vez, é aquele em que a decisão a ser tomada pode ser diferente para os litisconsortes e, a princípio, os atos e omissões de cada um são indiferentes para os outros[116], enquanto o litisconsórcio unitário tem como característica principal que a decisão deverá ser, obrigatoriamente, a mesma para todos os litisconsortes (art. 116 do CPC/2015[117]). Ou, como ensina Barbosa Moreira, unitário é o li-

---

114 "Art. 114. O litisconsórcio será necessário por disposição de lei ou quando, pela natureza da relação jurídica controvertida, a eficácia da sentença depender da citação de todos que devam ser litisconsortes."

115 Cândido Rangel Dinamarco ensina que a necessariedade ou não do litisconsórcio é dimensionada pelo legislador segundo duas técnicas: "a) quando se tratar de situações jurídicas ocupadas por duas ou várias pessoas, mas *incindíveis*; b) em casos isolados e específicos onde, *a critério do legislador*, seja conveniente a litigência conjunta". *In*: *Litisconsórcio*. 8ª ed. São Paulo: Malheiros, 2009, p, 77.

116 DINAMARCO, Cândido Rangel. *Litisconsórcio*. 8ª ed. São Paulo: Malheiros, 2009, p. 77.

117 "Art. 116. O litisconsórcio será unitário quando, pela natureza da relação jurídica, o juiz tiver de decidir o mérito de modo uniforme para todos os litisconsortes."

tisconsórcio quando somente de modo uniforme será a relação jurídica litigiosa resolvida[118].

Em relação a essa espécie de litisconsórcio, Dinamarco salienta: "Por isso é que, ali, os atos e omissões que beneficiarem a um hão de beneficiar invariavelmente a todos na mesma medida, não se permitindo que se criem situações desfavoráveis a um dos litisconsortes sem que sejam desfavoráveis a todos eles"[119].

Traçado esse singelo panorama conceitual, não há maior dificuldade em aceitar que, se a insurgência de um dos réus em face da decisão concessiva da tutela provisória aproveitar àquele que não se insurgiu, não haverá estabilização[120]. Isso ocorrerá sempre que o litisconsórcio passivo for unitário, já que, como se disse, a decisão deverá ser, obrigatoriamente, a mesma para todos, dando, portanto, tratamento uniforme aos réus.

Ainda sobre esse ponto de vista, quanto ao litisconsórcio passivo simples, a regra é diversa, já que, comumente, a conduta de um litisconsorte não aproveita aos demais[121]-[122].

Todavia, há de se ter em vista que a contestação apresentada por um dos litisconsortes impede a produção dos efeitos da revelia ao litisconsorte revel (art. 345, I, do CPC/2015)[123], desde que haja fato comum a ambos.

---

118 BARBOSA MOREIRA, José Carlos. *Litisconsórcio unitário*. Rio de Janeiro: Forense, 1972, p. 13.

119 DINAMARCO, Cândido Rangel. *Litisconsórcio*. 8ª ed. São Paulo: Malheiros, 2009, p, 78.

120 GODINHO, Robson. *In*: CABRAL, Antônio do Passo; CRAMER, Ronaldo (coords.). *Comentários ao Novo Código de Processo Civil*. Rio de Janeiro: Forense, 2015, p. 481; WAMBIER, Luiz Rodrigues; TALAMINI, Eduardo. *Curso avançado de processo civil: cognição jurisdicional (processo comum de conhecimento e tutela provisória)*, vol. 2. São Paulo: Ed. Revista dos Tribunais, 2018, p. 922; DIDIER JR., Fredie; BRAGA, Paula Sarno; ALEXANDRIA DE OLIVEIRA, Rafael. *Curso de direito processual civil: teoria geral da prova, direito probatório, decisão, precedente, coisa julgada e tutela provisória*. 13ª ed. Salvador: Juspodivm, 2018, p. 701.

121 "Art. 117. Os litisconsortes serão considerados, em suas relações com a parte adversa, como litigantes distintos, exceto no litisconsórcio unitário, caso em que os atos e as omissões de um não prejudicarão os outros, mas os poderão beneficiar."

122 Entendendo que a interposição de recurso por um litisconsorte só aproveita o outro no caso de litisconsórcio unitário: ALVIM, Eduardo Arruda. *Tutela provisória*. 2ª ed. São Paulo: Saraiva, 2017, pp. 222-223.

123 "Art. 345. A revelia não produz o efeito mencionado no art. 344 se: I – havendo pluralidade de réus, algum deles contestar a ação; (...)."

Assim, para alguns, se o litisconsórcio for unitário e um dos litisconsortes se insurgir, a tutela provisória não se estabilizará. Sendo simples, há de se avaliar a extensão da impugnação.

Não é, contudo, o que aqui se defende, na medida em que, guardando coerência com o restante do trabalho, só se admite a estabilização quando o processo for extinto. Esta é a razão pela qual o instituto foi criado e pensado. Se a demanda, por qualquer motivo, deverá prosseguir, não se aplica a técnica da estabilização.

Em nosso entender, portanto, independentemente da natureza do litisconsórcio passivo, se houver impugnação por parte de um dos réus, a estabilização não será admitida, devendo o processo prosseguir para análise meritória com relação a todos, já que o intento da estabilização, a extinção prematura do processo, não foi atingido.

Daniel Amorim Assumpção Neves leciona que:

> A estabilização só se justifica com a extinção do processo, não tendo sentido que uma tutela antecipada seja estabilizada para um dos réus e não para os demais. O fato é que havendo impugnação, o processo não poderá ser extinto, e tendo continuidade, a eficácia da tutela antecipada deve estar condicionada a decisão definitiva, fundada em cognição exauriente. Basta imaginar o inconveniente de se estabilizar a tutela antecipada para um réu, que ingressa com a ação prevista no art. 304, §2º, do Novo CPC, enquanto o processo no qual a tutela antecipada foi concedida ainda continua em trâmite[124].

Com relação à assistência, temos que ela comporta duas espécies: assistência simples e assistência litisconsorcial. Independentemente da espécie, contudo, essa modalidade de intervenção de terceiros sempre ter por escopo ajudar uma das partes[125].

Na modalidade simples, a vontade do assistente sempre estará condicionada à do assistido, podendo este, independentemente da postura

124 NEVES, Daniel Amorim Assumpção. *Manual de direito processual civil.* 10ª ed. Salvador: Juspodivm, 2018, p. 528. No mesmo sentido: CÉSAR DE SOUZA, Artur. *Tutela provisória: tutela de urgência e tutela de evidência.* São Paulo: Almedina, 2016, p. 200; CIANCI, Mirna. A estabilização da tutela antecipada como forma de desaceleração do processo (uma análise crítica). *Revista de Processo,* vol. 247/2015, pp. 249-261. Revista dos Tribunais online, pp. 6-7.

125 DINAMARCO, Cândido Rangel. *Intervenção de terceiros.* 5ª ed. São Paulo: Malheiros, 2009, p, 37.

do assistente, reconhecer a procedência do pedido, desistir da ação, renunciar ao direito ou transigir (art. 122 do CPC/2015[126]).

Vale dizer: o assistente pode praticar atos que beneficiem o assistido, desde que não aja contra sua vontade, não lhe sendo dado praticar atos que prejudiquem o assistido.

O art. 121, parágrafo único, do CPC/2015[127] dispõe que, sendo de qualquer modo omisso o réu, o assistente atuará como seu substituto processual. Nada impede, portanto, que, na ausência de insurgência do réu, o assistente o faça, atuando como seu substituto e evitando a estabilização.

Contudo, como a vontade do assistido é soberana e por consequência a do assistente condicionada, nada impede que aquele se manifeste, expressamente, a favor da estabilização.

Tal conduta levará à extinção do processo pelo reconhecimento da estabilização. A atuação do assistente simples não pode contrariar os interesses do assistido. Se é da vontade dele que o processo não prossiga, assim deverá ser. Tudo dependerá, assim, da postura que assistente e assistido adotarão após o deferimento da tutela provisória.

Sobre o tema já se manifestou Eduardo Arruda Alvim:

> Caso não seja interposto recurso pelo réu (assistido), será possível ao assistente simples, ainda assim, obstar a estabilização dos efeitos da tutela recorrendo, tendo em vista que nessa hipótese agirá como substituto processual do seu assistido, conforme prevê o art. 121, parágrafo único, do CPC/2015. Por outro lado, se o assistido (réu) manifestar expressamente seu desinteresse pela interposição do recurso, certo nos parece que aquele eventualmente interposto pelo assistente simples não terá aptidão para obstar a estabilização, na medida em que o assistente simples se deve subordinar integralmente à vontade do assistido, a teor do que dispõem os arts. 121 e 122 do CPC/2015[128].

126 "Art. 122. A assistência simples não obsta a que a parte principal reconheça a procedência do pedido, desista da ação, renuncie ao direito sobre o que se funda a ação ou transija sobre direitos controvertidos."

127 "Art. 121. O assistente simples atuará como auxiliar da parte principal, exercerá os mesmos poderes e sujeitar-se-á aos mesmos ônus processuais que o assistido. Parágrafo único. Sendo revel ou, de qualquer outro modo, omisso o assistido, o assistente será considerado seu substituto processual."

128 ALVIM, Eduardo Arruda. *Tutela provisória*. 2ª ed. São Paulo: Saraiva, 2017, p. 223.

Nesse sentido é o Enunciado nº 501 do Fórum Permanente de Processualistas Civis, *in verbis*: "A tutela antecipada concedida em caráter antecedente não se estabilizará quando for interposto recurso pelo assistente simples, salvo se houver manifestação expressa do réu em sentido contrário"[129].

Situação diversa é a do assistente litisconsorcial, espécie de assistência prevista no art. 124 do CPC/2015[130]. Nessa modalidade de assistência, o assistente age autonomamente no processo, não se subordinando à vontade do assistido.

Daí por que pode ele, independentemente da vontade do assistido, obstar a estabilização[131].

8.9. Estabilização em ação rescisória

Como se sabe, a ação rescisória é a ação que visa a desconstituição de decisão judicial revestida da autoridade da coisa julgada (e, eventualmente, o próprio rejulgamento da causa),[132] tendo natureza constitutiva negativa.[133]

Não há dúvida, atualmente, de que é possível pleitear a concessão de tutelas provisórias na ação rescisória, inclusive com o propósito de suspender o andamento do cumprimento da decisão rescindenda.[134]

Tal possibilidade engloba as tutelas provisórias de urgência, cautelares e antecipatórias, bem como as tutelas provisórias da evidência.

---

129 Comentando sobre o Enunciado: "(...) se a interposição de recurso impede a estabilização da tutela antecipada, pode o assistente do réu – por força do princípio do benefício – impedir a estabilização recorrendo ele mesmo em lugar do assistido; no entanto, por força do princípio da supremacia da vontade do assistido, o recurso não imunizará o assistido contra a estabilização caso ele a requeira expressamente." FONSECA DA COSTA, Eduardo. *In*: PEIXOTO, Ravi. *Enunciados FPPC. Organizados por assunto, anotados e comentados*. Salvador: Juspodivm, 2018. p. 296.

130 "Art. 124. Considera-se litisconsorte da parte principal o assistente sempre que a sentença influir na relação jurídica entre ele e o adversário do assistido."

131 ALVIM, Eduardo Arruda. *Tutela provisória*. 2ª ed. São Paulo: Saraiva, 2017, p. 223.

132 BARIONI, Rodrigo. *Ação rescisória e recursos para os Tribunais Superiores*. 2ª ed. São Paulo: Ed. Revista dos Tribunais, 2013, p. 28.

133 WAMBIER, Luiz Rodrigues; TALAMINI, Eduardo. *Curso avançado de processo civil: cognição jurisdicional (processo comum de conhecimento e tutela provisória)*, volume 2. 17ª ed. São Paulo: Ed. Revista dos Tribunais, 2018, p. 850.

134 "Art. 969. A propositura da ação rescisória não impede o cumprimento da decisão rescindenda, ressalvada a concessão de tutela provisória."

Nada impede que, em se tratando de tutelas provisórias de urgência, faça o autor uso das técnicas previstas nos arts. 303 e 305 e seguintes do CPC/15, ou seja, do requerimento de tais medidas em caráter antecedente, antes mesmo da formulação do pedido de tutela final, seja a tutela antecipada, seja a tutela cautelar.

Basta pensar na hipótese de autor premido de extrema urgência, não possuindo tempo suficiente para a elaboração de uma petição inicial completa e acabada, levando-se em consideração, ainda, a possível maior complexidade que é o manejo da ação rescisória: pode, assim, fazer uso do pedido de tutela antecipada antecedente para antecipar os efeitos (ou algum deles) da pretendida rescisão, a ser obtida ao final.[135]

Todavia, ainda que obtenha provimento judicial favorável, lhe concedendo o pedido antecipatório em caráter antecedente, isso não significa que poderá se falar em estabilização, ainda que a parte ré não tenha se insurgido oportunamente.

Não se pode cogitar do afastamento da coisa julgada por uma decisão meramente estabilizada, sob pena de uma decisão proferida em cognição exauriente se sobrepor à decisão de mérito, proferida em cognição exauriente, já transitada em julgado.[136]

Veja-se que nem mesmo a ausência de contestação, na ação rescisória, leva à incidência do principal efeito da revelia, que é a presunção de veracidade dos fatos afirmados na inicial.

Nesse caso, portanto, mesmo admitindo o pedido e deferimento da tutela antecipada em caráter antecedente, deve a ação prosseguir rumo à tutela final, em cognição exauriente, esta sim apta a transitar em julgado, rescindindo a decisão anterior.

No mesmo sentido é o Enunciado 43 da I Jornada de Direito Processual Civil do Conselho da Justiça Federal (CJF): "Não ocorre a estabilização da tutela antecipada requerida em caráter antecedente, quando deferida em ação rescisória.", bem como o Enunciado 421 do Fórum Permanente de Processualistas Civis: "Não cabe estabilização de tutela antecipada em ação rescisória."

---

135 GOMES, Frederico Augusto. *A estabilização da tutela antecipada*. São Paulo: Ed. Revista dos Tribunais, 2018, p. 150.

136 ARRUDA ALVIM, Teresa; CONCEIÇÃO, Maria Lucia Lins. *Ação rescisória e* querela nullitatis*: semelhanças e diferenças*. São Paulo: Ed. RT, 2018, p. 333.

8.10. Estabilização em face da Fazenda Pública

8.10.1. Possibilidade

Apesar do que muito já se discutiu sobre a possibilidade de concessão de tutela antecipada contra o Poder Público, hoje parece fora de dúvida que os entes públicos também estão sujeitos, em maior ou menor grau, ao deferimento de medidas urgentes contra si.

O Código de Processo Civil/2015 optou por manter, em seu art. 1.059[137], algumas vedações à concessão de tutelas antecipadas em face do Poder Público que já constavam de leis especiais. O Supremo Tribunal Federal, por sua vez, já teve a oportunidade de se manifestar pela constitucionalidade de leis que restringissem a concessão de tutelas antecipadas contra a Fazenda Pública[138].

Também é certo que o Poder Público possui algumas peculiaridades, no mais das vezes relacionadas ao interesse público em questão, que fizeram com que o legislador o tratasse de maneira diversa dos particulares em vários aspectos.

Nesse sentido, a supremacia do interesse público sobre o particular irradia efeitos também no processo, como na indisponibilidade do patrimônio público, o que é um dos fundamentos para impedir, por exemplo, o reconhecimento do principal efeito da revelia, que é a presunção de veracidade das afirmações de fato do autor, assim como submeter a sentença, em determinadas hipóteses, à remessa necessária, etc.

Tendo por base essa premissa, cabe analisar se há alguma particularidade que impeça a incidência da estabilização nas tutelas provisórias concedidas contra a Fazenda Pública.

Sobre o tema, há vozes na doutrina tentando afastar a Fazenda Pública da estabilização da tutela antecipada. Argumenta-se que, se contra o Poder Público não incide o principal efeito da revelia, consistente na presunção de veracidade das afirmações de fato relatadas pelo autor na inicial, nos termos do art. 345, inciso II, do Código de Processo Civil

---

137 "Art. 1.059. À tutela provisória requerida contra a Fazenda Pública aplica-se o disposto nos arts. 1º a 4º da Lei nº 8.437, de 30 de junho de 1992, e no art. 7º, §2º, da Lei nº 12.016, de 7 de agosto de 2009."

138 Inicialmente na ADI-MC 223/DF, rel. p/ acórdão Min. Sepúlveda Pertence, j. 05.04.1990 e, posteriormente, na ADC 4/DF, rel. p/ acórdão Min. Celso de Mello, j. 01.10.2008.

de 2015[139], não poderíamos, por via transversa, admitir a estabilização da tutela antecipada, pelo mesmo motivo[140].

Contudo, tal posicionamento não escapa a um exame mais acurado dos institutos envolvidos. Inicialmente, porque revelia é um estado de fato que consiste na ausência jurídica de contestação, e seus efeitos, apesar de estarem relacionados à falta dessa peça defensiva, não se produzem automaticamente, mas dependem de uma série de outros fatores[141]-[142]. O fenômeno da estabilização, por sua vez, está ligado à ausência de impugnação da decisão que defere uma tutela antecipada, não dependendo da inexistência de contestação.

Assim, são fenômenos totalmente distintos. A estabilização pressupõe que tenha sido deferida uma tutela antecipada requerida em caráter antecedente, e a consequência da não impugnação desta leva a estabilização dos efeitos do provimento provisório. Já o efeito da revelia que consiste na presunção de veracidade dos fatos narrados pelo autor decorre não só da ausência de contestação, mas também da inexistência de outro fator impeditivo desse reconhecimento, como elencado no art. 345, do Código de Processo Civil de 2015[143].

---

139 "Art. 345. A revelia não produz o efeito mencionado no art. 344 se: (...) II – o litígio versar sobre direitos indisponíveis; (...)."

140 "Por isso, admitir que, uma vez deferida a tutela antecipada antecedente em face do Poder Público, a falta de impugnação – por recurso ou outro meio – possa levar à estabilização e consequente extinção do processo é admitir indiretamente a produção de efeitos de veracidade às afirmativas do autor da demanda, em ofensa ao artigo 345, II, do CPC, bem como representando uma indireta disposição de direitos indisponíveis." *In*: RODRIGUES, Marco Antonio. *A fazenda pública no processo civil.* 2ª ed. São Paulo: Atlas, 2016, p. 110.

141 "Art. 345. A revelia não produz o efeito mencionado no art. 344 se: I – havendo pluralidade de réus, algum deles contestar a ação; II – o litígio versar sobre direitos indisponíveis; III – a petição inicial não estiver acompanhada de instrumento que a lei considere indispensável à prova do ato; V – as alegações de fato formuladas pelo autor forem inverossímeis ou estiverem em contradição com prova constante dos autos."

142 Além da nota acima, o art. 349 dispõe que: "Art. 349. Ao réu revel será lícita a produção de provas, contrapostas às alegações do autor, desde que se faça representar nos autos a tempo de praticar os atos processuais indispensáveis a essa produção".

143 "Art. 345. A revelia não produz o efeito mencionado no art. 344 se: I – havendo pluralidade de réus, algum deles contestar a ação; II – o litígio versar sobre direitos indisponíveis; III – a petição inicial não estiver acompanhada de instrumento que a lei considere indispensável à prova do ato; IV – as alegações de fato formuladas pelo autor forem inverossímeis ou estiverem em contradição com prova constante dos autos."

Ademais, a regra legal que impede reconhecer a presunção de veracidade dos fatos narrados na inicial contra o Poder Público tem razão de ser na medida em que, caso assim não fosse, a ação seria julgada procedente, com aptidão para fazer coisa julgada material, o que não se aplica à tutela antecipada estabilizada, como vimos em tópico próprio.

Não se pode deixar de lado que a Fazenda Pública também está submetida ao princípio da legalidade, e uma de suas facetas é justamente cumprir com os direitos e deveres dos cidadãos na medida do reconhecimento de sua existência.

No ponto, adverte Eduardo Talamini:

> As constatações a respeito da indisponibilidade do interesse público não afetam outra diretriz fundamental da atuação pública: a Administração, uma vez constatando que não tem razão em dado conflito, tem o dever de submeter-se aos parâmetros da legalidade.
>
> Em regra, tal submissão independe da instauração de processo judicial. Trata-se de imposição inerente à própria relação material de direito público: se o Estado constata que o particular tem determinado direito em face dele, cabe-lhe dar cumprimento tal direito. Isso é decorrência direta do princípio constitucional da legalidade (art. 37, *caput*, da CF/1988 (LGL\1988\3)). Se a todo sujeito de direito a imposição de cumprir seus deveres já se colocaria, aos entes e agentes da Administração Pública ela se põe com ainda maior vigor. Para eles, a legalidade não é apenas um limite, uma baliza, mas vetor fundamental da sua atuação[144].

Pode-se dizer que, em alguns casos, a própria estabilização em face da Fazenda Pública pode vir a atender aos interesses públicos. Uma vez que o direito possua alto grau de probabilidade, não é razoável que seja obrigatória a continuidade da ação para a busca da tutela definitiva, com possível maior gasto de recursos financeiros e de tempo[145].

A doutrina traz alguns exemplos práticos sobre a conveniência da estabilização em face da Fazenda Pública, como na hipótese de tutela an-

144 *In*: A (in)disponibilidade do interesse público: consequências processuais (composições em juízo, prerrogativas processuais, arbitragem e ação monitória). *Revista de Processo*, vol. 128/2005, pp. 59-78. Revista dos Tribunais online, p. 2.

145 GOMES, Frederico Augusto. Estabilização da tutela antecipada antecedente contra o Poder Público. *In:* DIDIER JR., Fredie (coord. geral). *Processo e Administração Pública*. Coleção Repercussões do Novo CPC. Salvador: Juspodivm, 2016, p. 289.

tecipada para obter certidão positiva com efeitos de negativa, ou mesmo outorga de bens de baixo valor, como alguns medicamentos, etc.[146].

Cabe destacar que certa parte da doutrina entende haver outro acréscimo benéfico, com o qual não concordamos, mas que deve ser mencionado, acerca da possível isenção no pagamento das custas e despesas processuais, incidindo honorários advocatícios no importe de 5% do valor da causa em analogia às regras da ação monitória[147], o que pode ser bem vantajoso para o réu.

De outro ponto de vista, admitida certa relação entre a estabilização e a tutela monitória[148], pois ambas são concedidas com base em um grau reduzido de cognição e aplicam a técnica da inversão do contraditório, torna-se inafastável concluir pela possibilidade de estabilização da tutela antecipada contra o Poder Público[149].

É que, apesar de certa discussão doutrinária[150] a respeito da viabilidade de se ajuizar uma ação monitória contra a Fazenda Pública[151], no

---

146 CÂMARA, Alexandre Freitas. *O novo processo civil brasileiro*. 3ª ed. São Paulo: Atlas, 2017, p. 162.

147 Nesse sentido, admitindo a aplicação analógica das regras previstas para a ação monitória: Enunciado 18 da Escola Nacional de Formação e Aperfeiçoamento de Magistrados (ENFAM): "Na estabilização da tutela antecipada, o réu ficará isento do pagamento das custas e os honorários deverão ser fixados no percentual de 5% sobre o valor da causa (art. 304, *caput*, c/c o art. 701, *caput*, do CPC/2015)". Com o mesmo entendimento: DIDIER JR., Fredie; BRAGA, Paula Sarno; ALEXANDRIA DE OLIVEIRA, Rafael. Estabilização da tutela provisória satisfativa e honorários advocatícios sucumbenciais. *Revista do Advogado*, ano XXXV, nº 126, pp. 99-100.

148 A respeito, vide: TALAMINI, Eduardo. Tutela de urgência no projeto de novo Código de Processo Civil: a estabilização da medida urgente e a "monitorização" do processo civil brasileiro. *Revista de Processo*, vol. 209/2012.

149 Nesse sentido: REDONDO, Bruno Garcia. Estabilização, modificação e negociação da tutela de urgência antecipada antecedente: principais controvérsias. *In:* DIDIER JR., Fredie. (coord. geral). *Tutela provisória*. Coleção Grandes Temas do Novo CPC. Salvador: Juspodivm, 2016, p. 285.

150 Entendiam pela inadmissibilidade da ação monitória em face da Fazenda Pública, entre outros, José Rogério Cruz e Tucci, que argumentava: a) não é possível executar título executivo extrajudicial em face da Fazenda Pública; b) há indisponibilidade do direito; c) é necessário o respeito à ordem cronológica dos precatórios. *In: Ação monitória*. 3ª ed. São Paulo: Ed. Revista dos Tribunais, 2001, pp. 74-78. Em sentido parecido também Eduardo Talamini, trazendo como óbices principais a indisponibilidade do interesse público e a necessidade de sentença para as execuções pecuniárias. *In: Tutela monitória*. 2ª ed. São Paulo: Ed. Revista dos Tribunais, 2001, pp. 179-182.

151 Em grande parte esvaída pela aprovação da Súmula 339/STJ: "É cabível ação monitória contra a Fazenda Pública".

Código de Processo Civil de 2015, essa dúvida está superada, eis que tal ação é expressamente admitida nessa hipótese, nos termos do seu art. 700, §6º[152].

À mesma conclusão chegou o Fórum Permanente de Processualistas Civis, por meio do Enunciado nº 582, *in verbis*: "Cabe estabilização da tutela antecipada antecedente contra a Fazenda Pública", o Enunciado nº 130 da II Jornada de Direito Processual Civil do CJF: "É possível a estabilização de tutela antecipada antecedente em face da Fazenda Pública", e também o Enunciado nº 21 da Escola Judicial do TJMG: "A Fazenda Pública se submete ao regime de estabilização da tutela antecipada, por não se tratar de cognição exauriente sujeita a remessa necessária".

No mesmo sentido também já decidiram o TJSP, TJMG e TJPB[153].

A possível imprescindibilidade ou não de reexame necessário, que será analisada mais adiante, não constitui óbice à estabilização, podendo, a depender da posição adotada, constituir uma condição de sua eficácia.

Assim, conclui-se pela possibilidade de estabilizar a tutela antecipada antecedente contra o Poder Público.

Mas a regra pode encontrar o óbice da necessidade, contida expressamente na Constituição Federal, de trânsito em julgado para a

---

152 "Art. 700. A ação monitória pode ser proposta por aquele que afirmar, com base em prova escrita sem eficácia de título executivo, ter direito de exigir do devedor capaz: (...) §6º É admissível ação monitória em face da Fazenda Pública."

153 "TUTELA ANTECIPADA EM CARÁTER ANTECEDENTE. ESTABILIZAÇÃO DA DECISÃO. CABIMENTO EM FACE DA FAZENDA PÚBLICA. Matéria devolvida em sede de agravo. Impugnação da Fazenda considera as limitações para concessão da tutela antecipada em caráter antecedente. Inteligência do art. 304 DO CPC. A estabilização não qualifica a formação da coisa julgada. A estabilização da decisão estende a chamada técnica monitória para as tutelas de urgência porque condiciona o resultado do processo ao comportamento do réu ('*secundum eventus defensionis*'). Realidade compatível com o regime jurídico que rege os atos do Estado em juízo, a exemplo do que ocorre com a ação monitoria, na qual a formação do título executivo é decorrência da inércia do réu (Súmula 339 do STJ). Possibilidade de demandar o autor para rever, reformar ou invalidar a tutela antecipada estabilizada. Inexistência de óbices para requerer tutela antecipada antecedente em face da Fazenda Pública" (TJSP, Agravo de Instrumento nº 2129259-58.2016.8.26.0000, 9ª Câmara de Direito Público, rel. Des. José Maria Câmara Jr., j. 28.09.2016); "(...) 2. A estabilização da tutela antecipada concedida no procedimento em questão ocorre inclusive em face da Fazenda Pública, nos termos do Enunciado 21 sobre o NCPC deste egrégio TJMG" (Apelação nº 1.0372.16.004575-6/001, 6ª Câmara Cível, rel. Des. Edilson Olímpio Fernandes, j. 28.11.2017). No TJPB: Remessa Necessária nº 0817023-70.2016.8.15.0001, 1ª Câmara Cível, rel. Des. José Ricardo Porto, j. 13.11.2018.

expedição de precatório nos casos que envolvem o pagamento de vantagem pecuniária. Nesses casos, como de ordinário não se permite a concessão de tutela antecipada, não há sequer que se cogitar da figura da estabilização[154].

Por outro lado, a jurisprudência do STF vem demonstrando a mitigação dessa impossibilidade de deferimento da tutela antecipada para pagamento de vantagem pecuniária, rejeitando diversas Reclamações propostas para observância da ADC 4/DF.

Desse modo, admite-se a concessão de tutela antecipada: a) para pagamento de parcela indenizatória[155]; b) para impor pagamento de vantagem como consequência da tutela antecipada, e não como seu próprio objeto, no caso por exemplo de nomeação e posse de candidato aprovado em concurso público[156], ou que determine a reintegração de servidor público[157]; c) para impedir a redução salarial de funcionários públicos[158], apoiada em entendimento já consolidado no Supremo Tribunal Federal[159]; d) deferida na sentença, visto que já existiria um provimento de mérito em favor do autor[160]; e) para fornecimento de medicamentos ou realização de cirurgia[161], etc.

Em arremate, o que se conclui é que, nos casos em é que admissível a antecipação da tutela em face da Fazenda Pública, nenhum óbice haverá ao possível reconhecimento da estabilização.

8.10.2. Remessa necessária

Parece claro que a decisão que concede a tutela provisória não está sujeita à remessa necessária, eis que o art. 496, *caput*, do CPC/2015, limita sua obrigatoriedade apenas às sentenças[162]. Todavia, a consequên-

154 CARNEIRO DA CUNHA, Leonardo. *A fazenda pública em juízo*. 13ª ed. Rio de Janeiro: Forense, 2016, p. 315.

155 STF: AgRg na Rcl 5.174/ES, rel. Min. Cezar Peluso, j. 27.11.2008.

156 STF: AgRg na Rcl 5.983/PI, rel. Min. Ceazar Peluso, j. 03.12.2008.

157 STF: AgRg na Rcl 6.468/SE, rel. Min. Cezar Peluso, j. 03.12.2008.

158 STF: Rcl 1.578/RS, rel. Min. Ilmar Galvão, j. 26.06.2002; AgRg na Rcl 3.483/DF, rel. Min. Cezar Peluso, j. 15.03.2006.

159 STF: AgRg na Rcl 5.163/CE, rel. Min. Cezar Peluso, j. 27.11.2008; AgRg na Rcl 4.628/SP, rel. Min. Cezar Peluso, j. 27.11.2008.

160 STF: AgRg na Rcl 5.014/BA, rel. Min. Carmen Lucia, j. 20.08.2009.

161 STJ: MC 11.120/RS, rel. Min. José Delgado, j. 18.05.2006.

162 "Art. 496. Está sujeita ao duplo grau de jurisdição, não produzindo efeito senão depois de confirmada pelo tribunal, a sentença."

cia de se reconhecer a estabilização é a posterior extinção do processo, o que se dá por sentença[163]. Deveria ser essa sentença submetida à remessa necessária?

Com efeito, vislumbram-se na doutrina que já se arriscou a tecer comentários sobre o tema as mais variadas posições possíveis. Para Beclaute Oliveira Silva, a sentença que extingue o processo pela estabilização equivale à decisão na monitória[164]-[165], em relação a qual se aplica o reexame necessário no caso de não apresentação dos embargos monitórios pela Fazenda Pública[166].

Já Eduardo José Fonseca da Costa argumenta que o reexame necessário é prescindível para que ocorra a estabilização, mas necessário ao que ele denomina de "super-estabilização", característica que adquire a decisão estabilizada após o decurso do prazo de dois anos previsto para ajuizar a ação que pretenda revê-la, reformá-la ou invalidá-la.

Isso porque, apesar de a "super-estabilização" não se confundir com a coisa julgada, a similitude entre as figuras e o seu efeito prático induz ao raciocínio de que não se pode admitir sua incidência sem que haja a remessa necessária, pois o objetivo é preservar o erário público; assim, passado o prazo dessa ação, deve o juiz remeter os autos ao tribunal, para que seja analisado o reexame necessário[167].

Por outro lado, Leonardo Carneiro da Cunha afirma que não há que se falar em reexame necessário, já que essa decisão estabilizada não faz coisa julgada. Outrossim, como não se admite tutela de urgência com efeitos financeiros retroativos, a hipótese não alcançaria o montante ne-

---

163 Entende-se por necessária a prolação de uma sentença que extinga o processo pela estabilização, conforme já abordado anteriormente.

164 Apesar de ainda não publicada, a posição do autor está exposta em: BURIL DE MACÊDO, Lucas; PEIXOTO, Ravi. Tutela provisória contra a Fazenda Pública no CPC/2015. *In*: DIDIER JR., Fredie (coord. geral). *Fazenda Pública*. Coleção Repercussões do Novo CPC. 2ª ed. Salvador: Juspodivm, 2016, p. 367.

165 No mesmo sentido, Marco Antonio Rodrigues, apesar de acreditar que a estabilização é inaplicável à Fazenda Pública, diz que se esta for admitida, deverá haver reexame necessário, mormente porque ele é exigível no caso da ação monitoria. RODRIGUES, Marco Antonio. *A fazenda pública no processo civil*. 2ª ed. São Paulo: Atlas, 2016, pp. 110-111.

166 "§4º Sendo a ré Fazenda Pública, não apresentados os embargos previstos no art. 702, aplicar-se-á o disposto no art. 496, observando-se, a seguir, no que couber, o Título II do Livro I da Parte Especial."

167 COSTA, Eduardo José da Fonseca. Art. 304. *In*: STRECK, Lenio Luiz; NUNES, Dierle; CARNEIRO DA CUNHA, Leonardo (orgs.). *Comentários ao Código de Processo Civil*. 2ª ed. São Paulo: Saraiva, 2017, pp. 449-450.

cessário para sua submissão[168], aplicando-se a dispensa do art. 496, §3º, do CPC/2015[169].

Em acréscimo, Antonio de Moura aduz que a tutela antecipada estabilizada é decisão provisória, havendo caminho para a Fazenda Pública mudar o quadro por meio de ação própria[170].

Heitor Sica[171], Vitor Lanza Veloso[172] e Artur Cesar de Souza[173], por sua vez, afirmam não haver remessa necessária, pois o art. 496, do Código de Processo Civil/2015, diz que só cabe remessa necessária de sentença, e a concessão da tutela antecipada é feita por decisão interlocutória. Do mesmo modo, a decisão que extingue pela estabilização não seria propriamente contra a Fazenda Pública.

Realmente, não há que se falar em remessa necessária. Primeiro porque, como vimos, a estabilização não se confunde com a coisa julgada, podendo a Fazenda Pública se insurgir por meio da ação própria prevista no art. 304, §2º, do CPC/2015. De outro lado, a sentença que extingue o processo pela estabilização não é contrária à Fazenda Pública[174],

---

168 CARNEIRO DA CUNHA, Leonardo. *A Fazenda Pública em juízo.* 13ª ed. Rio de Janeiro: Forense, 2016, p. 316.

169 "Art. 496. Está sujeita ao duplo grau de jurisdição, não produzindo efeito senão depois de confirmada pelo tribunal, a sentença: (...) §3º Não se aplica o disposto neste artigo quando a condenação ou o proveito econômico obtido na causa for de valor certo e líquido inferior a: I – 1.000 (mil) salários-mínimos para a União e as respectivas autarquias e fundações de direito público; II – 500 (quinhentos) salários-mínimos para os Estados, o Distrito Federal, as respectivas autarquias e fundações de direito público e os Municípios que constituam capitais dos Estados; II – 100 (cem) salários-mínimos para todos os demais Municípios e respectivas autarquias e fundações de direito público."

170 Apesar de ainda não publicada, a posição do autor está exposta em: BURIL DE MACÊDO, Lucas; PEIXOTO, Ravi. Tutela provisória contra a Fazenda Pública no CPC/2015. *In*: DIDIER JR., Fredie (coord. geral). *Fazenda Pública.* Coleção Repercussões do Novo CPC. 2ª ed. Salvador: Juspodivm, 2016, pp. 367-368.

171 SICA, Heitor Vitor Mendonça. Doze problemas e onze soluções quanto à chamada "estabilização da tutela antecipada". *In*: DIDIER JR., Fredie (coord. geral). *Tutela provisória.* Coleção Grandes Temas do novo CPC. Salvador: Juspodivm, 2016, p. 357.

172 VELOSO, Vitor Lanza. Tutela de urgência antecipatória e a Fazenda Pública no Novo Código de Processo Civil. *In*: DIDIER JR., Fredie (coord. geral). *Processo e Administração Pública.* Coleção Repercussões do Novo CPC. Salvador: Juspodivm, 2016, p. 372.

173 CÉSAR DE SOUZA, Artur. *Tutela provisória: tutela de urgência e tutela de evidência.* São Paulo: Almedina, 2016, pp. 201-202.

174 TEIXEIRA, Sérgio Torres; ARAÚJO, Rodrigo Vasconcelos Coelho de. Estabilização da tutela antecipada antecedente em face da Fazenda Pública: a inspiração

sequer podendo classificá-la como de mérito, pois se limita a reconhecer uma situação fático-jurídica e dar fim àquele feito[175].

8.10.3. Estabilização em face do INSS: particularidades

Interessante notar que, com relação aos benefícios previdenciários, a despeito das restrições à concessão de tutelas provisórias em face da Fazenda Pública, houve a edição de Enunciado Sumular nº 729/STF, que assim reza: "A decisão na Ação Direta de Constitucionalidade 4 não se aplica à antecipação de tutela em causa de natureza previdenciária".

Assim, traçado o panorama a respeito da admissibilidade de tutela antecipada contra a Fazenda Pública, e partindo do pressuposto considerado como válido a respeito da possibilidade de estabilização da tutela provisória, surge uma questão que certamente causará discussão na doutrina e jurisprudência: há algum óbice para que uma tutela antecipada deferida para concessão de um benefício previdenciário[176], em ação ajuizada em face do Instituto Nacional do Seguro Social (INSS), estabilize?

A estabilização pressupõe, como se viu, a desnecessidade de prosseguimento da demanda até uma sentença definitiva e, ao mesmo tempo, deduz que a tutela antecipada estabilizada só pode ser modificada por meio de ação própria, a ser ajuizada pelo interessado na sua modificação, revisão ou anulação. São, portanto, duas faces do mesmo fenômeno: a demanda não prossegue, e a tutela se estabiliza; é necessário ajuizar uma ação para modificá-la, sem a qual ela tem seus efeitos prolongados no tempo.

A princípio, poderíamos pensar que não há qualquer particularidade que diferencie o INSS da Fazenda Pública, tornando aplicável o instituto da estabilização de forma indistinta em ambos os casos. Contudo, devemos ter em mente que os benefícios previdenciários, ainda que fun-

do *référé* francês e a (im)possibilidade de adoção de um microssistema de tutela monitória no CPC/2015 como parâmetro interpretativo. *Revista de Processo*, vol. 294/2019, pp. 197-223. Revista dos Tribunais online, p. 17.

175 ALVIM, Eduardo Arruda. *Tutela provisória*. 2ª ed. São Paulo: Saraiva, 2017, pp. 229-230.

176 A referência a "benefício previdenciário" se dá em seu sentido lato, englobando tanto os benefícios previdenciários em sentido estrito e os acidentários. Sobre a distinção, vide: ALENCAR, Hermes Arrais. *Benefícios previdenciários*. 4ª ed. São Paulo: Universitária de Direito, 2009, pp. 137-162.

dados em incapacidade considerada permanente[177]-[178], consubstanciam uma relação continuativa, de modo que a benesse só é devida enquanto perdurar a situação que ensejou sua concessão.

E, nesse sentido, é plenamente possível que a autarquia reavalie periodicamente os segurados, a fim de verificar a persistência ou não da incapacidade profissional, invalidez ou deficiência[179], ainda que a benesse tenha sido concedida judicialmente.

Essa é a exata dicção do art. 71, *caput*, da Lei nº 8.212/91[180], e mais especificamente com relação a auxílio-doença, pensionista inválido e aposentado por invalidez, prescreve o art. 101, da Lei nº 8.213/91, que esses segurados estão obrigados a submeter-se a exame médico periódico[181].

Igualmente, há semelhante previsão na Lei nº 8.742/93 (Lei Orgânica da Assistência Social – LOAS), com relação ao Benefício de Prestação Continuada[182].

---

177 Tal como o auxílio-acidente (art. 86, da Lei nº 8.213/91) e a aposentadoria por invalidez (art. 42, da Lei nº 8.213/91).

178 "Nada impede que o segurado aposentado por invalidez recupere sua capacidade laboral. Sem dúvida foi fato imprevisto pela perícia médica, mas, se observável futuramente, determina o término do benefício, sem prejuízo para o segurado, salvo má-fé. A princípio, é de se estranhar a previsão de recuperação (total ou parcial) de capacidade laborativa do aposentado por invalidez. Entretanto, como a medicina evolui a cada dia, com novos medicamentos e tratamentos mais eficazes, é possível que o segurado, hoje inválido, venha a recuperar alguma capacidade laborativa em futuro próximo. Daí a reversibilidade deste benefício, o que justifica a manutenção das perícias periódicas e tratamento obrigatório mesmo após a aposentação." *In*: IBRAHIM, Fábio Zambitte. *Curso de direito previdenciário.* 20ª ed. Rio de Janeiro: Impetus, 2015, pp. 591-592.

179 Como nos casos de auxílio-acidente, auxílio-doença, pensão por morte para o filho ou irmão inválido (art. 77, §2º, inciso III, da Lei nº 8.213/91), cônjuge ou companheiro inválido (art. 77, §2º, inciso V, da Lei nº 8.213/91), benefício de prestação continuada da Lei Orgânica da Assistência Social (LOAS – Lei nº 8.742/93, arts. 20 e ss.).

180 "Art. 71. O Instituto Nacional do Seguro Social-INSS deverá rever os benefícios, inclusive os concedidos por acidente do trabalho, ainda que concedidos judicialmente, para avaliar a persistência, atenuação ou agravamento da incapacidade para o trabalho alegada como causa para a sua concessão."

181 "Art. 101. O segurado em gozo de auxílio-doença, aposentadoria por invalidez e o pensionista inválido estão obrigados, sob pena de suspensão do benefício, a submeter-se a exame médico a cargo da Previdência Social, processo de reabilitação profissional por ela prescrito e custeado, e tratamento dispensado gratuitamente, exceto o cirúrgico e a transfusão de sangue, que são facultativos."

182 "Art. 21. O benefício de prestação continuada deve ser revisto a cada 2 (dois) anos para avaliação da continuidade das condições que lhe deram origem. §1º O pa-

E isto se dá também em razão da própria relação continuativa e renovatória que envolve o segurado e a redução da capacidade profissional que ele ostenta. Tal como no caso de alimentos, guarda ou interdição[183], a coisa julgada encontra temperamentos na medida em que as circunstâncias fáticas que determinam a emissão de um dado pronunciamento judicial se modifiquem, nos termos do art. 505, inciso I, do Código de Processo Civil/2015[184].

Feitas essas observações, resta saber se o INSS deve ajuizar uma ação para possibilitar a cessação do benefício concedido judicialmente, em respeito ao princípio do paralelismo das formas[185], ou se poderá cessá-lo após a perícia realizada no âmbito administrativo.

Não se desconhece que o Superior Tribunal de Justiça tinha entendimento pela necessidade de ajuizar uma ação *revisional* para o cancelamento do benefício[186], no que era seguido pelo Tribunal de Justiça do

---

gamento do benefício cessa no momento em que forem superadas as condições referidas no caput, ou em caso de morte do beneficiário."

---

183 "O que irá afetar a situação jurídica declarada na sentença são os aspectos objetivos e subjetivos, como são o agravamento ou a sanidade do interditado, pois, nesse caso, a sentença proferida baseando-se em fatos diferentes aos que se verificam na atualidade – e, portanto, pronunciada dentro de certos limites objetivos e subjetivos – já não deverá ter valor algum, e haverá de proferir-se nova sentença adotando medidas mais restritivas para o interditado, ou reintegrando plenamente sua capacidade." *In*: FENOLL, Jordi Nieva. *Coisa julgada*. Trad.: Antonio do Passo Cabral. São Paulo: Revista dos Tribunais, 2016, p. 275.

184 "Art. 505. Nenhum juiz decidirá novamente as questões já decididas relativas à mesma lide, salvo: I – se, tratando-se de relação jurídica de trato continuado, sobreveio modificação no estado de fato ou de direito, caso em que poderá a parte pedir a revisão do que foi estatuído na sentença; (...)."

185 BONAVIDES, Paulo. *Curso de direito constitucional*. 19ª ed. São Paulo: Malheiros, 2006, p. 106: "um ato jurídico só se modifica mediante o emprego de formas idênticas àquelas adotadas para elaborá-lo". Em verdade, referido princípio é aplicável em diversos ramos do Direito, notadamente em matéria de Direito Constitucional e Administrativo. Ou, como quer Ricardo Alexandre: "Existe um princípio em direito denominado paralelismo das formas. Tal princípio impõe que se um instituto jurídico foi criado por meio de uma regra jurídica de determinada hierarquia, para promover sua alteração ou extinção é necessária a edição de um ato de hierarquia igual ou superior". *In: Direito tributário esquematizado*. 9ª ed. São Paulo: Método, 2015, p. 107.

186 "PREVIDENCIÁRIO. APOSENTADORIA POR INVALIDEZ. CONCESSÃO POR ATO JUDICIAL. CANCELAMENTO ADMINISTRATIVO. IMPOSSIBILIDADE. NECESSIDADE DE AÇÃO JUDICIAL PARA REVISÃO DE BENEFÍCIO CONCEDIDO JUDICIALMENTE. ANÁLISE DE VIOLAÇÃO DE MATÉRIA CONSTITUCIONAL. COMPETÊNCIA DO STF. AGRAVO REGIMENTAL A QUE SE NEGA PROVIMENTO. 1. 'Deferida a aposentadoria

Estado de São Paulo[187] e por parte da doutrina, que dizia que se o benefício foi concedido pelo meio judicial, só por esse meio será possível cassá-lo[188].

Contudo, o próprio Superior Tribunal de Justiça reformulou seu entendimento, esclarecendo ser inaplicável, nesses casos, o princípio do paralelismo das formas, bastando que a autarquia respeite os princípios do devido processo legal, contraditório e ampla defesa no âmbito administrativo[189].

---

por invalidez judicialmente, pode a autarquia previdenciária rever a concessão do benefício, uma vez tratar-se de relação jurídica continuativa, desde que por meio de ação judicial, nos termos do art. 471, inciso I, do Código de Processo Civil, e em respeito ao princípio do paralelismo das formas' (REsp 1201503 / RS, Relatora Ministra MARIA THEREZA DE ASSIS MOURA, SEXTA TURMA, Data do Julgamento 19/11/2012, DJe 26/11/2012). (...) 3. Agravo regimental a que se nega provimento" (AgRg no REsp 1.267.699/ES, rel. Min. Alderita Ramos, j. 16.05.2013).

187 "Processo Civil – Acidente do Trabalho – Aposentadoria por invalidez concedida judicialmente – Submissão a nova perícia médica na esfera administrativa – Possibilidade – Inteligência do art. 71, da Lei nº 8.212/91 e do art. 101, da Lei nº 8.213/91. Aposentadoria por invalidez acidentária – cancelamento administrativo, em decorrência do resultado da perícia médica administrativa – Inadmissibilidade – Necessidade de ajuizamento de ação revisional, em razão da coisa julgada – Relação jurídica continuativa – Princípio do paralelismo das formas – Precedentes do Colendo Superior Tribunal de Justiça" (17ª Câmara de Direito Público, Agravo de Instrumento 0232944-57.2012.8.26.0000, Rel. Des. Adel Ferraz, j. 25.02.2014).

188 "Interessante questão é a da constatação da recuperação do segurado em caso de aposentadoria por invalidez concedida judicialmente. Nesse caso, discute-se acerca da possibilidade de cassar o INSS administrativamente o benefício, diante da autoridade da coisa julgada. Temos que nesse caso deverá o Instituto lançar mão da ação revisional prevista no inciso I do artigo 471 do Código de Processo Civil. A cassação administrativa, nesses casos, importaria violação da coisa julgada material e desrespeito ao princípio do paralelismo das formas, pelo qual o que foi concedido por um meio somente pode ser desfeito pela utilização da mesma via. (...) Data vênia, aos que conferem uma interpretação ampla ao artigo 71 da Lei de Custeio, em nossa visão, o dispositivo referido não pode ser interpretado no sentido de criar a esdrúxula figura da 'rescisória administrativa'. O que o dispositivo faz é, simplesmente, determinar que o INSS revise, ou seja, submeta a novos exames médicos os segurados, inclusive nos casos em que os benefícios foram concedidos judicialmente. Não autoriza, no entanto, a cassação daqueles concedidos judicialmente, que deverá ser precedida de ação revisional." *In*: MACHADO DA ROCHA, Daniel; BALTAZAR JUNIOR, José Paulo. *Comentário à Lei de Benefícios da Previdência Social*. 7ª ed. Porto Alegre: Livraria do Advogado, Ed. Esmafe, 2007, pp. 208-209.

189 "PREVIDENCIÁRIO. CANCELAMENTO OU SUSPENSÃO DE BENEFÍCIO PREVIDENCIÁRIO UNILATERALMENTE. APLICAÇÃO DO PRINCÍPIO DO PARALELISMO DAS FORMAS. DESNECESSIDADE. EXIGÊNCIA DOS PRINCÍPIOS DO CONTRADITÓRIO,

Assim, ao menos da ótica jurisprudencial, considera-se desnecessário ajuizar ação para cancelamento de benefício previdenciário concedido por sentença judicial transitada em julgado, apoiada em cognição exauriente[190].

Como se viu alhures, qualquer das partes poderá demandar a outra no intuito de rever, reformar ou invalidar a tutela antecipada estabilizada, valendo-se de ação própria, a ser proposta no prazo de dois anos.

Todavia, a situação para o INSS, principalmente quanto às tutelas antecipadas deferidas para a concessão/restabelecimento de benefícios previdenciários, ganha uma peculiaridade. Como se viu, é desnecessário propor uma ação para que a autarquia federal reavalie seus segurados, verificando se ainda persiste a situação de incapacidade, ainda que o benefício tenha sido concedido judicialmente.

DA AMPLA DEFESA E DO DEVIDO PROCESSO LEGAL POR MEIO DE PROCESSO ADMINISTRATIVO PREVIDENCIÁRIO. RECURSO ESPECIAL IMPROVIDO. 1. Cinge-se a controvérsia dos autos a obrigatoriedade da aplicação do princípio do paralelismo das formas nos casos de suspensão ou cancelamento de benefício previdenciário. (...) 3. É inaplicável o princípio do paralelismo das formas por três motivos: 1) a legislação previdenciária, que é muito prolixa, não determina esta exigência, não podendo o Poder Judiciário exigir ou criar obstáculos à autarquia, não previstos em lei; 2) foge da razoabilidade e proporcionalidade, uma vez que através do processo administrativo previdenciário, respeitando o devido processo legal, o contraditório e a ampla defesa, é suficiente para apurar a veracidade ou não dos argumentos para a suspensão/cancelamento do benefício, e não impede uma posterior revisão judicial; 3) a grande maioria dos benefícios sociais concedidos pela LOAS – Lei Orgânica da Assistência Social – Lei nº 8.742/93, são deferidos por meio de decisão judicial, o que acarretaria excessiva demanda judicial, afetando por demasia o Poder Judiciário, bem como, a Procuradoria jurídica da autarquia, além da necessidade de defesa técnica, contratada pelo cidadão, sempre que houvesse motivos para a revisão do benefício. 4. O que a jurisprudência desta Corte exige não é a aplicação do princípio do paralelismo das formas, é a concessão do contraditório, da ampla defesa e do devido processo legal, sempre que houver necessidade de revisão do benefício previdenciário, por meio do processo administrativo previdenciário, impedindo com isso, o cancelamento unilateral por parte da autarquia, sem oportunizar apresentação de provas que entenderem necessárias. (...). Recurso especial improvido." (Resp. 1.429.976/CE, rel. Minº Humberto Martins, j. 18.02.2014).

---

190 Nesse sentido: "Entende-se que mesmo que a concessão da aposentadoria por invalidez seja judicial, poderá a Previdência Social revê-la na via administrativa, caso se constate a recuperação da capacidade laboral por perícia médica, pois a decisão judicial está sujeita à cláusula rebus sic stantibus (enquanto as coisas estão assim)". *In*: AMADO, Frederico. *Direito previdenciário*. 5ª ed. Salvador: Juspodivm, 2015, p. 362.

Assim, com maior razão, o INSS não será obrigado a propor a ação específica do art. 304, §2º, nos casos em que houver deferimento de tutela provisória para implantação de benefício previdenciário e a autarquia não impugnar referida medida, que se estabilizará.

Desse modo, nessas hipóteses, admite-se a ocorrência da estabilização em face do INSS, mas sem a necessidade de ajuizar a ação revisional.

Cabe fazer a ressalva que o entendimento acima esposado não se aplica a outras questões previdenciárias que podem ser objeto de tutela provisória, tal como a possibilidade de acumular o auxílio-acidente com aposentadoria por idade, tempo de contribuição ou invalidez decorrente de moléstia diversa[191], ou ainda a revisão do valor dos benefícios previdenciários porventura calculados erroneamente.

Nesses casos, torna-se necessária a propositura da ação revisional, pois não é dado à autarquia se sobrepor à decisão judicial transitada em julgado nessas hipóteses em que não há relação de trato continuado, mormente diante da inexistência de modificação da situação de fato, recaindo sobre elas a autoridade da coisa julgada e a consequente impossibilidade de modificação na via administrativa.

Assim, de se reconhecer que é possível, em regra, a estabilização da tutela antecipada em face do INSS, sendo desnecessário ajuizar a ação revisional, caso se trate de concessão/restabelecimento de benefício previdenciário.

191 Súmula 507/STJ: "A acumulação de auxílio-acidente com aposentadoria pressupõe que a lesão incapacitante e a aposentadoria sejam anteriores a 11/11/1997, observado o critério do art. 23 da Lei nº 8.213/1991 para definição do momento da lesão nos casos de doença profissional ou do trabalho".

Capítulo 9

PROPOSTA DE *LEGE FERENDA*

Sem prejuízo do que foi tratado ao longo do trabalho, pensamos ser interessante elaborar uma proposta de *lege ferenda* para o requerimento da tutela antecipada em caráter antecedente e a estabilização, buscando melhor sistematizar os institutos e afastar as dúvidas e divergências que envolvem a sua interpretação. Para tanto, tomou-se como base a legislação vigente, as versões do Código em ambas as Casas Legislativas, propostas anteriores, legislação estrangeira e as balizas interpretativas lançadas ao longo do trabalho.

Art. 303. A petição inicial pode limitar-se ao requerimento da tutela antecipada e à indicação do pedido de tutela final, com a exposição da lide, do direito que se busca realizar e do perigo de dano ou do risco ao resultado útil do processo, desde que o autor assim o requeira expressamente.

§1º A petição inicial conterá o valor da causa, que deve levar em consideração o pedido de tutela final, sem prejuízo de posterior retificação por ocasião do aditamento a que se refere o §4º.

§2º Concedida a tutela antecipada a que se refere o caput deste artigo, o réu será imediatamente intimado para seu cumprimento.

§3º Caso o réu não se manifeste contrariamente à decisão concessiva dentro do prazo de 15 (quinze) dias da sua intimação, aplicar-se-á o disposto no art. 304.

§4º Em caso de impugnação, o autor será intimado para aditar a petição inicial, com a complementação de sua argumentação, a juntada de novos documentos e a confirmação do pedido de tutela final, em 15 (quinze) dias ou em outro prazo maior que o juiz fixar, observando-se que;

I – não haverá incidência de novas custas processuais, salvo se alterado o pedido de tutela final ou novos pedidos forem formulados;

II – após o aditamento, o réu será citado e intimado para a audiência de conciliação ou de mediação na forma do art. 334;

III – não havendo autocomposição, o prazo para contestação será contado na forma do art. 335.

§5º Não realizado o aditamento a que se refere o §4º deste artigo, o processo será extinto sem resolução do mérito.

§6º Caso a tutela antecipada não seja concedida, o órgão jurisdicional determinará a emenda da petição inicial em 15 (quinze) dias, sob pena de ser indeferida e de o processo ser extinto sem resolução de mérito.

Art. 304. A tutela antecipada, concedida nos termos do art. 303, torna-se estável se o réu não se manifestar contrariamente ao seu deferimento.

§1º No caso previsto no caput, o processo será extinto, mas os efeitos da tutela concedida permanecerão conservados, condenando-se o vencido ao pagamento das custas processuais e honorários advocatícios de cinco por cento do valor atribuído à causa.

§2º Qualquer das partes poderá demandar a outra com o intuito de rever, reformar, invalidar ou confirmar a tutela antecipada estabilizada nos termos do caput.

I – as partes poderão requerer o desarquivamento dos autos em que foi concedida a medida, para instruir a petição inicial desta ação, prevento o juízo em que a tutela antecipada foi deferida.

II – o ônus da prova permanecerá com o autor da ação originária, salvo distribuição diversa nos termos do §1º do art. 373.

§3º O direito de rever, reformar ou invalidar a tutela antecipada, previsto no §2º deste artigo, extingue-se após 2 (dois) anos, contados da ciência da decisão que extinguiu o processo, nos termos do §1º.

§4º A decisão que concede a tutela antecipada não fará coisa julgada, mas a estabilidade dos respectivos efeitos só será afastada por decisão que a revir, reformar ou invalidar, proferida em ação ajuizada por uma das partes, nos termos do §2º deste artigo.

5º Após este prazo, somente será admitida a revogação dos efeitos da tutela antecipada por meio da ação rescisória, caso presente alguma de suas hipóteses de cabimento.

Art. 304-A. Aplica-se o art. 304 para a tutela antecipada deferida inicidentalmente e para a tutela da evidência, desde que o autor não requeira expressamente na inicial que pretende o prosseguimento do processo e o réu não se insurja contra a concessão da tutela provisória.

CONCLUSÃO

As tutelas provisórias foram ganhando força à medida que a sociedade evoluiu, demandando do Judiciário a pacificação dos crescentes conflitos que, cada vez mais, exigem célere solução.

Essa evolução culminou, no direito brasileiro, na edição da Lei nº 8.592/94, responsável por generalizar a possibilidade de pleitear tutelas satisfativas em caráter sumário e provisório, além de delinear a distinção delas com relação às tutelas cautelares, de caráter meramente acautelatório ou conservativo.

Nessa linha, o Código de Processo Civil de 2015 deu mais um passo: permitiu que tutelas de urgência fossem requeridas em caráter antecedente, ou seja, antes do ajuizamento do processo principal, bem como trouxe a possibilidade de tutelas sumárias satisfativas serem capazes de solucionar o litígio, ainda que não definitivamente, dispensando o prosseguimento do processo rumo à cognição exauriente.

Com o intuito de adaptar os procedimentos à tutela de direitos materiais ou situações da vida diferenciadas, há muito a doutrina brasileira já estudava a possibilidade de que uma tutela provisória fosse apta a solucionar o litígio e encerrar prematuramente a crise de direito material, o que inclusive deu ensejo a projetos de lei que, pelas mais variadas razões, acabaram não sendo aprovados, mas mantiveram acesa a discussão sobre sua viabilidade no ordenamento jurídico pátrio.

Tratando-se de instituto novo, a análise de técnicas semelhantes no direito estrangeiro, com o estudo de sua evolução histórica, bem como de problemas analíticos e pragmáticos enfrentados pela doutrina e jurisprudência nos países estudados, nos permitiu traçar as balizas nas quais se fundou a técnica da estabilização da tutela provisória adotada pela recente codificação processual civil.

Portanto, procuramos traçar as diretrizes históricas, sociológicas e jurídicas que levaram o legislador a introduzir a estabilização da tutela provisória no Código de Processo Civil de 2015. Ao descobrir a finalidade do instituto em estudo, foi possível trazer algumas respostas aos mais variados problemas e discussões que envolvem sua aplicabilidade prática.

Desse modo, o intuito foi apontar qual suporte fático-jurídico base levará o julgador ao reconhecimento da estabilização. Identificamos que a técnica da estabilização tem por escopo principal solucionar a crise de direito material que envolve as partes, ainda que provisoriamente, sem a necessidade de discutir a(s) questão(ões) em cognição exauriente.

Para tanto, é necessário que as partes se contentem com a provisória solução dada pelo julgador, tornando eventualmente dispensável o aprofundamento da discussão de fundo nos mesmos autos ou pelo ajuizamento de um processo principal. Ou seja, a estabilização tem razão de ser quando o comportamento das partes, ainda que omissivo, revele concordância com o acertamento provisório do direito discutido.

Daí por que, em nosso entender, a estabilização gira em torno da satisfação das partes com a tutela provisória concedida, a qual ocasionará a prematura extinção do processo, sem necessidade de prolongar a discussão. A solução passa, em grande medida, pela economia de tempo e recursos das partes, que não se veem animadas a prosseguir com um processo demorado e custoso, além de beneficiar também o Judiciário, com possível redução da litigiosidade ocasionada pela diminuição do número de processos em trâmite e pelo encurtamento do seu tempo de duração.

Traçadas essas balizas fundadas na conveniência das partes na instauração do processo de fundo, foi possível adentrar nas diversas discussões que envolvem a aplicabilidade da estabilização.

Assim, partindo das premissas acima estabelecidas, investigamos um dos principais pressupostos para o reconhecimento desse novo fenômeno, que é a ausência de oposição à tutela provisória concedida. A intepretação ampliativa acerca dos meios que têm o condão de evitar a estabilização surge, em um primeiro momento, da já mencionada finalidade da estabilização, que só tem razão de ser se ambas as partes demonstrem, ainda que por omissão, estarem satisfeitas com o provimento provisório deferido.

Se qualquer delas pretender o prosseguimento da ação, a extinção do processo terá como inequívoca consequência a sua repropositura; se se entender que somente o agravo de instrumento impediria a estabilização, corre-se o risco de estimular sua interposição.

Mas não só por essa razão a interpretação teleológico-sistemática deve prevalecer. Uma análise mais acurada do direito ao contraditório e à ampla defesa, princípios constitucionais norteadores do processo, também nos revela ser inconstitucional eventual exigência legal que torne obrigatória a interposição de um recurso para o exercício do direito de defesa. Uma vez dirigida determinada postulação ao Poder Judiciário, surge o direito do cidadão de ver seu pedido efetivamente analisado. Não se pode condicionar, pois, o direito de defesa à interposição de um recurso, o qual, aliás, exige o dispêndio de recursos financeiros.

A eventual necessidade de interpor recurso para a continuidade do processo também esbarra no princípio da isonomia processual. Enquanto basta ao autor aditar a inicial requerendo o prosseguimento do processo, não se faz necessário que o réu, sob guarida do tratamento paritário entre as partes, interponha um recurso para obter a mesma consequência prevista para a atitude do autor.

Concluímos, portanto, que o réu pode obstaculizar a estabilização por qualquer meio de insurgência ou impugnação. Contudo, como o escopo do trabalho foi analisar de maneira abrangente as demais linhas interpretativas possíveis, optamos por também investigar se a posição mais restritiva, calcada na literalidade da lei quanto ao termo "recurso", abarcaria outras formas impugnativas que, malgrado não se encaixem no conceito de recurso, também obstariam a estabilização, ainda que por via reflexa.

Desse modo, foram analisadas a reclamação, a contestação, o pedido de suspensão de liminar e os embargos de declaração.

Além disso, mostrou-se imprescindível investigar a natureza jurídica da sentença que extingue o processo pelo reconhecimento da estabilização, hipótese em que foram descobertas ao menos seis posições doutrinárias diferentes sobre o ponto. A proposta defendida neste trabalho baseia-se na necessidade de superar a existência de apenas duas espécies de sentença: as que extinguem o processo com e sem resolução de mérito.

Em se tratando de estabilização, nenhuma dessas já conhecidas figuras serve para explicar a natureza jurídica da sentença que extingue esse procedimento. Se de um lado é certo que não houve resolução do mérito propriamente dito, de outro, tem-se que a tutela provisória continua a produzir efeitos mesmo após a extinção do processo, não havendo qualquer vício processual a reclamar a não resolução do mérito.

Assim, a melhor resposta é considerar que estamos diante de uma extinção *sui generis*, própria do reconhecimento do fenômeno estabilizatório.

Ainda quanto à extinção do processo, foi possível observar que, com relação aos honorários advocatícios e as custas processuais, não há nada que diferencie a técnica estudada das regras comuns quanto à sua fixação. Não há norma que autorize sua não incidência, tampouco sua redução. A regra prevista para a ação monitória não pode ser aplicada por analogia, eis que, segundo ela, a redução só é possível caso o réu cumpra o mandado monitório no prazo legal. Para a ocorrência da estabilização, por outro lado, não há exigência de que a tutela provisória seja cumprida, de tal sorte que o suporte fático-jurídico de ambas é diverso.

Passada a fase da estabilização propriamente dita, o sistema processual civil pátrio, em consonância com o que se verificou em outros países, previu a possibilidade de revisar, modificar ou anular a tutela provisória, em um prazo máximo de dois anos. Sobrevindo tal prazo, os efeitos da tutela provisória não mais sofrerão alteração, o que não significa estarmos diante do fenômeno da coisa julgada.

O objetivo foi avaliar os contornos que envolvem essa ação revisional, cujo prazo para propositura é decadencial, bem como o seu principal aspecto: trata-se de ação considerada uma extensão ou desdobramento da ação antecedente, o que inequivocamente reflete em outras questões, como no ônus da prova, que permanecerá, em regra, com o autor da ação originária, e na possibilidade de requerer medidas urgentes em seu bojo.

Mais importante, entretanto, foi analisar a possível consequência decorrente do não ajuizamento dessa ação no prazo de dois anos. Pudemos concluir que a estabilização é uma figura jurídica nova quando se trata dos diversos graus ou níveis de estabilidade das decisões judiciais, não se confundindo com institutos já conhecidos como coisa julgada ou preclusão.

Nesse sentido, além de a lei ser expressa ao afastar a ocorrência de coisa julgada na hipótese, não se vislumbra a existência do seu chamado efeito positivo, nem mesmo pode-se considerar que houve declaração de que o direito do autor existe. Contudo, como os efeitos da tutela provisória só poderiam ter sido afastados por meio daquela ação específica, a estabilização está mais relacionada ao que conhecemos por efeito negativo da coisa julgada.

Isso quer dizer, em resumo, que a relação jurídica subjacente pode ser discutida mesmo após o prazo de dois anos, desde que para a obtenção ou desfazimento de outros efeitos que não os já soberanamente estabilizados, ainda que o resultado do processo posterior seja incompatível com o anterior.

De todo modo, como o Código de Processo Civil de 2015 positivou a possibilidade de ajuizar a ação rescisória para desconstituir decisões que, mesmo sem apreciar o mérito, impossibilitem a repropositura da demanda, o qual é justamente o caso dos efeitos soberanamente estabilizados, não se pode descartar a admissibilidade de sua propositura caso presente alguma de suas hipóteses de cabimento.

Em linhas gerais, após tratarmos sobre os requisitos e contornos que envolvem a estabilização em geral, passamos a refletir sobre a possibilidade ou não de estabilização em outras hipóteses específicas que, pelos mais diversos motivos, possuem alguma peculiaridade que comportasse essa análise individualizada, mas sempre com os olhos voltados para as diretrizes antes traçadas. Buscou-se analisar a viabilidade da estabilização da tutela parcial, nos tribunais, em procedimentos especiais, nos casos de réu preso, incapaz, citado por hora certa ou edital, e também nas hipóteses de litisconsórcio e assistência.

Em caráter conclusivo, importante salientar que, considerando a *ratio* do instituto, plenamente possível aplicá-lo também nas hipóteses de tutela antecipada incidental e na tutela da evidência. Ambas têm caráter de satisfatividade que, aliado ao contentamento do autor e à ausência de insurgência do réu, e desde que deferidas antes da apresentação de defesa, sedimentam o arcabouço fático-jurídico apto a ensejar o reconhecimento da estabilização com a consequente extinção prematura do processo.

De comum, e para evitar decisões-surpresa, basta que o réu tenha ciência da possível estabilização, caso não se insurja contra o deferimento da tutela provisória, e que o autor não se manifeste requerendo a continuidade do processo.

No que se refere à possibilidade de estabilização da tutela cautelar, a resposta é diversa. Não possuindo o atributo da satisfatividade, não há como pretender estabilizá-la, já que é sempre dependente de um processo principal em que haverá o verdadeiro acertamento do direito material.

Vale destacar a possibilidade de estabilizar a tutela provisória em face da Fazenda Pública, com exceção das hipóteses em que seja imprescindível a expedição de precatório, pois nesse caso há exigência constitucional de trânsito em julgado, o qual não se verifica na estabilização. Sequer há necessidade de submeter a sentença à remessa necessária, já que não é propriamente contrária à Fazenda Pública, a qual, aliás, também poderá se insurgir por meio da ação revisional específica.

Por fim, procuramos traçar um esboço de uma proposta de *lege ferenda* cujo objetivo é dissipar as discussões envolvendo o tema, conciliando as linhas interpretativas que o trabalhou investigou, e trazendo maior segurança jurídica ao tornar mais claros seus aspectos.

REFERÊNCIAS BIBLIOGRÁFICAS

ALENCAR, Hermes Arrais. *Benefícios previdenciários.* 4ª ed. São Paulo: Universitária de Direito, 2009.

ALI, Anwar Mohamad. Meios para superação da prova diabólica: da distribuição dinâmica do ônus da prova aos *standards* probatórios. *Revista Forense*, vol. 424/2016.

ALVIM, Angélica Arruda; ARAKEN DE ASSIS; ALVIM, Eduardo Arruda; LEITE, George Salomão (coords.). *Comentários ao Código de Processo Civil.* 2ª ed. São Paulo: Saraiva, 2017.

ALVIM, Eduardo Arruda. *Tutela provisória.* 2ª ed. São Paulo: Saraiva, 2017.

________. *Antecipação da tutela.* Curitiba: Juruá, 2009.

ALVIM, J.E. Carreira. *Tutela antecipada.* 5ª ed. Curitiba: Juruá, 2006.

________. Desvendando uma incógnita: a tutela antecipada antecedente e sua estabilização no novo Código de Processo Civil. *Revista de Processo*, vol. 259/2016.

ARRUDA ALVIM, Teresa; CONCEIÇÃO, Maria Lucia Lins. *Ação rescisória e* querela nullitatis*: semelhanças e diferenças.* São Paulo: Ed. RT, 2018.

AMADO, Frederico. *Direito previdenciário.* 5ª ed. Salvador: Juspodivm, 2015.

AMARAL, Guilherme Rizzo. *Comentários às alterações do Novo CPC.* São Paulo: Ed. Revista dos Tribunais, 2015.

ANDRADE, Érico. A técnica processual da tutela sumária no direito italiano. *Revista de Processo*, vol. 179/2010.

ARAÚJO, José Henrique Mouta. *Mandado de segurança.* 6ª ed. Salvador: Juspodivm, 2017.

ARMELIN, Donaldo. Tutela jurisdicional diferenciada. *Revista de Processo*, vol. 65/1992.

ARRUDA ALVIM. *Manual de direito processual civil: teoria geral do processo e processo de conhecimento.* 17ª. São Paulo: Ed. Revista dos Tribunais, 2017.

ASSIS, Araken de. *Processo civil brasileiro. Parte geral: institutos fundamentais, vol. II, tomo II.* São Paulo: Ed. Revista dos Tribunais, 2015.

________. Antecipação de tutela. *In:* WAMBIER, Teresa Arruda Alvim (coord.). *Aspectos polêmicos da antecipação de tutela.* São Paulo: Ed. Revista dos Tribunais, 1997.

AUGUSTO DE ASSIS, Carlos. A antecipação de tutela e a sua estabilização. Novas perspectivas. *In:* BUENO, Cassio Scarpinella; NETO, Elias Marques de

Medeiros; NETO, Olavo de Oliveira; CAZZOLINO DE OLIVEIRA, Patrícia Elias; LUCON, Paulo Henrique dos Santos (coords.). *Tutela provisória no CPC: dos 20 anos de vigência do art. 273 do CPC/1973 ao CPC/2015*. 2ª ed. São Paulo: Saraiva Educação, 2018.

________. A estabilização da tutela antecipada e seus problemas revelados na prática. *In*: MARCATO, Ana Cândida Menezes; NETO, Elias Marques de Medeiros; DELLORE, Luiz; BARIONI, Rodrigo; MOLLICA, Rogerio; AMENDOEIRA JR., Sidnei; FERREIRA, William Santos (orgs.). *Reflexões sobre o Código de Processo Civil de 2015: uma contribuição dos membros do Centro de Estudos Avançados de Processo – CEAPRO*. São Paulo: Verbatim, 2018.

________. Técnicas aceleratórias e devido processo legal. *Revista Brasileira de Direito Processual*, ano 24, nº 95.

________. Reflexões sobre os novos rumos da tutela de urgência e da evidência no Brasil a partir da Lei 13.105/2015. *In*: DIDIER JR., Fredie (coord. geral). *Procedimentos especiais, tutela provisória e direito transitório*. Coleção Novo CPC – Doutrina Selecionada. Salvador: Juspodivm, 2016.

________. LOPES, João Batista. *Tutela provisória: tutela antecipada; tutela cautelar; tutela de evidência; tutela inibitória antecipada*. Brasília: Gazeta Jurídica, 2018.

BARBOSA MOREIRA, José Carlos. *Temas de direito processual*. 2ª ed. São Paulo: Saraiva, 1988.

________. Ainda e sempre a coisa julgada. *Doutrinas essenciais de processo civil*, vol. 6.

________. *Litisconsórcio unitário*. Rio de Janeiro: Forense, 1972.

BARIONI, Rodrigo. *Ação rescisória e recursos para os Tribunais Superiores*. 2ª ed. São Paulo: Ed. Revista dos Tribunais, 2013.

________. Efeito infringente dos embargos de declaração. *Revista de Processo*, vol. 105/2002.

________. A ação rescisória no novo CPC. *Revista de Processo*, vol. 207/2012.

________. Art. 966. *In*: WAMBIER, Teresa Arruda Alvim; DIDIER JR., Fredie; TALAMINI, Eduardo; DANTAS, Bruno (coords.). *Breves comentários ao novo Código de Processo Civil*. São Paulo: Ed. Revista dos Tribunais, 2015.

________. Alguns apontamentos sobre a ação rescisória no projeto do novo Código de Processo Civil. *Revista de Informação Legislativa*, ano 48, nº 190, t. 2, abr/jun-2011.

BAUERMANN, Desirê. Estabilização da tutela antecipada. *Revista Eletrônica de Direito processual – REDP*. Volume VI. Periódico da Pós Graduação Stricto Sensu em Direito Processual da UERJ.

BEDAQUE, José Roberto dos Santos. *In*: BUENO, Cássio Scarpinella (coord.). *Comentários ao Código de Processo Civil*, vol. 1. São Paulo: Saraiva, 2017.

________. *Tutela cautelar e tutela antecipada: tutelas sumárias e de urgência (tentativa de sistematização)*. 5ª ed. São Paulo: Malheiros, 2009.

________. *Tutela cautelar e tutela antecipada: tutelas sumárias e de urgência (tentativa de sistematização)*. 2ª ed. São Paulo: Malheiros, 2001.

________. Estabilização das tutelas de urgência. *In:* YARSHELL, Flávio Luiz; ZANOIDE DE MORAES, Maurício (orgs.) *Estudos em homenagem a Ada Pellegrini Grinover*. São Paulo: DPJ, 2005.

BEDUSCHI, Leonardo; HENCKEMAIER, Heidy Santos. Dois temas controvertidos sobre a estabilização da tutela antecipada antecedente. *Revista de Processo Comparado*, vol. 5/2017.

BONATO, Giovanni. A estabilização da tutela antecipada de urgência no Código de Processo Civil brasileiro de 2015 (uma comparação entre Brasil, França e Itália). *Revista de Processo*, vol. 273/2017.

________. GOMES DE QUEIROZ, Pedro. Os référés no ordenamento francês. *Revista de Processo*, vol. 255/2016.

BONAVIDES, Paulo. *Curso de direito constitucional*. 19ª ed. São Paulo: Malheiros, 2006.

BONÍCIO, Marcelo José Magalhães. *Princípios do processo no novo Código de Processo Civil*. São Paulo: Saraiva, 2016.

________. Notas sobre a tutela antecipada "parcial" na nova reforma do Código de Processo Civil. *Revista dos Tribunais*, vol. 808/2003.

BONIZZI, Marcelo José Magalhães. *Fundamentos da prova civil*. São Paulo: Ed. Revista dos Tribunais, 2017.

BOTELHO DE MESQUITA, José Ignacio. *A coisa julgada*. Rio de Janeiro: Forense, 2004.

BUENO, Cassio Scarpinella. *Curso sistematizado de direito processual civil*, vol. 1: teoria geral do direito processual civil: parte geral do Código de Processo Civil. 9ª ed. São Paulo: Saraiva Educação, 2018.

________. *Tutela antecipada*. 2ª ed. São Paulo: Saraiva, 2007.

BUIKA, Heloisa Leonor. A ambiguidade da estabilização dos efeitos da tutela antecipada e a coisa julgada no novo Código de Processo Civil. *Revista de Processo*, vol. 267/2017.

BURIL DE MACÊDO, Lucas; PEIXOTO, Ravi. Tutela provisória contra a Fazenda Pública no CPC/2015. *In*: DIDIER JR., Fredie (coord. geral). *Fazenda Pública*. Coleção Repercussões do Novo CPC. 2ª ed. Salvador: Juspodivm, 2016.

CABRAL, Antonio do Passo. As estabilidades processuais como categoria incorporada ao sistema do CPC. *In* DIDIER JR., Fredie; CABRAL, Antonio do Passo (coords.) *Coisa julgada e outras estabilidades processuais*. Salvador: Juspodivm, 2018.

_______. A coisa julgada formal faz sentido no sistema do CPC/2015?. *In:* DIDIER JR., Fredie; CABRAL, Antonio do Passo (coords.). *Coisa julgada e outras estabilidades processuais.* Salvador: Juspodivm, 2018.

CALAMANDREI. Piero. *Introduzione allo studio sistematico dei provvedimenti cautelari.* Padova: CEDAM, 1936.

CÂMARA, Alexandre Freitas. *O novo processo civil brasileiro.* 3ª ed. São Paulo: Atlas, 2017.

_______. *O novo processo civil brasileiro.* São Paulo: Atlas, 2015.

_______. PEDRON, Flávio Quinaud; TOLENTINO, Fernando Lage. Tutelas provisórias no CPC 1973 e no CPC 2015: o quanto o novo tem de inovador? *Revista de Processo*, vol. 262/2016.

CAMBI, Eduardo; NEVES, Aline Regina das. Acesso à justiça, tutela antecipada e técnicas processuais. *In*: *Procedimentos especiais, tutela provisória e direito transitório.* Salvador: Juspodivm, 2015.

CARNEIRO, Athos Gusmão. *Da antecipação de tutela.* 7ª ed. Rio de Janeiro: Forense, 2010.

CARNEIRO DA CUNHA, Leonardo. *A fazenda pública em juízo.* 13ª ed. Rio de Janeiro: Forense, 2016.

_______. Natureza jurídica da reclamação constitucional. *In*: *Aspectos polêmicos e atuais dos recursos cíveis e de outros meios de impugnação às decisões judiciais.* São Paulo: Ed. Revista dos Tribunais, 2005.

CARNELUTTI, Francesco. *Instituições do processo civil*, vol. I. Campinas: Servanda, 1999.

CARRATTA, Antonio. *La tutela sommaria in Europa – studi.* Napoli: Jovene, 2012.

CASTRO, Daniel Penteado de. *Antecipação de tutela sem o requisito da urgência: panorama geral e perspectivas no novo Código de Processo Civil.* Salvador: Juspodivm, 2017.

CASTRO, Roberta Dias Tarpinian. O sentido de antecedente e a estabilização da tutela provisória antecipada. *Revista de Processo*, vol. 265/2017.

CAVALCANTI NETO, Antonio de Moura. Estabilização da tutela antecipada antecedente: tentativa de sistematização. *In*: DIDIER JR., Fredie (coord. geral). *Coleção Grandes Temas do Novo CPC, vol. 6: Tutela provisória.* Salvador: Juspodivm, 2016.

CÉSAR DE SOUZA, Artur. *Tutela provisória: tutela de urgência e tutela de evidência.* São Paulo: Almedina, 2016.

CHAINAIS, Cécile. *La protection juridictionnelle provisoire dans le procès civil en droit français et italien.* Paris: Dalloz, 2007.

CIANCI, Mirna. A estabilização da tutela antecipada como forma de desaceleração do processo (uma análise crítica). *Revista de Processo*, vol. 247/2015.

COSTA, Eduardo José da Fonseca. Art. 304. *In:* STRECK, Lenio Luiz; NUNES, Dierle; CARNEIRO DA CUNHA, Leonardo (orgs.). *Comentários ao Código de Processo Civil.* 2ª ed. São Paulo: Saraiva, 2017.

COSTA, Fábio Silva. *Tutela antecipada, hermenêutica, acesso à justiça e princípio da efetividade processual.* São Paulo: Juarez de Oliveira. 2000.

CRUZ E TUCCI, José Rogério. *Ação monitória.* 3ª ed. São Paulo: Ed. Revista dos Tribunais, 2001.

________. Reflexões sobre a cumulação subsidiária de pedidos. *Revista dos Tribunais*, vol. 786/2001.

DONIZETTI, Elpídio. *Curso didático de direito processual civil.* 21ª ed. São Paulo: Atlas, 2018.

DOTTI, Rogéria. A estabilização da tutela antecipada no CPC de 2015: A autonomia da tutela sumária e a coisa julgada dispensável. *In*: LUCON, Paulo Henrique dos Santos (coord. et. al.). *Processo em jornadas.* Salvador: Juspodivm, 2016.

DORIA, Rogéria Dotti. *A tutela antecipada em relação à parte incontroversa da demanda.* 2ª ed. São Paulo: Ed. Revista dos Tribunais, 2003.

DIAS, Jean Carlos. *Tutelas provisórias: tutelas de urgência e tutela de evidência.* Salvador: Juspodivm, 2017.

DIDIER JR., Fredie; BRAGA, Paula Sarno; ALEXANDRIA DE OLIVEIRA, Rafael. *Curso de direito processual civil: teoria geral da prova, direito probatório, decisão, precedente, coisa julgada e tutela provisória.* 13ª ed. Salvador: Juspodivm, 2018.

________. Estabilização da tutela provisória satisfativa e honorários advocatícios sucumbenciais. São Paulo: *Revista do Advogado*, vol. 126/2015.

DINAMARCO, Cândido Rangel. *Nova era do processo civil.* São Paulo: Malheiros, 2003.

________. *Instituições de direito processual civil*, vol. 3. 6ª ed. São Paulo: Malheiros, 2009.

________. *Intervenção de terceiros.* 5ª ed. São Paulo: Malheiros, 2009.

________. *Litisconsórcio.* 8ª ed. São Paulo: Malheiros, 2009.

________. Liebman e a cultura processual brasileira. *In*: YARSHELL, Flávio Luiz; MORAES, Maurício Zanoide (orgs.). *Estudos em homenagem à Professora Ada Pellegrini Grinover.* São Paulo: DPJ, 2005.

________; LOPES, Bruno Vasconcelos Carrilho. *Teoria geral do novo processo civil.* São Paulo: Malheiros, 2016.

DINIZ, Maria Helena. *Compêndio de Introdução à ciência do Direito.* 14ª ed. São Paulo: Saraiva, 2001.

FAGUNDES, Cristiane Druve Tavares. *Responsabilidade objetiva por dano processual.* Rio de Janeiro: Lumen Juris, 2015.

FENOLL, Jordi Nieva. *Coisa julgada.* Trad.: Antonio do Passo Cabral. São Paulo: Revista dos Tribunais, 2016.

FIORUCCI, Fabio. *Tutela d'urgenza* ex *art. 700 c.p.c.* Milano: Giuffrè, 2014.

FUX, Luiz. *Tutela de segurança e tutela de evidência.* São Paulo: Saraiva, 1996.

GAJARDONI, Fernando da Fonseca; DELLORE, Luiz; ROQUE, Andre Vasconcelos; DUARTE DE OLIVEIRA JR., Zulmar. *Teoria geral do processo: comentários ao CPC de 2015: parte geral.* 2ª ed. São Paulo: Método, 2018.

GOMES, Frederico Augusto. *A estabilização da tutela antecipada.* São Paulo: Ed. Revista dos Tribunais, 2018.

GOMES DE QUEIROZ, Pedro. *Mandado de segurança: propostas para duração razoável e efetividade.* Salvador: Juspodivm, 2018.

GONZALEZ, Gabriel Araújo. *A recorribilidade das decisões interlocutórias no Código de Processo Civil de 2015.* Salvador: Juspodivm, 2016.

GRECO, Leonardo. A Tutela de Urgência e a Tutela de Evidência no Código de Processo Civil de 2014/2015. *Revista Eletrônica de Direito Processual*, Ano 8, vol. XIV, jul./dez. 2014, disponível em <http://www.e-publicacoes.uerj.br/index.php/redp/article/view/14541/11014>, acesso em 25.08.2015, às 22:08 horas.

________. A tutela de urgência e a tutela da evidência no Código de Processo Civil de 2015. *In*: DIDIER JR., Fredie (coord. geral). *Procedimentos especiais, tutela provisória e direito transitório.* 2ª ed. Salvador: Juspodivm, 2016.

GODINHO, Robson. *In*: CABRAL, Antônio do Passo; CRAMER, Ronaldo (coords.). *Comentários ao Novo Código de Processo Civil.* Rio de Janeiro: Forense, 2015.

GONÇALVES, Marco Carvalho. *Providências cautelares.* 4ª ed. Coimbra: Almedina, 2019.

GRASSI DE GOUVEIA, Lúcio. *In*: ALVIM, Angélica Arruda; ARAKEN DE ASSIS; ALVIM, Eduardo Arruda; LEITE, George Salomão (coords.). *Comentários ao Código de Processo Civil.* 2ª ed. São Paulo: Saraiva, 2017.

GRINOVER, Ada Pellegrini. Tutela jurisdicional diferenciada: a antecipação e sua estabilização. *In: O processo: estudos e pareceres.* São Paulo: DPJ, 2009.

________. Tutela jurisdicional diferenciada: a antecipação e sua estabilização. *Revista de Processo*, vol. 121/2005.

________. O difícil caminho da estabilização da tutela antecipatória. *In*: MENDES, Aluisio Gonçalves de Castro; WAMBIER, Teresa Arruda Alvim (orgs.). *O processo em perspectiva: jornadas brasileiras de direito processual*: São Paulo: Revista dos Tribunais, 2013.

________. Tutela antecipatória em processo sumário. *In*: ARMELIN, Donaldo (coord.). *Tutelas de urgência e cautelar. Estudos em homenagem a Ovídio A. Baptista da Silva*. São Paulo: Saraiva, 2010.

HARTMANN, Rodolfo Kronemberg. A tutela provisória de urgência e os juizados especiais. *In*: DIDIER JR., Fredie (coord. geral). *Juizados Especiais*. Coleção Repercussões do novo CPC. Salvador: Juspodivm, 2015.

HEÑIN, Fernando Adrián. Las medidas autosatisfactivas como forma de tutela diferenciada: importancia para remover vías de hecho, constitucionalidad, excepcionalidad y límites. *Revista de Processo*, vol. 181/2010.

HILL, Flávia Pereira. Tutela provisória de urgência no novo Código de Processo Civil. *In:* JATAHY, Carlos Roberto; REZENDE DE ALMEIDA, Diogo Assumpção; AYOUB, Luiz Roberto (coords.). *Reflexões sobre o novo Código de Processo Civil*. Rio de Janeiro: FGV Editora, 2016.

IBRAHIM, Fábio Zambitte. *Curso de direito previdenciário*. 20ª ed. Rio de Janeiro: Impetus, 2015.

IOFRIDA, Giulia; SCARPA, Antonio. *I nuovi procedimenti cautelari: doppo la Legge n. 80 del 2005, il D.L. nº 271 del 2005 e la Legge nº 51 del 2006*. Milano: Giuffrè, 2006.

JORGE, Flávio Cheim. *Teoria geral dos recursos cíveis*. 7ª ed. São Paulo: Ed. Revista dos Tribunais, 2015.

LACERDA, Galeno. *Comentários ao Código de Processo Civil*. Vol. VIII, t. I. 3ª ed. Rio de Janeiro: Forense, 1987.

LAMY, Eduardo. *Tutela provisória*. São Paulo: Atlas, 2018.

________. *Flexibilização da tutela de urgência*. 2ª ed. Curitiba: Juruá, 2008.

________. LUIZ, Fernando Vieira. Estabilização da tutela antecipada no novo Código de Processo Civil. *Revista de Processo*, vol. 260/2016.

LEMOS, Vinicius Silva. A necessidade de separação da tutela provisória antecipada antecedente em duas espécies diferentes. *Revista de Processo*, vol. 266/2017.

LEONEL, Ricardo de Barros. *Reclamação constitucional*. São Paulo: Ed. Revista dos Tribunais, 2011.

________. *Tutela jurisdicional diferenciada*. São Paulo: Revista dos Tribunais, 2010.

LIEBMAN, Enrico Tullio. *Eficácia e autoridade da sentença*. Trad.: Alfredo Buzaid e Benvindo Aires. 3ª ed. Rio de Janeiro: Forense, 1984.

________. *Manual de Direito Processual Civil*, v. I. 3ª ed. Tradução e notas de Cândido Rangel Dinamarco. São Paulo: Malheiros, 2005.

LOPES, Bruno Vasconcelos Carrilho. Estabilização da tutela antecipada e coisa julgada. *In*: BUENO, Cassio Scarpinella; NETO, Elias Marques de Medeiros;

NETO, Olavo de Oliveira; CAZZOLINO DE OLIVEIRA, Patrícia Elias; LUCON, Paulo Henrique dos Santos (coords.). *Tutela provisória no CPC: dos 20 anos de vigência do art. 274 do CPC/1973 ao CPC/2015*. São Paulo: Saraiva, 2016.

_______. *Tutela antecipada sancionatória*: art. 273, inc. II, do Código de Processo Civil. São Paulo: Malheiros, 2006.

LOPES DA COSTA, Alfredo Araújo. *Medidas preventivas*. 3ª ed. São Paulo: Sugestões Literárias, 1966.

LUCON, Paulo Henrique dos Santos. *Eficácia das decisões e execução provisória*. São Paulo: Ed. Revista dos Tribunais, 2000.

_______. Tutela provisória na atualidade. *In*: BUENO, Cassio Scarpinella; NETO, Elias Marques de Medeiros; NETO, Olavo de Oliveira; CAZZOLINO DE OLIVEIRA, Patrícia Elias; LUCON, Paulo Henrique dos Santos (coords.). *Tutela provisória no CPC: dos 20 anos de vigência do art. 274 do CPC/1973 ao CPC/2015*. 2ª ed. São Paulo: Saraiva Educação, 2018.

MACEDO, Elaine Harzheim. Prestação jurisdicional em sede de tutela antecedente: procedimento, estabilização da decisão e decurso do prazo de 2 (dois) anos: um novo caso de perempção? *Revista de Processo*, vol. 250/2015.

MACHADO, Antônio Claudio da Costa. *Tutela antecipada*. 3ª ed. São Paulo: Juarez de Oliveira, 1999.

_______. *Tutela provisória*: Interpretação artigo por artigo, parágrafo por parágrafo, do Livro V, da Parte Geral, e dos dispositivos esparsos do CPC em vigor que versam sobre Tutela Provisória. São Paulo: Malheiros, 2017.

MACHADO DA ROCHA, Daniel; BALTAZAR JUNIOR, José Paulo. *Comentário à Lei de Benefícios da Previdência Social*. 7ª ed. Porto Alegre: Livraria do Advogado, Ed. Esmafe, 2007.

MARÍA CORDEIRO, Clara. Medidas autosatisfactivas. *In*: *Cuaderno del Departameto de Derecho Procesal y Prática Profesional*, nº 8. Universidad Nacional de Córdoba. Alveroni: Córdoba, 2005.

MARINONI, Luiz Guilherme. *Antecipação da tutela*. 12ª ed. São Paulo: Ed. Revista dos Tribunais, 2011.

_______. ARENHART, Sérgio Cruz. *Comentários ao Código de Processo Civil* (arts. 294 ao 333). 2ª ed. São Paulo: Ed. Revista dos Tribunais, 2018.

_______. MITIDIERO, Daniel. *Novo Código de Processo Civil comentado*. 2ª ed. São Paulo: Revista dos Tribunais, 2016.

_______. TESSER, Andre Luiz Bauml. *Tutela cautelar e antecipação de tutela*. 1ª ed. São Paulo: Revista dos Tribunais, 2014.

MARQUES DE CAMPOS, Gledson; DESTEFENNI, Marcos. Tutela de urgência satisfativa autônoma. *In:* ARMELIN, Donaldo (coord.). *Tutelas de urgência e cautelar. Estudos em homenagem a Ovídio A. Baptista da Silva*. São Paulo: Saraiva, 2010.

MEDINA, José Miguel Garcia. *Curso de direito processual civil moderno.* 3ª ed. São Paulo: Ed. Revista dos Tribunais, 2017.

MITIDIERO, Daniel. *Antecipação da tutela.* 3ª ed. São Paulo: Ed. Revista dos Tribunais, 2017.

MONIZ DE ARAGÃO, Egas Dirceu. Do agravo regimental. *Revista de Direito Processual Civil*, vol. 2.

NERY JR., Nelson; NERY, Rosa Maria de Andrade. *Comentários ao Código de Processo Civil: Novo CPC – Lei 13.105/2015.* 1ª ed. São Paulo: Revista dos Tribunais, 2015.

NEVES, Celso. *Coisa julgada civil.* São Paulo: Ed. Revista dos Tribunais, 1971.

NEVES, Daniel Amorim Assumpção. *Manuel de direito processual civil.* 10ª ed. Salvador: Juspodivm, 2018.

________. *Preclusões para o juiz: preclusão pro iudicato e preclusão judicial no processo civil.* 1ª ed. São Paulo: Método, 2004.

NUNES, Dierle; ANDRADE, Érico. Os contornos da estabilização da tutela provisória de urgência antecipatória no Novo CPC e o mistério da ausência de formação da coisa julgada. *In:* DIDIER JR., Fredie (coord. geral). *Procedimentos especiais, tutela provisória e direito transitório.* Salvador: Juspodivm, 2015.

PAGANI DE SOUZA, André; CARACIOLA, Andrea Boari; AUGUSTO DE ASSIS, Carlos; FERNANDES, Luís Eduardo Simardi; DELLORE, Luiz. *Teoria geral do processo contemporâneo.* 4ª ed. São Paulo: Atlas, 2019.

PAIM, Gustavo Bohrer. *Estabilização da tutela antecipada.* Porto Alegre: Ed. Livraria do Advogado, 2012.

________. O référé francês. *Revista de Processo*, vol. 203/2012.

PAULINO DOS REIS, Dagma. O référé francês e as decisões urgentes no Brasil. *In*: FIDÉLIS DOS SANTOS, Ernane; WAMBIER, Luiz Rodrigues; NERY JR., Nelson; WAMBIER, Teresa Arruda Alvim (coords.). *Execução civil: estudos em homenagem ao professor Humberto Theodoro Júnior.* São Paulo: Ed. Revista dos Tribunais, 2007.

PEDRON, Flávio Quinaud; MILAGRES, Allan; ARAÚJO, Jéssica. A estabilização da tutela provisória de urgência antecipada antecedente e a busca para uma compreensão sistêmica: entre a monitorização e a negociação processual. *Revista de Processo*, vol. 268/2017.

PEIXOTO, Ravi. *Enunciados FPPC. Organizados por assunto, anotados e comentados.* Salvador: Juspodivm, 2018.

________. Por uma análise dos remédios jurídicos processuais aptos a impedir a estabilização da tutela antecipada antecedente. *In*: DIDIER JR., Fredie (coord. geral). *Tutela provisória. Grandes temas do novo CPC.* Salvador: Juspodivm, 2016.

PEREIRA, Alexandre Ferrer Silva. *A efetividade da tutela antecipada de evidência no estado democrático de direito*. Rio de Janeiro: Lumen Juris, 2016.

PEYRANO, Jorge W. La batalla por la medida autosatisfactiva. *In*: ARMELIN, Donaldo (coord.). *Tutelas de urgência e cautelar. Estudos em homenagem a Ovídio A. Baptista da Silva*. São Paulo: Saraiva, 2010.

PICARDI, Nicola. *Manuale del processo civile*. Milano: Giuffrè, 2006.

PINTO, Rui. *Notas ao Código de Processo Civil*, vol. I. 2ª ed. Coimbra Ed.: Coimbra, 2015.

PROTO PISANI, Andrea. Verso la residualità del processo a cognizione piena? *Revista de Processo*, vol. 131/2006.

PUOLI, José Carlos Baptista. *Os poderes do juiz e as reformas do processo civil*. São Paulo: Juarez de Oliveira, 2001.

________. Processo e constituição: alcance amplo, mas não ilimitado, dos princípios constitucionais do processo. *In*: PUOLI, José Carlos Baptista; BONÍCIO, Marcelo José Magalhães; LEONEL, Ricardo de Barros (coords.). *Direito processual constitucional*. Brasília: Gazeta Jurídica, 2016.

________. O ônus da prova e sua distribuição dinâmica no novo Código de Processo Civil. *In: O Novo Código de Processo Civil: questões controvertidas/ vários autores*. São Paulo: Atlas, 2015.

________. O juiz, a aplicação do Direito e o Novo CPC. *Revista do Advogado*, ano XXXV, nº 126.

________. O advogado e as respostas do réu. *In*: DIDIER JR., Fredie (coord. geral). *Advocacia. Coleção Repercussões do Novo CPC*. Salvador: Juspodivm, 2015.

RANGEL, Rafael Calmon. Os arts. 303 e 304 do CPC: da interpretação à aplicação. *Revista de Processo*, vol. 261/2016.

________. A estabilização da tutela antecipada antecedente nas ações de família. *Revista IBDFAM*, nº 16, jul/ago.2016.

REALE, Miguel. *Lições preliminares de Direito*. 26ª ed. São Paulo: Saraiva, 2002.

REDONDO, Bruno Garcia. Estabilização, modificação e negociação da tutela de urgência antecipada antecedente: principais controvérsias. *Revista de Processo*, vol. 244/2015.

________. Estabilização, modificação e negociabilidade da tutela de urgência antecipada antecedente: principais controvérsias. *In*: DIDIER JR., Fredie. (coord. geral). *Tutela provisória*. Coleção Grandes Temas do Novo CPC. Salvador: Juspodivm, 2016.

RICCI, Edoardo Flavio. A tutela antecipatória brasileira vista por um italiano. Trad. José Rogério Cruz e Tucci. Curitiba: *Revista de Direito Processual e Civil*, vol. 6/1997.

________. A evolução da tutela urgente na Itália. *In*: ARMELIN, Donaldo (coord.). *Tutelas de urgência e cautelar. Estudos em homenagem a Ovídio A. Baptista da Silva*. São Paulo: Saraiva, 2010.

RIBEIRO, Leonardo Ferres da Silva. *Tutela provisória: tutela de urgência e tutela de evidência*. 3ª ed. São Paulo: Ed. Revista dos Tribunais, 2018.

________. *Tutela jurisdicional de urgência: regime jurídico único das tutelas cautelar e antecipada*. Tese de Doutorado. Pontifícia Universidade Católica de São Paulo, 2010, 354 f.

RIZZARDO, Arnaldo; RIZZARDO FILHO, Arnaldo; RIZZARDO, Carine Ardissone. *Prescrição e decadência*. 3ª ed. Rio de Janeiro: Forense, 2018.

RODRIGUES, Marcelo Abelha. *Manual de direito processual civil*. 6ª ed. Rio de Janeiro: Forense, 2016.

________. *Suspensão de segurança*. São Paulo: Ed. Revista dos Tribunais, 2000.

RODRIGUES, Marco Antonio. *A fazenda pública no processo civil*. 2ª ed. São Paulo: Atlas, 2016.

RODRIGUES, Rafael Ribeiro; THAMAY, Renan Faria Krüger. Estabilização e pedido incontroverso. *Revista de Processo*, vol. 268/2017.

ROJAS, Jroge A. Tutela anticipada: sistema cautelar o proceso urgente? *Revista Iberoamericana de Derecho Procesal*, vol. 2/2015.

SICA, Heitor Vitor Mendonça. *Preclusão processual civil*. 2ª ed. São Paulo: Atlas, 2008.

________. Doze problemas e onze soluções quanto à chamada "estabilização da tutela antecipada". *In:* DIDIER JR., Fredie (coord. geral). *Procedimentos especiais, tutela provisória e direito transitório*. 2ª ed. Salvador: Juspodivm, 2016.

SILVA DE LIMA, Bernardo; EXPÓSITO, Gabriela. "Porque tudo que é vivo, morre". Comentários sobre o regime da estabilização dos efeitos da tutela provisória de urgência no novo CPC. *Revista de Processo*, vol. 250/2015.

SOARES, Rogério Aguiar Munhoz. *Tutela jurisdicional diferenciada: Tutelas de urgência e medidas liminares em geral*. São Paulo: Malheiros, 2000.

TALAMINI, Eduardo. A (in)disponibilidade do interesse público: consequências processuais (composições em juízo, prerrogativas processuais, arbitragem e ação monitória). *Revista de Processo*, vol. 128/2005.

________. Tutela de urgência no projeto de novo Código de Processo Civil: a estabilização da medida urgente e a "monitorização" do processo civil brasileiro. *Revista de Processo*, vol. 209/2012.

________. *Tutela monitória*. 2ª ed. São Paulo: Ed. Revista dos Tribunais, 2001.

TEIXEIRA, Sérgio Torres; ARAÚJO, Rodrigo Vasconcelos Coelho de. Estabilização da tutela antecipada antecedente em face da Fazenda Pública: a inspiração do *référé* francês e a (im)possibilidade de adoção de um microssistema de tutela monitória no CPC/2015 como parâmetro interpretativo. *Revista de Processo*, vol. 294/2019.

TESSER, André Luiz Bäuml. As diferenças entre a tutela cautelar e a antecipação de tutela no CPC/2015. *In:* DIDIER JR., Fredie (coord. geral). *Procedimentos especiais, tutela provisória e direito transitório*. 2ª ed. Salvador: Juspodivm, 2016.

________. *Tutela cautelar e antecipação de tutela: perigo de dano e perigo de demora*. São Paulo: Ed. Revista dos Tribunais, 2014.

THEODORO JR., Humberto. *Curso de direito processual civil*, vol. I. 57ª ed. Rio de Janeiro: Forense, 2016.

________. *Curso de direito processual civil: teoria geral do direito processual civil, processo de conhecimento e procedimento comum*. 56ª ed. Rio de Janeiro: Forense, 2015.

________. *Processo cautelar*. São Paulo: Leud, 1976.

________. Tutela antecipada. *In*: WAMBIER, Teresa Arruda Alvim (coord.). *Aspectos polêmicos da antecipação de tutela*. São Paulo: Ed. Revista dos Tribunais, 1997.

________. Interpretação e aplicação das normas jurídicas. *Revista de Processo*, vol. 150/2007.

________. *Prescrição e decadência*. Rio de Janeiro: Forense, 2018.

________. ANDRADE, Érico. A autonomização e a estabilização da tutela de urgência no Projeto de CPC. *Revista de Processo*, vol. 206/2012.

VEIGA, Daniel Brajal; FONSECA, Geraldo; D'Orio, Rodrigo; FAGUNDES, Cristiane Druve Tavares; ARMELIN, Roberto. Tutela provisória: questões polêmicas. *In:* BUENO, Cassio Scarpinella; NETO, Elias Marques de Medeiros; NETO, Olavo de Oliveira; CAZZOLINO DE OLIVEIRA, Patrícia Elias; LUCON, Paulo Henrique dos Santos (coords.). *Tutela provisória no CPC: dos 20 anos de vigência do art. 274 do CPC/1973 ao CPC/2015*. 2ª ed. São Paulo: Saraiva Educação, 2018.

VUITTON, Xavier. *La juridiction du Président: première instance, appel, cassation: référés, requête, fond*. Paris: LexisNexis, 2010.

________. VUITTON, Jacques. *Les référés. Procédure civile. Contentieux administratif. Procédure penale*. 3ª ed. Paris: LexisNexis, 2012.

WAMBIER, Luiz Rodrigues; TALAMINI, Eduardo. *Curso avançado de processo civil: cognição jurisdicional (processo comum de conhecimento e tutela provisória)*, vol. 2. São Paulo: Ed. Revista dos Tribunais, 2018.

WAMBIER, Teresa Arruda Alvim; CONCEIÇÃO, Maria Lúcia Lins; RIBEIRO, Leonardo Ferres da Silva; Mello, Rogerio Licastro Torres de. *Primeiros comentários ao novo Código de Processo Civil: artigo por artigo*. São Paulo: Revista dos Tribunais, 2015.

WATANABE, Kazuo. *Da cognição no processo civil*. 2ª ed. São Paulo: Centro Brasileiro de Estudos e Pesquisas Jurídicas, 1999.

________. Tutela antecipatória e tutela específica das obrigações de fazer e não fazer – arts. 273 e 461 do CPC. *In*: TEIXEIRA, Sálvio de Figueiredo (coord.). Reforma do Código de Processo Civil. São Paulo: Saraiva, 1996.

YARSHELL, Flávio Luiz. Breves notas sobre a disciplina da ação rescisória no CPC 2015. *In: O Novo Código de Processo Civil: questões controvertidas/vários autores*. São Paulo: Atlas, 2015.

________. ABDO, Helena. As questões não tão evidentes sobre a tutela da evidência. *In*: BUENO, Cassio Scarpinella; NETO, Elias Marques de Medeiros; NETO, Olavo de Oliveira; CAZZOLINO DE OLIVEIRA, Patrícia Elias; LUCON, Paulo Henrique dos Santos (coords.). *Tutela provisória no CPC: dos 20 anos de vigência do art. 274 do CPC/1973 ao CPC/2015*. 2ª ed. São Paulo: Saraiva Educação, 2018.

YOSHIKAWA, Eduardo Henrique de Oliveira. Tutela de urgência definitiva? Medidas autossatisfativas (Argentina), medidas provisionais (Brasil) e a proposta de estabilização da antecipação de tutela. *Revista de Processo*, vol. 231/2014.

VELOSO, Vitor Lanza. Tutela de urgência antecipatória e a Fazenda Pública no Novo Código de Processo Civil. *In*: DIDIER JR., Fredie (coord. geral). *Processo e Administração Pública*. Coleção Repercussões do Novo CPC. Salvador: Juspodivm, 2016.

ZAVASCKI, Teori Albino. *Antecipação da tutela*. 4ª ed. São Paulo: Saraiva, 2005.